1. 安阳工学院博士科研启动基金项目（项目编号
2. 河南省哲学社会科学规划项目（项目编号：20……………）
3. 安阳市科技计划项目（项目编号：2022C02ZF030）
4. 河南省软科学研究计划项目（项目编号：222400410155）
5. 河南省高等学校青年骨干教师培养计划（项目编号：2020GGJS233）
6.. 安阳市重点研发与推广专项（项目编号：2020-256）

基于可持续发展的低碳交通创新发展研究

刘钰　尚猛　王余萍　著

辽宁大学出版社
Liaoning University Press

图书在版编目（CIP）数据

　　基于可持续发展的低碳交通创新发展研究/刘钰，
尚猛，王余萍著．－沈阳：辽宁大学出版社，2022.11
　　ISBN 978-7-5698-0875-9

　　Ⅰ．①基…　Ⅱ．①刘…②尚…③王…　Ⅲ．①交通运
输业－低碳经济－研究－中国　Ⅳ．①F512.3

　　中国版本图书馆 CIP 数据核字（2022）第 139038 号

基于可持续发展的低碳交通创新发展研究

JIYU KECHIXU FAZHAN DE DITAN JIAOTONG CHUANGXIN FAZHAN YANJIU

出 版 者：辽宁大学出版社有限责任公司
　　　　　　（地址：沈阳市皇姑区崇山中路 66 号　　邮政编码：110036）
印 刷 者：沈阳海世达印务有限公司
发 行 者：辽宁大学出版社有限责任公司
幅面尺寸：170mm×240mm
印　　张：14.25
字　　数：264 千字
出版时间：2022 年 11 月第 1 版
印刷时间：2022 年 11 月第 1 次印刷
责任编辑：冯　蕾
封面设计：韩　实　孙红涛
责任校对：张宛初

书　　号：ISBN 978-7-5698-0875-9
定　　价：88.00 元

联系电话：024-86864613
邮购热线：024-86830665
网　　址：http://press.lnu.edu.cn
电子邮件：lnupress@vip.163.com

前　言

随着城市低碳交通的兴起，相关的低碳交通政策制度也陆续出台，如我国三个五年计划中都对低碳交通的发展标准制定了相关规定，提出应该优化提升低碳交通技术含量，加快低碳交通基础设施建设进程，从而优先发展城市低碳交通。

二氧化碳气体作为温室效应的主要推手，碳减排问题受到了世界各国的广泛关注。面对环境污染以及能源消耗的双重压力，实现节能减排成为世界各国实现可持续发展的必然趋势。交通运输是节能减排的重点领域之一，如何有效规制我国城市交通碳排放是首要研究问题，也是解决低碳交通实施机制障碍问题的主要手段。本书通过介绍我国城市低碳交通发展现状，并对在低碳交通管理过程中存在的问题进行分析，旨在提升城市交通的总体效率和效益。

本书属于低碳交通方面的著作，由可持续发展与低碳交通概述，基于可持续发展的低碳交通发展方式与调控政策分析，低碳交通体系规划关键技术研究，基于低碳理念的新区公共交通规划研究，国内陆、水、航交通系统低碳化的创新发展，低碳交通先进技术与创新实践六个部分组成。全书以可持续发展的低碳交通为研究对象，分析了低碳交通的概念与内涵、发展低碳交通的必要性及现状，并对低碳交通的发展方式、调控政策以及交通体系规划的关键技术进行了研究，对新区的公共交通策略、公共交通规划进行了分析，同时分别对国内的铁路、水运、公路、航空等低碳交通进行了探究，最后对低碳交通的节能技术、道路网络技术、道路建设技术等进行了研究。对从事交通、环境保护等方面的研究者和从业人员具有参考价值和借鉴意义。

本书写作任务分配详情：第一章、第二章、第三章（第一节、第二节）由刘钰老师负责撰写，共计约12万字；第三章（第三节）、第四章、第五章、第六章（第一节、第二节）由尚猛老师撰写，共计约12万字；第六章（第三节、第四节）由王余萍老师撰写，共计约2.4万字。本书在撰写过程中参考和借鉴了部分专家、学者的研究成果和观点，在此表示最诚挚的谢意。另外，由于时间和精力有限，书中存在的不足之处敬请读者指正。

作者

2021 年 4 月

目　录

第一章　可持续发展与低碳交通概述 001

　　第一节　可持续发展简述 001

　　第二节　低碳交通发展概念与内涵 008

　　第三节　低碳交通发展的必要性 012

　　第四节　国内低碳交通现状与分析 014

第二章　基于可持续发展的低碳交通发展方式与调控政策分析 019

　　第一节　城市低碳交通系统分析 019

　　第二节　基于大气环境容量的城市交通发展规模探究 041

　　第三节　城市低碳交通节能减排调控政策研究 066

第三章　低碳交通体系规划关键技术研究 091

　　第一节　城市交通体系规划关键技术 092

　　第二节　城市交通碳排放结构分析 101

　　第三节　低碳交通体系优化模型的构建 112

第四章　基于低碳理念的新区公共交通规划研究 121

　　第一节　新区公共交通需求预测 121

　　第二节　基于低碳理念的新区公共交通策略分析 127

　　第三节　基于低碳理念的新区公共交通规划 129

第五章　国内陆、水、航交通系统低碳化的创新发展 147

　　第一节　铁路交通系统的低碳化 147

　　第二节　水运交通系统的低碳化 158

　　第三节　公路交通系统的低碳化 166

　　第四节　航空交通系统的低碳化 172

第六章　低碳交通先进技术与创新实践 179

　　第一节　低碳交通的节能技术 179

　　第二节　绿色低碳道路网络技术分析 187

　　第三节　绿色低碳道路建设技术分析 191

　　第四节　国内外低碳交通创新实践 201

参考文献 217

第一章　可持续发展与低碳交通概述

第一节　可持续发展简述

可持续发展概念最早出现于 1980 年由世界自然保护联盟、联合国环境规划署与野生动物基金会共同发表的《世界自然保护大纲》。1987 年，以布伦特兰夫人为首的世界环境与发展委员会发表了报告《我们共同的未来》。该报告正式使用了可持续发展概念，并对其进行了较为系统的论述，产生了深刻的影响。关于可持续发展的定义层出不穷、多种多样，但就接受程度以及影响范围而言，非《我们共同的未来》中的定义莫属。该报告中，可持续发展被定义为："能满足当代人的需要，又不对后代人满足其需要的能力构成危害的发展。它包括两个重要概念：需要的概念，尤其是世界各国人们的基本需要，应将此放在特别优先的地位来考虑；限制的概念，技术状况和社会组织对环境满足眼前和将来需要的能力施加的限制。"涵盖范围包括国际、区域、地方及特定界别的层面等，是科学发展观的基本要求之一。1980 年，国际自然保护同盟的《世界自然资源保护大纲》中提出："必须研究自然的、社会的、生态的、经济的以及利用自然资源过程中的基本关系，以确保全球的可持续发展。"1981 年，美国布朗出版的《建设一个可持续发展的社会》中提出，能够通过控制人口增长、保护资源基础和开发再生能源来达到可持续发展的目标。1992 年 6 月，联合国在里约热内卢召开的"环境与发展大会"，通过了以可持续发展为核心的《里约环境与发展宣言》《21 世纪议程》等文件。随后，中国政府编制了《中国 21 世纪人口、环境与发展白皮书》，首次将可持续发展战略纳入我国经济和社会发展的长远规划。1997 年，党的十五大将可持续发展战略确定为我国现代化建设中必须实施的战略。

一、可持续发展的基本原则

（一）公平性原则

公平性原则是可持续发展区别于传统发展模式的显著标志。可持续发展的核心在于资源分配的过程中，无论是时间抑或是空间上，均要体现公平。其中，时间上的公平又称"代际公平"，指的是每一代人使用自然资源的权利都是平等的，要认识到人类赖以生存的自然资源是有限的，而非无穷无尽、取之不尽、用之不竭的。因此，当代人在寻求自身发展的同时，要保护自然资源与自然环境，以保证后代人对其的需求，同时给予并尊重后代人公平地获取这些资源的权利。然而，目前面临的状况，一是资源的占有存在失衡，二是财富的分配存在不均。而空间上的公平又称"代内公平"，指的是人与人之间、国家与国家之间应该是平等的。据联合国统计资料显示，世界人口中 20% 的最富有者占有世界总收入的 83%，而最贫穷的 20% 人口仅占有 1.5%。富裕国家的人口只占世界人口的 20%，但耗费的能源、金属、木材、粮食的占比分别为 70%、75%、85%、60%。在这样贫富差距越来越大以及两极分化如此严重的世界中，实现可持续发展谈何容易。为了解决这一难题，公平的分配权以及发展权是重要的保障。同时，可持续发展进程中遇到的贫困问题亟待解决，要以消除贫困为核心，促进发展。此外，可持续发展观还认为其他生物种群与人之间是平等的，两者之间是公平的，是彼此尊重的。这表现在，人类应以不危及其他物种生存与发展为前提，以尊重生物多样性为基础，寻求自身的进步与发展。1992 年，联合国环境与发展大会通过的《里约宣言》中把这一公平原则上升到尊重国家主权的高度："各国拥有按本国的环境与发展政策开发本国自然资源的主权，并负有确保在管辖范围内或控制下的活动不损害其他国家或本国以外地区环境的责任。"

（二）持续性原则

资源与环境是制约可持续发展诸多因素中的最关键的因素。它的核心理念是为了保证社会的可持续发展，人类在探索其经济活动和推动整个社会的发展过程中，要尊重自然、敬畏自然，以资源与环境的承载力为约束，不能超出其承受范围。众所周知，规律是客观的，是不以人的意志为转移的。如果利用好规律，就可以造福人类，推动社会的进步与发展；而如果违背自然规律，就会受到大自然的惩罚，会带来不可估量的损失。因此，人类在发展的进程中要尊重自然规律，学会利用自然规律，并在此基础上，发挥人的主观能动性，促进自然—社会—经济复合系统的发展，同时注意生态系统承载力的限值，保护地球上供各物种赖以生存的自然系统，时刻关注自然资源可持续开发的能力和利用能力，警惕以牺牲生态环境、自然资源为代价而换取经济进步的非可持续发展行为，以推动经济的发展、环境承载力、自然资源的供给能力三者的有效协调，实现资源的合理且永续利用，最终达到可持续发展的目标，即实现经济效益、社会效益以及生态效益的协调发展。

（三）共同性原则

共同性原则是指可持续发展已然成为世界各国发展的共同目标。为了达到这一目标，世界各国需要拧成一股绳，共同发力，推进健康有序的国际秩序，维护各国之间友好的合作关系。在如今的社会发展中，各国并非一个个独立的个体，俨然已经成为一个相互影响、相互联系、相互依存的整体。当各国以合理的方式寻求彼此合作形成一个整体时，整体的力量与作用会大于各国自身的力量之和，发挥出"1+1>2"的效果。因此，为了实现全球的可持续发展，世界各国要秉持"人类命运共同体"的理念，推动建立公平公正的、稳定的国际秩序和伙伴关系，同时也要坚持各国对环境问题"共同的但有区别的"责任原则。该原则是基于历史责任以及当前各国经济发展的现实情况制定的。在第一次与第二次工业革命时期，主要发达国家抓住历史机遇，加快了工业化进程，使自身的经济得到了快速发展与崛起，但也留下了诸多环境问题，如大量以二氧化碳为主的温室气体排放到大气中。也正因如此，发达国家在保护环境、节约资源方面要承担更大的责任。世界各国要基于上述两项原则，推动建立更加公正、合理、平等的国际政治经济新秩序。全人类的团结一心、共同努力以及世界各国的共同行动是推动可持续发展的关键。

（四）阶段性原则

可持续发展的实现不是一蹴而就的，它要经历漫长而复杂的过程，要逐步地从低级阶段向高级阶段迈进。当前，世界各国、各地区的经济发展水平以及社会发展的各阶段都存在差异，因而在制定可持续发展各阶段目标以及承担相应的责任等方面都存在着特殊性与差异性。具体表现为，相较于发达国家，发展中国家的经济发展较慢，所制定的可持续发展的目标较低，承担的责任也较少。

二、实施可持续发展的要求

（1）满足广大人民群众基本需要（衣食住行等），为全体人民提供就业、医疗、教育等机会，以满足他们日益增长的美好生活需要。

（2）生产关系中的人口发展要素要与不断变化的生态系统中的生产潜力相协调。

（3）对森林等可再生资源，要适时调整其使用率，使其在资源的再生与自然增长范围之内，以达到资源的永续利用。

（4）对矿物燃料等不可再生资源，一方面要控制它的消耗速率，如提高综合利用率、减少浪费等；另一方面，要积极寻找替代资源，以应对不可再生资源的迅速减少甚至枯竭。

（5）保护人类赖以生存的地球家园和自然生态系统，如大气、水、土壤和生物等，在推动经济发展的同时，时刻关注大气、水等的质量，注重对这些自然资源与生态系统的保护，减少各类不利因素对其的不良影响。

（6）生物多样性的减少不仅会限制当代人的发展，还对后代人的选择产生不可忽视的影响，因而可持续发展对生物多样性提出了更高的要求。与此同时，可持续发展的战略思想成为自然环境与经济社会发展的关系中的主导，正在作为一种新的发展理念和发展道路被人们所熟知并接受。经济社会的发展与自然环境不是相互对立、相互排斥、相互分割的，两者是相互影响、相互依存，并在一定条件下可以相互转化的。良好的自然环境可以为经济社会的发展提供源源不断的动力，而经济社会的繁荣发展能够使政府、企业等提供更多的人力、物力和财力支持自然环境的进一步优化。

三、可持续发展的要素

（一）环境与生态要素

这一要素是指在经济社会发展的过程中，要尽量减少对环境的损害。虽然这一要素获得了各方诸多人士的赞同，但由于人类对科学知识的探索存在局限性，因此在一些具体问题的探索中出现了截然不同的观点。例如，核电站。一种观点认为，它有助于温室气体排放量的降低，是环保的；而另一种观点则认为，核废料是一种有放射性污染的物质，并且这种污染是长期存在的，同时该观点还认为核电站具有安全隐患，是不环保的。

（二）社会要素

这一要素指可持续发展是具有社会性的，它最终要满足人类社会发展的需要。追求社会的可持续发展也并非是要人类回到原始社会追求自给自足的自然经济，虽然那时候的社会形态下的人类活动对自然环境的破坏是最小的。

（三）经济要素

这一要素是指可持续发展并非只追求环境效益，还要追求经济利益，即在经济上要有收益、有利润可图。它包含两个方面内容：一是只有在经济上有利润、有收益的发展项目，才有推广与实施的可能性，从而可持续性的发展与维系才有可能实现；二是若是某一项目在经济上没有收益或是发生亏损，势必需要从其他有利润的项目中获取资金，以维持项目的正常运转与收支平衡。

四、可持续发展理论和经济学

（一）可持续发展理论

可持续发展理论的形成经历了相当长的历史过程。20世纪中期，随着经济的快速发展、城市化进程的加快以及人口激增等外界环境压力的不断增大，"增长 = 发展"的模式受到质疑，理论界针对该模式开展了一系列讲座。1962年，美国女生物学家莱切尔·卡逊发表了《寂静的春天》，这是一部科普著作，在当时引起了巨大的反响。在该部作品中，作者刻画了一个由于大量使用农药从而导致一系列污染的恐怖景象，惊呼人们将会失去"春光明媚的春天"。这受到了广泛的关注，并引起了世界各国对人类发展观念问题的讨论。

十年后，美国著名学者芭芭拉·沃德与勒内·杜博斯的著作《只有一个地球》出版，将人类生存与环境的认识推向可持续发展的新境界。同年，非正式国际著名学术团体，即罗马俱乐部发表了著名的研究报告《增长的极限》，明确提出"持续增长"和"合理的持久的均衡发展"的概念。1987年，以挪威首相布伦特兰夫人为主席的联合国世界与环境发展委员会发表了一份报告《我们共同的未来》，正式提出可持续发展的概念，并将此作为主题系统阐述了人类共同关心的环境与发展问题。该议题得到了各国的广泛关注与重视，在1992年联合国环境与发展大会上可持续发展的观念获得参会者的共识。

可持续发展理论涉及多方面的内容，不仅涵盖了可持续经济、可持续生态和可持续社会三方面的协调统一，还要求人类在追求社会发展的过程中注重经济效率、维护生态环境的和谐并追求社会公平，以达到促进人的全面发展的目标。这表明，尽管可持续发展最初是为了解决环境保护领域的相关问题，但随着该理论内容的不断丰富与发展，已不单单是为了环境保护，而是站在更加宏观的角度，系统且全面地考虑环境问题与发展问题，并将两者有机地结合起来，成为人类走向 21 世纪的发展指导理论，成为推动社会经济发展的科学且全面性的战略。具体表现在以下几个方面。

（1）在经济可持续发展方面：可持续发展并非为了保护生态环境而打压经济增长，相反是鼓励经济增长的。这是因为经济发展的优势是提高国家综合实力，获得社会财富的关键保证。然而，在实际发展中，可持续发展并非只是关注经济数量的绝对增长，同时更要将经济高质量发展作为重中之重，拒绝以前采用的"高投入、高消耗、高污染"的粗放型发展，鼓励倡导集约型生产与消费，通过这种发展模式的转变来提高经济效益、节约各类资源并减少废弃物的生产。在一定程度上，这种集约型的经济增长方式就是可持续发展在经济方面的体现。

（2）在生态可持续发展方面：可持续发展不单单强调经济效益，更重视生态效益。它强调经济的发展与社会的进步要同自然环境的承载能力相适应。在追求经济发展的过程中，要注重自然生态环境的保护，秉持可持续的理念开发利用自然资源与环境，使人类的活动始终保持在地球承载能力之内。因此，可持续发展是有条件、有限制的，没有条件与限制就无法实现与维系发展的持续。生态可持续发展虽然强调对自然环境的保护，但它并没有将保护自然环境与发展经济社会相对立，而是通过探求新型的发展经营模式，力求从人类发展的源头与根源上解决环境问题。

（3）在社会可持续发展方面：可持续发展理论认为，社会公平不仅是推动实现环境保护的机制，还是环境保护的目标。该理论指出，尽管世界各国所处的发展阶段不一致，制定的发展目标也千差万别，但发展的最终目标是一致的，包括提升人类的生活质量，改善人类的健康状况，营造一个人人享有自由、平等，拥有人权和受教育权且没有恐怖暴力的和谐的社会环境。这就意味着，人类可持续发展系统以生态可持续为基础，将经济可持续作为条件，最终以社会可持续发展为目的，三者相互联系，互为表里，共同构成了可持续发展的架构与内容。展望未来，人类所追寻的是以人为本位、为核心的自然—经济—社会复合系统的持续、稳定、健康发展。

可持续发展适用于各个领域，涉及诸多学科，强大的综合性和交叉性是它的显著特征。正因如此，对它的研究可以从不同的角度、不同的重点来展开。例如，生态学家所研究的重点是从自然的角度认识可持续发展，并认为可持续发展是在环境系统更新能力的范围之内去寻求人类社会的发展；经济学家从经济的角度提出，可持续发展应该在保证自然资源质量和其持久供应能力的条件下，力争经济增长的净利益达到最大值；社会学家从社会角度指出，可持续发展应在维持生态系统涵容能力的基础上，最大限度地提升人类的生活质量；科技工作者则从技术的角度，把可持续发展理解为建立极少产生废弃物和污染物的绿色工艺或技术系统。

（二）经济学

1. 新古典经济学

新古典经济学倾向于简化机制。该理论认为，自然资源是能够被估算价值的（取决于其交换价值）。它强调自然资源在货币上的效用，并考虑从货币分析的角度来解决经济的外部性问题。基于该理论，人们偏爱市场价值较高的资源，而市场价值不足的资源并不参与计算。基于对资源消耗的关注，市场具有自我调节的能力，即市场上某一资源若是供不应求，数量稀少，则价格会向上浮动，消费者会放弃对这一资源的购买，转而购买其替代品。以上行为便是可持续发展的主要依据，即随着时间的推移，效用和消费都不会下降。该理论认为自然资本是完全可以被替代的，但其受到了诸多批评。

2. 环境经济学

环境经济学可被用来处理环境和可持续发展问题。它在新古典经济学方法的分析范围方面做了扩大，系统研发了一系列用于评估外部环境成本和效益的方法，以便包含更加全面的环境经济价值。例如，在分析水坝的成本效益时，在景观设施的损失方面给予了较高的经济价值，但该价值并不会引起人们的重视。然而，环境经济学依旧被认为是实行可持续发展的手段，这是由于通常作为技术标准发展的监管工具（如命令和控制机制）或在政府和行业之间就标准达成的自愿协议，在经济价值方面缺乏充足的成本效益。虽然这些缺陷能够被弥补，但货币收益通常占据优势。

3. 生态经济学

生态经济学与环境经济学的区别仍然是有争议的。在实践中，两者似乎都在以类似的技术方法来衡量可持续发展。然而，关于其定性结构部分的内容，两个学科之间是存在显著区别的。生态经济学将经济概念化为生态圈的一个开放的子系统，这个系统将能源物质与社会生态系统相融合。同时，与新古典经济学不同，生态经济学认为自然资本是不能够被替代的，它认为如果没有自然资本的投入，人造资本就无法复制，自然资本必然是需要被保护的。这与可持续发展的思想是一致的。

第二节 低碳交通发展概念与内涵

一、低碳交通系统的概念

随着气候变化带来的恶劣影响不断加大，全球各国积极采取各种措施应对这一挑战。在这样的背景下，低碳交通运输应运而生，成为一个新概念，并随着各国学者的研究得到丰富与完善。低碳交通是对低碳经济、低碳发展的继承与发展，是低碳经济体系中的重要内容。与低碳经济一样，低碳交通运输也是由英国率先提出的，它最先出现在英国相关政府部门发布的官方文件中，即《低碳交通创新战略》；后来，我国也明确提出低碳交通的概念，并且在两次国务院常务会议应对气候变化的工作部署中，明确了我国要加快建设以低碳排放为特征的工业、建筑和交通体系的速度。

（一）定义

关于"低碳"一词，目前国际上主要有三种解释：第一种是"零碳"，即不排放碳（或者实现"碳中和"）；第二种是"减碳"，即碳排放的绝对量减少；第三种是"降碳"，即碳排放的相对量减少（目前主要表现为碳排放强度的降低或者碳生产率的增强）。鉴于目前人类的生产经济活动并不能完全摆脱对化石能源的依赖，因而低碳本质上是一个"低碳化"的过程，即遵循"降碳→减碳→零碳"的规律，一步一步地实现脱碳。目前，很大一部分发达国家借助几次工业革命完成了工业化进程，并进入了"减碳"的阶段。而对于诸多的发展中国家特别是我国而言，现在正处在实现现代化进程的重要阶段，发展经济依然是首要任务，所以我国当前处于"降碳"的阶段。

从"交通运输"的角度来看，只要有人类活动，就离不开交通运输，因而它是经济社会不断向前发展的根基，是人们进行生产活动最基本的需求，也是人类社会不断发展与进步的基础，亦是衡量社会进步与否的重要标志。但与此同时，交通运输业对资源的能耗量也不容小觑。在修建公路、铁路、桥梁等交通基础设施时，离不开大量人力、物力和财力的支持，最主要表现在对钢材、水泥等高碳材料的需求与消耗上。同时，各类运输工具，无论是火车抑或是汽车等，它们的驱动目前都还达不到完全使用新能源，仍然对汽油、柴油等碳基能源有很强的依赖性。从这两方面来看，交通运输业是典型的"高能耗、高碳排放"产业。需要注意的是，随着经济社会发展进程的不断加快、发展质量的不断提高以及人们对美好生活的更高要求，我国交通运输的刚性需求依然会呈现出逐渐增长的发展趋势。

"低碳交通"的概念可以从"低碳"和"交通运输"两个维度来定义。一方面，从侧重"低碳"发展的角度，结合低碳经济的概念，可以降低碳交通。低碳交通追求的是"三低"，即低能源消耗量、低碳排放量以及低污染，这也是这种交通运输模式最根本的特征。它的核心就是通过一系列技术管理手段，提高交通运输业对各类能源的利用效率，改善能源使用结构，降低碳排放强度，从而逐渐减少该行业的碳排放总量。它的主要目的是降低交通运输业对化石能源的依赖程度，优化能源使用结构，推动交通运输朝着低碳化的方向发展，以达到整个行业转型升级，从而为我国低碳经济的发展贡献力量。另一方面，从侧重交通运输满足需求的角度，可将低碳交通定义为，低碳交通是在不影响高质量出行需求、满足人们日益丰富的客货运输需求的前提下，不仅能满足经济社会发展的正常需要，还能降低单位运输生产量的碳排放强度的新型产业形态。换句话说，低碳交通运输是在满足需求的基础上，最大限度地通过较低的碳排放强度（或尽可能高的碳生产效率）达到最大化效用的新型产业发展模式。

构建"低碳交通体系"。实现低碳交通发展的关键是在交通出行的各个环节全面关注温室气体排放问题，通过对运输结构和运输效率等方面的优化，最大限度地减少碳排放总量。低碳交通体系建设的核心是鼓励发展低碳交通运输方式，适度限制高碳排放运输方式，如提高铁路、水运等低碳运输方式在客货物运输中的比重。同时，注重从用地布局优化、交通政策引导、信息技术支撑、交通工具排放控制等多个方面共同减少碳排放。低碳交通发展的前提条件是满足高质量的运输需求，适应经济和社会发展需要；低碳交通体系建设的方法是采用优化的运输结构、先进的科学技术、高效环保的运输工具、科学的组织管理等；最终目的是降低碳基能源的消耗和减少二氧化碳排放，在生态环境可承受范围内实现可持续发展。

（二）低碳交通的内涵

低碳经济是可持续发展理念下的一种全新的经济发展形态。同理，低碳交通也是在低碳发展大环境下的交通运输行业的一种新型发展方式。低碳交通重在"低碳化"发展，其具体内容如下。

（1）低碳排放是相对于高碳排放而言。实现低碳交通运输的最重要环节是通过各种先进的技术和管理手段，减少单位运输生产量的碳排放量（即碳排放强度），提高单位碳排放的利用效率，以抑制二氧化碳排放绝对量的增长速度，甚至逐步减少二氧化碳排放量。

（2）改变以化石能源为主的传统发展模式。影响低碳交通运输发展的因素有很多，其中能源消费结构的不合理成为重要因素。因此，为了保证顺利推进并实现低碳交通运输，需要优化能源消费结构，使该行业逐步降低对这些化石能源的依赖度。为此，要积极寻找可再生的清洁的新能源，鼓励开发并利用这些能源，以逐步完成对化石能源的替代，从而朝着"低碳化"的方向发展，并推动它的实现。当然，在转型的过程中，要及时关注人们的"运输"需求，尽可能减轻化石能源消耗产生的高碳排放对人们生活的影响。需要说明的是，寻找低碳清洁的新能源，如天然气、太阳能等来替代石油、煤炭等传统的化石能源，是相当重要的战略选择，这个战略可以率先在条件允许的地区实施。

（3）减少不必要的人为碳排放量。人们对美好生活的向往，不仅会反映在对物质生活有更高的要求上，还会反映在对运输需求的增加上。不理智的物质追求和生活方式，会增加碳排放量，并贯穿交通运输的全过程，然而这些增加量却是不必要的，可以通过约束相应的行为加以避免。因此，为了实现低碳交通运输的健康发展与早日实现，需要引导人们树立理性的消费观，形成良好的社会风气，养成良好的生活习惯，在保证经济社会发展正常运转的基础上，减少不必要、不合理的交通运输需求，鼓励人们乘坐公共交通工具，从而减少交通运输的碳排放量。

（三）低碳交通的基本特征

从全局角度看，低碳交通具有低碳化、重减排、体系化、综合性和系统性等基本特征。

一是低碳化。低碳交通运输的发展历程就是一个不断朝着"降碳"这个目标努力的过程。在交通基础设施建设的过程中，离不开各类原材料以及土地等资源的支撑，同时运输工具的使用目前也依赖于化石能源，因此相对应的碳排放随之产生。如果不采用绿色清洁能源（如太阳能等），那么交通运输就无法实现无碳化的目标，也不能依托自身系统内部达到碳中和。因此，通常情况下，低碳交通是不断降碳的过程。

二是重减排。要将减少交通工具尾气的排放作为重中之重。"节能"和"减排"是推动交通运输尽快实现低碳化的重要举措。然而，据相关资料统计，站在经济性的角度，"节能"和"减排"所产生的效果比约为 4：6。因此，不仅应该关注"节能"这一环节，还要将"减排"的工作置于核心位置。从需求的角度来看，要通过引导人们合理消费、优化产业结构，减少生活过程中的交通碳排放量；从能源的角度来看，可以大力发展新能源，优化交通运输用能结构，减少运输环节碳排放量；从设备的角度来看，可以选用新能源运输工具，提高单次运输的装载率，同时依托先进的科学技术，研发并生产能够提高能源利用率、降低碳排放量的装置，降低运输工具单位运量产生的碳排放量。

三是体系化。这是指要以系统化的思维去理解低碳交通运输这个概念，它并非一个独立的环节，而是涉及多个环节、多个部门的体系化概念。因此，在推动"低碳化"实现的过程中，要从各环节共同发力，除了要跟进整个系统在前期的规划、建设等，还要对后期的维护、运营、运输等环节做出及时调整与优化，同时加强对交通工具的更新、维护与管理，乃至对相关的制度规范与技术手段以及市民出行或运输消费模式等，都要秉持"低碳化"的理念进行科学管理。交通运输领域尚有很大的节能减排潜力，如通过节能和减排技术的不断创新与发展，均能达到减少交通运输系统的碳排放量的目的。在具体的技术领域，运输组织技术、智能交通技术、车辆能效技术、运输工具排放监测技术等方面都有节能减排潜力。需要特别注意的是，无论是单一技术的推广应用，还是多种技术的集成应用，都要做好碳效率的技术经济分析，有效地避免低碳技术的高碳化开发。

四是综合性。这一点可以从两个角度去理解：第一，低碳化的方式不是单一的，而是各式各样的。不仅可以通过节能环保技术的应用等技术性的手段实现减碳的目标，还可以通过改善能源使用结构、提高能源利用率等结构性的手段降低碳排放量，同时坚持制度先行的原则，通过建立并完善相关的制度，如完善市场准入与退出机制等，以制度性的约束推动减碳目标的实现。第二，低碳化的途径并非单向的，而是双向的。除了能够从"供给"或"生产"的角度来采取一些减碳措施（即从供给侧为公众提供更低碳的交通运输服务系统）之外，还能够站在"需求"或"消费"的角度去寻求更好的减碳办法（即从需求侧教育指导市民形成低碳的生活消费习惯，如鼓励市民选用更加低碳的公交、地铁等方式出行）。

五是系统性。系统地来看，低碳交通运输体系包含三方面的内容：其一，节能减排基础支撑系统。该系统是低碳体系建设的基础，若是基础不牢固，则后面系统的建立便无从谈起。因此，要着力提高该系统的建设与完善进度，对传统工作系统中不相适宜的部分进行合理的调整与优化。其二，清洁能源优化利用系统。要通过加大相关投入来鼓励新能源或是新能源车辆的研发与推广，使其在节能减排方面发挥关键性作用。其三，公众出行社会引导系统。要加强宣传，引导公众树立合理健康的出行理念；完善相关的法律、制度，使人们的出行行为有法可依，有制度保障；加大科技的投入，用先进的科学技术手段为公众提供更加低碳的出行工具。最终，通过上述的一系列措施，形成良好的社会风气，使公众身体力行地进行合理的交通消费，为交通运输低碳化做出自己的贡献。

根据以上论述可以发现，低碳交通运输的实现与发展是离不开各环节参与的，需要各环节共同发力。因此，在发展低碳交通运输时，要以系统性的思维统筹全局，建立一个以低碳排放为基本特征的现代交通运输系统。

第三节　低碳交通发展的必要性

交通所带来的环境污染、气候变暖已经使城市生态建设面临严峻挑战，而随着城市交通的迅速发展，特别是汽车涌进家庭，交通对城市的自然生态环境尤其是社会环境又带来了越来越大的负面影响。汽车增长不仅导致交通拥堵，直接考验着道路的承载力，还对城市生态环境资源的承载力、城市环境污染承载力构成了严峻挑战。

城市交通建设对生态与环境的破坏极其巨大，不仅破坏了自然开放空间和湿地，还从物理形态上改变了城市的生态环境，越来越多的绿地、灌木等植被大面积减少，取而代之的是水泥路、柏油路等。这使原有的植物群被迫改变，也使本就遭到干扰的生态系统变得更加脆弱，导致生物失去原有的栖息环境而变得虚弱甚至消失，而且道路上行驶的汽车所排放的污染物通过大气、水体、土壤等环境介质进入生物体内，从而危害生物生存。道路建设使提供可饮用水的地下蓄水层遭到毁坏，威胁城市居民饮用水安全。

由于道路占据了越来越多的空间，人们的活动场所和绿地明显不足。与美国相比，目前中国人均碳排放量很低，但是一旦中国人均碳排放量增至美国的平均水平，那么全球碳排放量将会大幅度地增加，不但使城市"热岛效应"加重，还会使大气层中的二氧化碳浓度加速提高。因此，在实现中国梦的过程中，在中国新型城镇化建设的过程中，城市交通发展不能再继续犯发达国家犯过的错误，在中国城市空间结构和交通体系尚未完全定型时，必须因势利导及时实现转型发展。

中国许多城市社会问题都可以归结到交通上，城市中许多不和谐因素都是因交通问题而引发的。自 20 世纪 90 年代以来，中国几乎所有的大大小小城市都在实施"大开挖"工程，为便于汽车通行而大兴土木，在城市道路越修越宽、汽车占用的空间越来越多时，不仅城市的交通越来越拥堵，塞车、红灯前的长时间等待引发众所周知的"马路怒火"和"柏油综合征"；同时，传统城市所有的物质前提都消失了，很多有特色的城市街道和建筑因修建道路而毁于一旦；公园、购物、居住区被分割开来，没有了连续的人行道和自行车道系统，造成城市功能性的混乱，导致场所性与认同感的丧失。在城市建设中，新修建的道路只关注了机动车辆通行的方便性，未考虑道路两旁人行道的宽度，导致人行道的空间非常狭窄，不方便停留。若是一个城市中，只是由高楼大厦、停车场、加油站和繁忙的机动交通构成，室外空间即使再广阔，也会失去人心与城市的温暖，户外活动也就变得枯燥无味，只见房屋和汽车，而很少见到人。汽车的封闭和速度使人们滋生隔离意识，产生疏远感，破坏了城市社会的凝聚力，整个社会的和谐也因此受到影响。

汽车社会正在制造新的不公平。这是指无论人们是否拥有汽车，拥有汽车的数量是多少，都要承受汽车社会所带来的环境污染、交通拥堵、干扰和影响步行者的行为，以及城市空间为道路所分割而造成的不便。这些就形成了所谓的交通堵塞边际成本、噪声污染成本、空气污染成本等社会成本，这种社会成本远远大于汽车拥有者的购置费、税费、维护费等私人成本。如果汽车拥有者对汽车环境污染给予赔偿，或为给步行者以及骑车出行的居民所带来的困扰买单，也许现在的城市道路会顺畅不少。此外，汽车的非拥有者需要通过税费的方式承担道路的建设与后期维管，也就是要承担交通设施成本、停车成本、公共服务成本以及事故成本等，这在本质上是从穷人那里收取钱财来支持富人使用车辆，最终变为富人不断地、大量地从穷人那里获取隐性收入。在一个交通网非常完善的汽车社会中，那些没有车或没办法使用车辆的人们，也许会被孤立在这个群体之外，所有关于车辆交通的完善与优化均与其毫无关联，从而导致社会发展的不公平。

第四节　国内低碳交通现状与分析

一、低碳交通的现实内涵及实施现状

经济社会的不断发展加速了城市化的进程，城市人口数量激增，各类出行需求大幅增加，特别是随着人民生活水平的提高，对出行的舒适度有了更高的要求，从而使机动化需求持续增加。正因如此，城市交通的碳排放量始终居高不下，甚至呈快速上升趋势。因此，加快推进城市交通运输节约资源、减少污染物排放成为当前追求交通运输业可持续发展亟待解决的关键问题，同时也是推动城市交通健全发展的必由之路。但因为交通运输体系涉及多方面的内容，从而使该问题具有复杂性，而且各城市经济之间存有差异，其面临的问题也不尽相同。当前，我国在城市低碳交通建设方面仍然处在探索时期。

（一）低碳交通的现实内涵界定

城市低碳交通主要指的是政府相关部门对城市交通进行相应的规划建设、提供政策支持、创新管理手段等来降低其污染物的排放量，以推动城市交通提高能源利用率，调整升级结构，最终完成节约资源、减少碳排放量的城市低碳交通运输体系的构建。

城市低碳交通有广义和狭义之分，从狭义角度来看，它以"三低"（低污染、低能耗、低排放）为发展目标，在不影响城市经济发展与市民正常出行的基础上，推动交通运输行业结构在可持续发展方面的优化升级，提升各类交通方式的能源利用率与运营效率，推进新能源与新技术研发，最终实现交通运输管理机制的低碳化。

（二）我国城市低碳交通发展现状

在推动实现城市低碳交通方面，我国各级政府不断发布相关政策文件给予支持，这充分显示了我国对该问题的关注。当前，我国部分城市在结合当地经济与交通的实际发展与需求的基础上，寻求城市低碳交通发展，推动与低碳交通相关的基础设施建设，并不断进行完善，加大宣传低碳交通发展规划，取得了显著效果，主要涉及以下方面。

（1）相关政策法规体系逐步得到完善与发展。相关制度法规的建立与完善是实现城市低碳交通发展的重要保障和依据。虽然现实情况已经迫使我国意识到城市交通节能减排的重要性，且我国在该方面依然处在起步时期，还没有形成较为完整的法律体系，但各相关交通法律法规将低碳发展纳入考量范围，逐渐制定并完善推动城市低碳交通发展的政策法规，以实现节约能源、减少碳排放量、保护环境的目标。

（2）拥有多元化的行政措施。为了明确各交通运输企业所承担的节能减排责任，交通运输部实施了低碳交通运输试点，来探究与我国国情相适应的低碳交通发展途径。加大宣传并鼓励使用低碳型交通运输产品，逐步提高清洁燃料使用占比，依托技术手段构建城市智能交通运输体系，不断加大对交通运输节能减排的管理力度。

（3）受到各方主体重视。与以往不同，如今并不单单只是政府部门对城市低碳交通加以关注，低碳交通同时受到了人民群众、企业等各方主体的重视。各主体从自身角度出发，积极参与到城市低碳发展的实践中来。人民群众主动学习低碳、绿色发展的理念，自觉树立这种意识，逐步改变出行方式，非必要不开车，主动选择公共交通方式出行。各企业积极引进先进的技术与管理手段，推动生产朝着低碳化的方向发展，同时加大人力、财力、物力的投入，以实现生产过程中关于低碳技术的发展和创新。

（4）部分城市初步构建低碳交通体系。该体系系统地融合了多种交通方式，是实现最终目标不可或缺的重要依托。当前，我国诸多城市根据自身发展情况制定了低碳交通体系的规划方案，其中一些特大城市已着手实施。基于相关法规政策的指导，该规划将市区作为核心，以公共汽车、地铁、自行车等交通工具作为率先发展的对象，依托技术管理手段发展智能交通与低碳技术，鼓励使用清洁能源，从根源上减少污染物排放，提升能源的使用效率，及时更新汽车尾气排放标准，并对不达标的车主进行处罚，宣传并鼓励新能源车的使用。

二、影响我国城市低碳交通实施机制障碍的原因

（一）城市低碳交通沟通协调机制不畅

我国大部分城市的公共交通并未占据主体地位，相当多的市民出行时依赖出租车与私人汽车，这种现象的存在在一定程度上表明我国城市交通面临着需求结构不合理的问题。面对该问题，诸多城市以加大口号宣传力度或行政性命令的方式进行管理，不仅管理方式单一，而且管理效果也不明显，难以构建和

谐的公共交通体系，并且没有考虑到经济手段的高效性。同时，汽车行业的迅猛发展，使市面上有充足的汽车量，政府在个人购买、使用机动车等方面未进行过多的限制。这种情况也使城市交通需求结构的改善处于艰难的境地，从而导致城市低碳交通难以发展。此外，一些城市缺少专门的低碳交通部门来对各类车辆进行有效监管，各部门间存在权责交叉现象，使城市低碳交通管理水平不够高。

（二）缺乏城市低碳交通公众参与机制

公众是整个城市发展的主体，也是实现低碳交通的重要参与者与推动者。然而，在实际低碳交通管理中，政府未能将社会各界力量有效地组织起来共同参与到这项活动中，更多的是政府在发挥作用，而社会力量的参与度不高。此外，很多城市在推动低碳交通发展时，因为公众参与度低，导致公众对该项目各项环节不够清晰、明确，未能发挥公众在该管理活动中的监督作用。除此之外，还缺少专门对该活动进行管理的部门，牵涉部门过多，容易出现互相推诿、扯皮等现象。为此，相关部门应该加大低碳交通宣传力度，探索宣传方式，集中公众力量，共同促进低碳交通的发展。

（三）城市低碳交通管理技术需要提升

当前，我国在城市低碳交通方面的管理技术水平不够高，这进一步造成了交通拥挤、交通事故、环境污染等现象。这说明，要不断探索关于低碳交通方面的管理技术，积极学习并引进相对成熟的技术，如依托技术手段大力发展并完善智慧交通。除此之外，还要大力推进公共交通的发展，提高公共交通效率，提高相关服务并完善相关设施以提高公共交通对市民的吸引力。

（四）城市低碳交通发展与交通规划不匹配

虽然很多城市非常注重对交通的规划和管理，但由于经济发展较慢、城市面积过大等，难免出现有些区域的交通设施不够完善、交通网布局规划不合理等问题。基于城市所处的地理位置、历史文化存在差异，大多交通规划更倾向于对市中心的交通进行建设与完善。通常情况下，交通出行需求由市中心逐渐向四周降低。鉴于以上因素，若想达到城市低碳发展，必须将城市交通规划、主体功能区规划、土地利用规划等结合起来。此外，许多城市在通过加宽机动车道来提升通行能力时，忽视了相关基础设施的配备，不仅减少了步行者人数，还提高了出行难度。同时，一些城市公共交通出行方式单一，各种机动车数量快速增长，使交通工具和交通道路的供需不匹配，导致两者处于失衡状态。

（五）缺乏城市低碳交通评价指标体系

城市低碳交通评价指标体系不仅能够衡量城市低碳交通发展程度和管理水平，还能够根据评价结果，发现城市低碳交通在发展的过程中所面临的问题，通过对这些问题进行深入分析，找到原因，基于当地实际发展情况，有针对性地提出改进对策，以实现低碳交通体系的良好运行。如果缺少该体系，就难以进行评价，而发现问题、查找原因以及提出对策便无从谈起。

（六）管理体制与城市低碳交通发展模式的不兼容性

城市低碳交通的出现与快速发展使原有的管理体制与其发展存在不相适应的问题。如果该问题无法解决，不仅会阻碍低碳交通的进一步发展，还难以确保交通出行及满足经济发展的需要。在这种情况下，亟须制定符合现阶段城市低碳交通发展要求的管理体制，来提升城市交通运输的运营总体效率以及经济与社会效益，优化交通资源配置。在城市低碳交通管理体制构建的过程中，要坚持以人为本，切实考虑到人民群众的实际需要，为人民提供便利，从便民利民的角度，牢牢掌握、深刻理解和明确交通管理的实质定位，以严谨的态度认真做好各项管理工作，始终牢固树立服务意识，注重发挥公众的力量，重视公众的充分参与，以提供一个和谐、健康、良好的生活环境与工作环境。

三、消除我国城市低碳交通实施机制的障碍的路径思考

基于上文所探讨的原因，下面提出消除实施机制障碍的途径。

（一）建立畅通的信息传递机制

城市低碳交通管理不是一个独立的概念，而是一个综合性、系统性的范畴，不仅要顾及人、财、物等资源，还要兼顾交通需求与供应的平衡。做好该管理，要坚持规划先行的原则，保持系统性和全局性的思维，在人、财、物等资源足够充足的基础上，保证该管理的可行性。此外，汽车作为刺激国内经济需求、推动国民经济不断发展的重要行业，由于其具有能够提供较多的就业机会和岗位以及产业附加值高等优势，因此成为我国着力发展的产业。同时，要制定并完善相对应的产业政策与法律法规为汽车产业提供制度与法律保障，同时对其形成约束，使其朝着更加规范化的方向发展。

（二）强化城市低碳交通管理技术体系

为了能够更好地进行城市低碳交通管理，应该借助信息技术、人工智能等手段，在城市中积极使用城市低碳交通智能设施与智能管理系统，以先进的技

术手段优化当前的管理方式，提高管理水平。这不仅能够加速低碳交通系统内部对各类信息与资源的共享、交流与沟通，还可以为市民出行提供即时信息，同时为相关部门进行决策提供参考，缓解交通堵塞问题，提高城市低碳交通设施的利用率与车辆的运行效率，进而降低交通污染物的排放，推动其实现可持续发展。

（三）城市低碳交通发展模式与管理体制有机发展

城市低碳交通的出现与发展使原有的政策、管理机制在一定程度上与其发展不相适应，甚至存在冲突的部分会阻碍其发展，进而影响交通运输与城市经济发展。因此，政府相关部门要及时修正并完善交通管理体制，制定与城市低碳交通发展相适应的管理体制，提高交通运输的总效率与社会经济环境效益，着力做好交通资源合理分配工作，最终达到系统规划、和谐发展，推动城市低碳交通更好、更快的发展。

第二章　基于可持续发展的低碳交通发展方式与调控政策分析

第一节　城市低碳交通系统分析

城市交通是一个相当繁复而又庞大的系统，以前因为科技能力的限制，所以关于城市交通低碳发展问题的决策、讨论和解决，更多的是凭借个人或集体在诸多实践中汲取经验和智慧，虽具备一定的合理性，但难免掺杂了过多的主观因素。基于以上考虑，本文将以系统论作为指导思想，选用定性与定量相结合的研究方法，全面而系统地对城市低碳交通的结构与环境问题做出分析。同时，在查阅相关资料后，将各国采用的较为典型的低碳交通发展模式进行对比，找出各种模式的优势与不足，并探究针对各类发展模式所要采取的策略与建议，从而为相关部门制定科学合理的发展计划提供参考与借鉴，以期能够避免或减少中国城市交通在决策时的失误，最终达到在低碳条件下的健康、快速发展。

一、城市低碳交通系统的内涵与系统构成

低碳经济的概念率先出现于英国的能源白皮书 *Our Energy Future-Creating a Low Carbon Economy*（OEF-CLCE）中，之后便受到了各国的广泛关注。OEF-CLCE 认为，低碳经济是在减少资源消耗和环境污染的前提下，在经济上获得尽可能多的产出，同时要以人民为中心，提高人们的生活水平，提供更多的就业机会，并通过各种方式推广先进技术，使人们掌握专业的技术能力，从而增加获得工作机会的概率。随着经济的发展，生态环境不断遭到破坏，世界

各国逐渐认识到"低碳经济"是不可阻挡的发展潮流，但 EST（Energy Saving Trust）指出建设"低碳社会"是推动"低碳经济"更好实现的前提。随后，日本提出了"低碳社会"的理念，学者们纷纷着手探究降低温室气体排放量的方法与途径，如通过宣传树立绿色消费的观念，改善原有粗放的生产和生活方式，运用低碳技术等，以期达到"低碳社会"的目标。然而，随着低碳绿色发展的理念不断深入人心，以及"低碳经济"与"低碳社会"相关研究的愈加深化，城市交通所面临的机遇与挑战也在随之增加，因而对城市低碳交通发展的内涵与系统构成的明确范围的限定就显得相当急切与重要。

（一）城市低碳交通的内涵

城市低碳交通实质上是通过先进的技术、管理等手段来减少该系统的碳排放。它主要是以"控制私人小汽车出行规模"和"降低私人小汽车碳排放强度"为两大着力点，借助结构性低碳、技术性低碳和政策性低碳三大策略来达到城市交通低碳化的目标。以上述分析为基础，并根据城市低碳交通在调控政策方面的分类，提出"移动性管理"与"清洁汽车"两大战略，将限制型低碳、转型型低碳、改进型低碳作为路径，依托技术规划、立法管理、信息宣传和经济手段等方法的城市低碳交通的内涵解析，如图 2-1 所示。

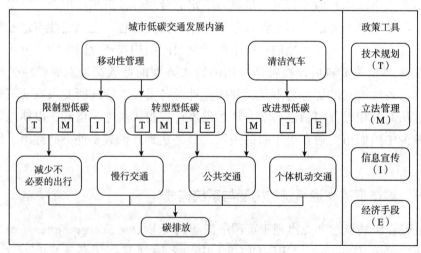

图 2-1 城市低碳交通内涵解析

1.限制型低碳

这是从抑制人们出行需求的角度采取相应措施，即在源头降低非必需的出行概率，试图通过这种方式来减少碳排放量，以实现低碳交通发展的一种方法。而在减少出行需求方面，通常采取如下措施：在基础设施建设前，做好合理的交通规划布局，提高土地资源利用率，以便将居民区建设得更集中、更密集；鼓励使用更加便捷的网络通信技术，如视频会议等；推动本地化生产，以减少货物的运输需求；鼓励在本地消费，以减少车辆向外出行等。需要说明的是，上述所采取的一系列对策需要与其他的措施如征收过路费、收取停车费等结合使用，才能发挥出最大的作用。与此同时，物流园区的合理规划、交通路线最短路径的选择以及提高货车满载率、尽可能地减少空车行驶的现象等，都是良好的解决对策。以上方法广泛使用于城市最初的发展时期，并在亚洲国家的一些城市有着显而易见的效果。

2. 转型型低碳

转型型低碳顾名思义，就是鼓励那些能源消耗量高、碳排放量大、能源利用率低的个体机动方式朝着高效、绿色的公共交通方式发展，以实现出行结构的调整与升级。在这方面可以通过政府拨款、设立专用资金，鼓励并支持公共交通工具、慢行交通和非机动车的研发与推广使用。与私人车辆相比，公共交通要想增加被选择的概率，就要提供更加便捷的服务，如增加发车班次，减少等待时间；制定合理的收费标准，使公共交通更具经济性；提供更加人性化的服务；等等。而货物运输在运价合理的前提下，要探求多种运输方式，如可以考虑水路运输、铁路运输以及发展多式联运等，以此来减少对道路的占用，从而提供更加宽阔的道路空间。当前，这种方式广泛应用于发展中国家的同时，也受到部分发达国家的青睐，并在以日本东京等为代表的城市取得了显著的效果。

3. 改进型低碳

这种策略更多的要依托先进的科技手段，来研发并制造新能源或是能耗量较低的交通工具，并对其进行推广与使用，试图从根源上减少碳的初始排放，以期降低碳排放，从而达到城市低碳交通发展的目标。这种方式采取的措施主要涉及的是技术层面的，如通过改进内燃机装置减少能源消耗，以提高能源的利用率；依托科技力量研发电力、混合动力等新能源汽车；利用生物燃料技术以及氢燃料技术等保证电力、氢燃料和生物燃料在生产时的可持续发展。与此同时，鼓励市民合乘或环保驾驶等都是行之有效的方式，网上约车中的拼车与顺风车的出行方式便很好地体现了这一点。这种方式目前主要存在于依赖小汽车出行的美国特大城市（如洛杉矶）。

（二）城市低碳交通系统的系统结构

城市低碳交通系统是一个整体性的概念，它由一个个部件组成，但这些部件并非是独立的个体，也不是单纯地、随意地组合在一起，而是以某种方式相互联系、相互作用，共同构成一个统一的集合，形成系统的特点。在该系统中，任何部件及其内部结构的变化都会对整个系统的特征产生作用甚至使其发生质的变化。因此，在深刻明晰城市低碳交通相关内涵之后，对该系统的结构进行剖析是很有必要的。

1.城市低碳交通系统的构成要素

基于系统分析相关原理，每个系统的部件都可以分为如下三个方面：一是在系统中相对不变的结构部件；二是在系统执行过程中处理的操作部件；三是在系统中用来实现信息流、物质流和能量流交换的流部件。在城市低碳交通系统中，交通出行子系统、低碳技术子系统在短时间内处于相对不变的状态，属于结构部件；运载工具子系统是实现运输过程的处理部分，属于操作部件；城市路网子系统是完成物质流和能量流交换作用的部分，属于流部件。如图2-2所示。

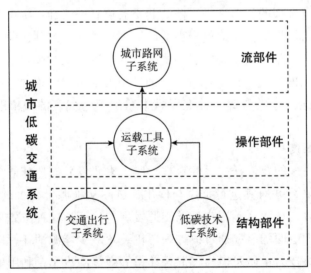

图 2-2　城市低碳交通系统结构

交通出行子系统由出行者、道路行人及驾驶员三部分组成，是整个系统得以发展的基础和核心部分，发挥着举足轻重的作用。实际上，出行者的最终目标是借助适宜的交通工具到达目的地，并在该地完成相应的任务与职责。科技的进步使生产力水平不断提高，也使个体工作与劳动的时间在逐渐减少，因生产要素需要出行的情况在逐步减少，个体的空闲时间逐渐增加，对消费行为有了更多的渴求，致使因消费要素带来的出行需求激增的现象在不断增加。基于以上分析发现，该子系统正在朝着越来越复杂的方向发展。

低碳技术子系统是城市交通系统实现低碳发展的技术支撑。该系统不仅涉及各种新型能源的研发与使用，还在清洁汽车技术、机动车排放检测与控制技术以及各类低碳技术等方面进行了深入的研究、宣传与实践等。

运载工具子系统依照驱动力的差异性可将其分为机动车与非机动车。运载工具的种类及其组成会对出行方式产生直接且无法忽视的影响，甚至起着关键性的作用。也正因如此，它与城市路网子系统共同对城市用地规划布局和发展形态有着不可忽视的、直接的影响。与此同时，对于城市交通系统而言，运载工具子系统不仅是影响它的组织与运转效率的关键性要素，还对它的整体运行效率发挥着至关重要的作用。

城市路网子系统是城市交通系统中最重要的组成部分之一，尽管它在各城市不同的发展阶段呈现出不同的状态，但不变的是它始终是影响城市的土地资源规划与发展形态的最为直接的因素。事实上，该子系统的特征通常是由城市交通运输网的特征来展现的，然而经济的不断繁荣使轨道交通在短期内快速扩充，因而对城市路网子系统的影响也在不断加强。

2. 城市低碳交通系统的环境

城市交通系统具有整体性与系统性的特点，这也决定了它并非是一个独立的部分，而是身处于一个大的社会环境中，并与社会环境的诸多要素彼此影响、相互作用。

在社会经济稳定而快速发展的大背景下，城市交通也抓住机遇得到快速的发展与完善。这表现在两个方面：一是城市交通路线逐渐增加，交通网的承载能力得到提升，道路设置的功能区更加合理；二是人们的出行需求旺盛，城市交通出行的总量和距离大幅增加，同时对出行质量也有了更高的要求。为了追求更加安全、效率更高及更令人舒适的出行，人们更青睐于私人汽车，因此汽车的销售额和使用人数在不断增加，同时低碳技术在发展与应用方面也取得了一定的成绩。最终，城市低碳交通系统在消耗了许多能源与其他资源的同时，向外部的环境系统释放了大量的污染物，如二氧化碳、二氧化硫等，这无疑给城市低碳交通系统带来了巨大的困难与挑战。在以上结论反馈到政策管理系统之后，相关部门的管理人员将结合实际情况采取合适的调控政策，并将这些政策用于交通出行、城市路网、运载工具及低碳技术等子系统，依托各类交通工具能源利用率的不断增强，降低能耗与碳排放，不断促进城市低碳交通发展目标的达成。

二、城市低碳交通发展问题、目标及概念模型

结合系统分析的内容，城市低碳交通系统所探究的主旨部分是从城市低碳交通发展相关情况的探析过渡到城市低碳交通系统发展目标的确定。只有从本源上对该系统面临的问题进行更加深入与明确的探究，城市低碳交通发展的目标才能更加明确与科学。而目标是这些问题在本质上更加明晰的呈现，在确定目标后，城市低碳交通系统概念模型的构建可以更好地把握系统结构的组合方式。

（一）城市低碳交通发展问题状况

城市社会的繁荣发展使城市的人口与车辆不断增加，而由于土地资源的有限性，使交通路网的建设不会无限制增加，这就对现有交通的承载能力提出了挑战，也因此使交通供需矛盾更加突出，从而使城市面临更多的压力。例如，交通事故不断增多、交通堵塞现象频频出现、能源需求激增、环境污染日益严重、交通结构不断恶化等，如图 2-3 所示。

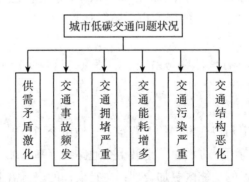

图 2-3　城市低碳交通问题状况

1. 供需矛盾

城市交通供需矛盾包括路网供需矛盾、停车设施供需矛盾以及交通工具供需矛盾，如图 2-4 所示。通常而言，城市会被划分为各种类型的功能区来提供相应的服务，如何布局规划与调整这些功能区是至关重要的，因为它对整个城市的客运与货运的分布与出行特点产生影响，甚至会使其发生大的改变，进而

影响城市交通路网，使其产生相应的改变。由于城市区域面积的持续性扩大，人们的出行范围也在逐步扩大，从而出行距离也会大幅增加。也正因如此，人们对交通路网的承载力以及交通工具的行驶速度有了更高的要求。城市进程的加快，使土地资源被不断开发，客运和货运的流通强度超出当前交通路网的通行能力；人民对生活质量的追求，倒逼城市的交通行业不断提高服务质量，并提供多样化的出行选择，这同样增加了城市交通路网的负担。城市交通路网供需矛盾的产生与加剧正是上述种种原因相互作用的结果。此外，居民生活水平的提高使其对出行的方式有了更高的要求，带来了城市机动车数量的持续增长；同时，稀缺的城市土地资源无法提供充足的停车区域。上述种种原因造成了资源供应与需求的不相匹配，同时也带来了诸多的问题，如停车场建设形式单一，在规划布局与设计阶段未考虑到潜在的停车需求，公共建筑物配置的停车位无法满足该建筑所容纳的人员的需求量及路内外停车设施供不应求等，这些无疑提高了大城市停车难现象出现的概率，如北京、上海等城市。当前城市居民的人均可支配收入的增加，使其出行目的发生了改变；同时，由于出行者的时间、消费水平的不同，所以对各种出行方式所花费的时间与成本的承受能力也是有差异的，这就使不同类型交通工具的供求关系不平衡，即供应与需求不匹配，由此导致的矛盾同样在不断加深。

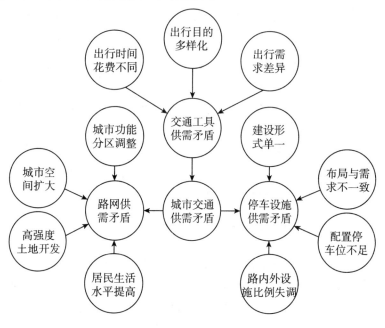

图 2-4　城市交通供需矛盾分析

2. 交通事故

目前交通事故备受关注，这是因为它依然是和平时代造成人员伤亡和财产损失的最主要原因之一。近年来，相关部门在完善管理体制等方面付出的努力取得了显著成效，这表现在我国交通事故发生的概率在不断降低，但令人遗憾的是，交通事故所带来的伤亡人数与财产损失在各类事故中的排名依然位于前列。城市道路主要用来满足市内各类人群、各类车辆交通运输的需要，所以在不同类型、不同功能的道路上所发生的交通事故也存在特征上的差异。例如，在整个城市道路的总里程中，一般城市道路相较于其他道路的占比最高，故其交通事故发生的次数、伤亡人数、造成的直接财产损失及其占比均是最高的。此外，其他道路上交通事故发生的次数以及伤亡人数比例位于一般城市道路之后，其所带来的直接财产损失比城市道路低。任何事物的发展都具有两面性，机动车的产生提高了人们的出行效率，增加了舒适度，但也带来了一些问题，如交通拥堵、交通事故、环境污染等。

据统计，2020年中国道路交通事故万车死亡人数为1.66人，同比下降7.8%。

2019年中国交通事故发生数量为24.8万起，同比增长1.1%；中国交通事故直接财产损失为13.46亿元，同比下降2.8%。

2019年中国机动车交通事故发生数量为215 009起，同比下降0.5%；其中，汽车交通事故发生数量为159 335起，同比下降4.5%；摩托车交通事故发生数量为45 635起，同比下降0.5%。

中国道路交通体系在运输能力供给、设施总量规模以及服务质量等方面取得了显著成效，车祸事件也在逐年下降。2019年中国交通事故发生数量中，机动车占比高达86.8%，非机动车占比仅为11.7%。

2019年中国交通事故死亡人数中，机动车交通事故死亡人数为56 934人，同比下降2%。其中，汽车交通事故死亡人数为43 413人，同比下降6%；摩托车交通事故死亡人数为10 474人，同比下降1.8%。

三、城市低碳交通发展方式

基于城市低碳交通系统基本理论，上文确定了该系统研究的问题与目标，且构建了低碳交通发展概念模型。接下来研究的重点内容便是采取何种方式来明确城市低碳交通的发展方式，从而推动低碳交通尽快地实现。因此，以下从三个方面对上述内容进行研究，分别是典型交通发展模式及特征、各城市交通发展模式的选择及各发展模式下城市低碳交通的发展路径。

（一）典型交通发展模式及特征

交通模式反映的是各类交通方式所承担的交通量之间的比例关系。这种比例数值的大小不仅反映了在整个城市交通系统中各类交通方式的总体定位与整体功能，还凸显了该系统供需保持整体均衡状态时的根本特点。一般而言，交通模式是对城市交通的总体发展情况及其自身特质的详细刻画，也可以是城市交通系统在一定的时期内所确定的更为详细的发展目标，在城市交通建设与管理中发挥着举足轻重的指引作用。

1. 交通模式的判定

在进行该判定之前，要率先明确统计的口径与内容。如果统计口径不一致、内容无法统一，那么最终得到的交通模式就必然千差万别。一般来说，国际上在进行相关的统计时，常常选用出行量（人次）、乘行量（乘次）、客运周转量（人/公里）。但在实际操作中会发现，这三种统计内容所代表的含义不同，所呈现的数据不同，因而所得到的比例值的大小也就迥然不同，由此会导致相关资料与报表的偏差，乃至造成交通模式的错误使用。在上述情况下，如何选择出最合适的统计内容进行交通量的统计，是首要考虑的问题。

不同的统计内容对应不同的交通模式，并且各有优劣，详细内容如表 2-1 所示。其中，将客运周转量作为统计内容的客运方式结构，其综合性比较强。这主要表现在，它并不单单将客运量纳入考量范围，同时也对交通运输距离加以考虑，以此来呈现出各种类型的交通方式所能够担负的交通量在各类交通资源中的占比，所以更加全面且综合地展现了交通结构最为实质性的特点。但是，鉴于当前交通行业的相关数据获取的全面性与准确性都无法得到保证，通过这种方法所获得的客运方式结构的精度不高。而将客运量作为统计内容的乘行方式结构，它所用到的相关数据比较容易查找、收集与整理，但这种方式统计的并不是所有的运输量，而是从起点到终点的整个出行过程中所涉及的某一部分交通方式运输量。这样带来的结果就是，当对换乘系数比较高的交通方式进行单次出行计算时，得到的结果数值会偏大。同时，这种方法并未将运输距离纳入考量范围，因而计算得到的结果常常与实际存在些许误差。当前，国际上一般选择以出行量作为统计内容来计算交通模式。在计算的过程中，若是一次出行中涉及两种以上的交通方式，那么出行量只会对最主要的交通方式给予计量，这实际上忽视了相对次要的交通方式比例，而保留了对主要交通方式的计算。

表2-1 交通结构度量方式及其特点

交通结构类型	度量内容	单位	说明	优点	缺点
客运方式结构	客运周转量	人/公里	客运周转量是某种方式的客运量与乘车距离的乘积	考虑各种交通方式运量和运输距离的客运周转量构成情况,客观反映交通结构	对交通统计资料要求较高
乘行方式结构	乘行量	乘次	为便于统计,步行与自行车等慢行方式采用出行方式数值进行计算	统计资料易获取,体现各种交通方式承担客运量的构成情况	高估换乘系数较高的交通方式,不考虑运距,与事实有偏差
出行方式结构	出行量	人次	若单次出行涉及多种交通方式,出行量仅计入最主要的交通方式	反映优先级交通方式的构成情况	通过交通调查获得,忽略次要模式比例

2.典型交通模式

不同的城市有不同的发展阶段和实际情况,所选用的交通模式自然有所差异。在经历了一百多年的发展之后,世界上许多特大城市因地制宜,依据当地的实际发展情况基本形成了与城市发展相符合的、独特的交通发展模式。城市交通模式的发展与变迁并非仅仅是由单项因素的变化所决定的,而是多种因素综合作用的结果,不仅城市的综合发展水平、地理位置、土地规划布局会对其产生影响,还与交通道路基础设施建设及居民出行的行为习惯息息相关。也正因如此,地区趋同性是交通模式较为重要的特征。依据发展变迁的整体趋势及地区特征,全球的交通模式分为三类,分别为北美模式(即城市以小汽车为主的典型模式)、欧洲模式(即城市以小汽车与公共交通并重为特征的典型模式)及亚洲模式(即城市以公共交通为代表的典型模式)。

北美模式于20世纪中后期在北美城市受到很大关注与广泛应用。它指的是以小汽车为主要出行工具的模式,主要应用于土地规划布局不集中、人口密度不高的城市,如美国的洛杉矶。据相关资料显示,2000年洛杉矶所有的交通出行中,公共交通与机动车出行的比例分别为不足10%、85%。而在个体机动出行中,独自驾车与小汽车合乘出行的占比分别为约70%、超过15%。这些数据直接地呈现出在洛杉矶人们的主要出行方式为小汽车。

如果一个城市的土地规划与布局密度不高，没有明确的城市中心，虽然交通基础设施完善，公路、铁路网等发达，但相应的交通服务并不到位，那么在这样的情况下，容易形成北美模式。也正因如此，这种模式的不足也较为明显，那就是当居民的生活水平越来越高，对出行的需求逐步增加，购买小汽车的人会越发增多，从而迫使整个城市小汽车的数量不断增加。然而，城市中的土地资源是一定的，对它的开发与利用亦是有限的，交通路网的建设长度一直高速增长，便会造成交通阻塞，并且随着城市的发展，这种情况会越发严重。除此之外，北美模式的能源消耗与碳排放在三种发展模式中均位于第一位。

欧洲模式在欧洲比较普遍。与其他模式不同，这种模式涉及多个出行模式，主要是公共交通方式与个体机动方式共同处于核心地位。该模式以多种交通方式的彼此协调、共同配合来保证城市的正常运转与扩展。通常而言，该模式中"向心"交通的核心是公共交通，并对其有较强的依赖性，英国伦敦便是该模式的典型代表。

如果一个城市的土地规划与布局在有计划地进行扩张，拥有确定而明显的城市中心，同时交通基础设施非常完善，又能够提供与之相匹配的服务，在这样的情况下，能够催生欧洲模式的形成。该模式中所涉及的公共交通与个体交通方式，它们优势互补、相互作用、相互促进，最大限度地发挥着自己的优势，借助整合达到完成自身核心功能对接这一目标，使其更具适应性。与北美模式相比，欧洲模式在能源消耗和碳排放方面实现了优化，并取得了一定的成效。

亚洲模式在亚洲较为常见。在这种模式下，公共交通出行方式占绝对支配地位，它是由常规公共汽车、快速公交汽车、轨道交通等公共交通工具共同组成的一种方便换乘、可达性强的公共交通系统。该模式中，"向心"交通大多以各类公共交通为核心，日本东京便是典型代表。

如果一个城市的土地资源紧张、土地规划与布局较为稠密、拥有典型的城市中心，同时交通网非常完备，并能够为之提供高质量的服务，此时容易形成亚洲模式。以城市土地规划与布局为基础的交通网络不仅加快了该模式下各城市空间布局的形成与变迁，还在促进城市经济发展、增加就业岗位及推动城市内部人口流动与迁移等方面发挥了至关重要的作用。此外，该模式在能源消耗与碳排放方面均是所有模式中最低的。

3. 典型交通模式的特征

三种交通模式的重要特点如表 2-2 所示。北美模式下机动化程度最高，以个体机动为核心，占比超一半，公共交通出行占比最小，不到 10%；欧洲模式下各类出行方式平分秋色，比较均衡，个体机动与公共交通均处于 30%～40% 的区间内；亚洲模式则以公共交通为核心，占比超过一半，而个体机动占比不到 20%。

表 2-2　三种典型交通模式构成方式比较

类　型	公共交通比例(%)	个体机动比例(%)	慢行交通比例（%）
北美模式	<10	>50	10～20
欧洲模式	30～40	30～40	30
亚洲模式	>50	<20	20～30

（二）城市交通发展模式的选择

不同的城市会依据自身的发展情况与特点选择不同类型的交通发展模式，但同类型的城市或同一城市的不同发展阶段或特定条件下都有选用不同发展模式的可能性。因此，以下将基于上述三种发展模式及其特点，来探究如何选择适合城市自身特点的发展模式。

1. 城市交通模式影响因素

城市交通模式的形成与发展是各种因素综合作用的结果，它不单单会受到城市经济以及社会发展的影响，同时各种城市要素以及相关的机制体制都会对其产生作用。

社会经济水平是交通发展的基础，也是诸多影响因素中对交通模式的影响最为显著的因素之一。在生产力不断发展、经济社会不断进步的背景下，一方面，人们更加旺盛的出行需求，带来了出行次数的迅速增加；另一方面，人们出行目的发生了变化，由原来的单一性向多样化转变。此外，越来越丰富的出行方式，使人们的出行选择更加多元化与多样性，最终形成各种出行方式的多元化组合。

城市因素对交通模式的形成同样是非常核心与关键的。城市因素分为三个层面，分别为宏观层面、中观层面与微观层面，如图 2-5 所示。

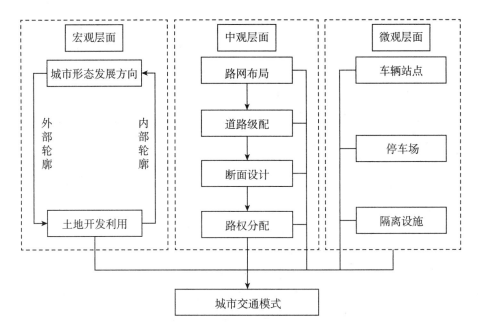

图 2-5 城市不同层面因素对交通模式的影响

从宏观的角度来看，城市土地资源的规划与使用情况与交通模式的形成相互作用、相互影响。一方面，土地资源的规划决定了整个城市的功能分区，推动城市形成多元化形态，从而使其交通出行量产生不同程度的变化，进而影响交通模式的形成；另一方面，当前已有的城市交通模式在某种程度上强化了当前的城市发展空间布局。从系统来看，交通模式与城市土地的规划表现出了正反馈作用。

从中观的角度来看，城市交通的基本结构受诸多因素的影响。其中，路网布局与整个城市的扩张息息相关；道路级配是城市的主体架构及主要的交通流向的决定性因素；道路断面的设计影响着各种类型的交通模式所需要的道路宽度；道路路权的分配在整个交通模式的形成过程中发挥着举足轻重的作用。

从微观的角度来看，车辆站点是非常重要的基础建设，因为它承担着整个城市的客流量，是重要的集散地，所以它的选址布局的合理性是影响交通模式能否高效运行的关键。目前，我国许多城市都存在着不同程度的交通堵塞问题，造成这一问题的原因有很多，其中一个便是停车难。由于城市的土地资源较为紧张，以及市中心寸土寸金，使市中心通常没有办法提供充足的停车位，由此产生了供需不平衡，从而使交通拥堵这一问题更加严重。为解决这一问题，可以在道路上设置不同类型的隔离设施，如分隔栏杆、分隔墩等，将道路划分为不同的区域，以供不同的车辆通行，为其提供特定的路权与专用通道。

此外，经过对城市交通模式进行深入的研究，诸多学者提出影响该模式未来发展方向的直接决定性因素是城市交通政策体制。一般而言，当交通发展战略比较稳定时，政策和体制与交通战略相互作用、互为依托。这表现在，前者是推动后者顺利落地的重要载体，而后者的框架界定也紧紧依赖于前者，前者为后者的形成提供了坚实保障。交通政策的实质是根据不同交通出行方式的实际情况与自身特点，有针对性地进行政策的引导，同时通过降低出行的综合成本，如出行花费的时间、金钱等，在保证城市交通系统供需动态平衡的基础上，推动交通模式朝着更科学合理的战略目标前进。

2.城市交通发展模式选择标准

从上文的影响因素分析得出，一个城市选择何种交通发展模式主要取决于两个方面，分别是城市交通系统自身的特征以及它所处的外部环境的特点。

城市交通系统的特征可以从规模与结构两方面来阐述。在规模方面，城市人口密度是影响城市交通出行总量的直接因素，亦是决定性因素。当一个城市的人口密度不高时，其交通出行总量相应会较低，交通系统的规模也不大，这种情况下比较适用北美模式；当一个城市的人口密度达到中等时，则比较适用欧洲模式；而当一个城市的人口密度较大时，则选用亚洲模式最为合适。在结构方面，如果一个城市的布局特征呈现出弱中心和低密度时，那么这就意味着这个城市的交通系统结构不够紧密，在这种情况下选用北美模式更为适宜；如果一个城市的布局特征是"一个强中心＋少数次中心＋较高密度"，此时欧洲模式是比较适用的；如果一个城市按照"一个强中心＋多个次中心＋高密度"的模式来规划布局，那么选用亚洲模式最为恰当。

除了交通系统特征对交通发展模式的选择有着重要的影响外，城市交通所处的外部环境也起到了不可忽视的作用。假设一个城市周围的其他城市大多以个体机动出行为主，那么该城市选用北美模式的可能性会大大增加；假设周围其他城市的交通基础设施比较完备，交通网四通八达，并且公共交通体系较为完备，此时该城市更倾向于亚洲模式；对处于上述两种情况之间的城市，则选择欧洲模式的概率会更大。关于城市交通发展模式选择的参考标准，如表2-3所示。

表 2-3　城市交通发展模式选择参考标准

选择标准	北美模式	欧洲模式	亚洲模式
人口密度（人／平方公里）	<3 000	3 000～6 000	>6 000
人均拥有道路面积（平方米）	40	20～40	<20
中心化程度	弱中心	一个强中心，少数次中心	一个强中心，多个次中心
外部环境	个体机动出行	个体机动＋公共交通出行	公共交通出行

3. 我国城市交通模式发展变化

现如今，我国很多城市的交通依然处在过渡时期，正在从非机动化出行（慢行交通）朝着机动化出行（公共交通和个体机动）的方向转变。一些城市的公共交通、个体机动和慢行交通出行在分担率方面发生了改变。例如，北京、上海、深圳这些一线特大城市正在从非机动化出行朝着欧洲模式的方向发展；而广州正从欧洲模式朝着亚洲模式的方向变化；重庆比较特别，十几年来这个城市的公共交通分担率始终保持在45%左右，基本进入亚洲模式；天津、成都、长沙和宁波等城市仍然处于非机动化方式为主的状态，并且还有许多这样的城市。

基于相关理论，我国城市交通能够朝着三种模式中的任何一种发展，如图2-6所示。但实际上，在选择发展模式时也要考虑到城市的现实情况。目前，我国许多城市的人口密度很大，尤其像北京、上海、深圳这样的城市，其中心城区人口密度已达到10 000人／平方公里，但人均道路拥有面积仅在10平方米左右。基于这样的情况，可以确定在我国的城市中，选用北美模式是不相适应的。当然，政府已经认识到，一旦北美模式出现，那么，城市交通甚至是资源环境都将遭受损失，因此政府相关部门采取了一系列措施，如对小汽车实行限购，控制机动车数量等，防止城市交通朝着北美模式发展。此外，政府相关部门还加强对公共交通的投入与管理，积极引导城市交通向欧洲模式和亚洲模式转变。尽管我国现在有少数的城市发展较为突出，完成了向欧洲发展模式的转变，然而大部分的城市是从非机动化出行为主的状态直接向亚洲模式转变。即便是北京、上海、广州、深圳这些一线城市已经发展为欧洲模式，但也在采取多种措施与方法来推动城市朝着亚洲模式转变，如图2-6所示。

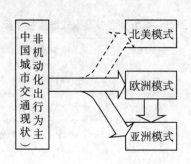

图 2-6　中国城市交通发展模式选择

（三）城市低碳交通的发展路径

城市低碳交通的发展涉及城市发展的方方面面，具有复杂性和系统性的特点。在推动城市低碳交通发展的过程中，一方面，要结合城市发展的实际情况，采取一系列具有可行性与可操作性的措施，尽可能地保证城市发展对交通的需求，以更好地实现城市交通的可达性与高效性；另一方面，为了尽可能地减少能源消耗量以及二氧化碳的排放量，可以采取一些措施，如加快完善城市交通系统、对土地利用情况进行常态化监管、制定并完善相关技术与机制体制等。因此，在确定城市交通发展模式后，如何实现不同交通模式下的低碳发展目标便成为当务之急。

1. 基于"脱钩理论"的情景分析

"脱钩理论"可以用来详细描绘城市交通系统的低碳化发展，因而城市低碳交通发展目标可以以该理论作为指导。"脱钩理论"的内容是，城市交通系统的发展与 CO_2 排放增长率呈现非长期的依赖关系（或非平行关系）。例如，如果一个城市始终秉持低碳可持续的理念，并在实际发展中付诸相应实践，那么当发展到一定的时期，会出现城市交通发展的速率比 CO_2 排放的增长率高，这便是"相对脱钩"。如果能够一直维持这种趋势，且交通系统的发展始终比较稳定，CO_2 排放总量不断下降，这种现象就是"绝对脱钩"，如图 2-7 所示。因此，城市低碳交通发展能够被简单地解释为一个交通系统不断发展及其碳排放从相对脱钩到绝对脱钩的过程。为了能够更加科学、准确地得到"相对脱钩"与"绝对脱钩"的拐点可能出现的时间，可以选择使用环境库兹涅茨曲线（EKC）对交通 CO_2 排放进行相应的探究。美国经济学家提出了著名的"倒 U 形假说"，率先运用库兹涅茨曲线寻求经济增长与环境污染之间存在的内部关系，并提出某一地区的污染物排放，在初始阶段会随经济水平的不断提升而增多；当经济发展处于一定水平时，就会随经济水平的不断提升而产生下降的趋势。经过实证研究获得的污染物排放量和经济发展水平之间"倒U形"的曲线变化关系被称为环境库兹涅茨曲线（EKC）。

一般而言，环境库兹涅茨的计量模型分为时间序列模型和面板数据模型。基于本文的研究需求，选择使用时间序列模型，其应用最多的是二次多项式函数关系：

$$E_t = \beta_0 + \beta_1 Y_t + \beta_2 Y_t^2 + \mu_t \qquad (2-1)$$

式中：E_t 为特定区域在某一特定时刻 t 所受的环境压力，一般用污染物排放量或其他能够反映环境质量的指标来表示；β_0 是能够体现特定区域特征的相关参数；Y_t 是该特定区域在 t 时刻的经济发展水平，一般以人均GDP或GDP来表示；β_1，β_2 分别为参数。根据式（2-1）可知，当 $\beta_2 < 0$，$\beta_1 > 0$ 时，为"倒U"型曲线；当 $\beta_2 > 0$，$\beta_1 < 0$ 时，则为"正U"形曲线，对式（2-1）求一阶导数，可以得到环境质量随经济发展水平而出现的转折点为 $Y = -\beta_1 / 2\beta_2$。

为了让数据的获取更全面、准确，选择国际能源署对交通燃料燃烧产生的 CO_2 统计量作为 E_t 代表在特定区域在时刻 t 受到的环境压力，单位为吨；人均GDP作为 Y_t 代表该区域在 t 时刻的经济发展水平，单位为美元。以搜集到的数据为基础，计算了包括中国、美国、俄罗斯、德国、法国、印度等在内的22个国家和地区的EKC曲线，其中人均GDP以2000年不变价。计算结果表明，美国、俄罗斯、南非、乌克兰、巴西、中国、拉脱维亚、摩尔多瓦等国家和地区的交通 CO_2 排放与人均GDP呈现出"倒U"趋势。

据相关资料统计显示，过去十年间我国人均GDP的增长率呈现持续下降的趋势，未来我国将会采取一系列措施来不间断地调整产业结构，以达到期望的结果。同时，各级政府部门在相关的工作中已经认识到当前存在的问题，并着手进行GDP增速的管控。林伯强与蒋竺均发现中国 CO_2 的库兹涅茨曲线理论拐点与现实状况难以保持一致，这主要是由于人均GDP仅仅是影响中国 CO_2 排放拐点的因素之一，还应考虑能源消费结构及能源强度等其他关键因素。

通过研究发现，世界各国和地区的交通 CO_2 排放拐点不尽相同，并且有着非常明显的差距。然而，交通 CO_2 排放拐点与经济发展水平是息息相关的，两者存在着显著的正相关关系。当一个国家的总体经济发展水平较高时，意味着人均GDP比较多，此时交通 CO_2 排放的拐点也会较高。但若是依照联合国环境与发展大会所确定的"共同而有区别的责任"的国际环境合作原则，中国以

15 468 美元为标准来制定政策并实施相应的举措是严重不合理，且有失公平的。因此，若是根据每个国家或地区的实际发展状况，将美国视为参考标准，将 40 057 美元作为交通 CO_2 排放拐点，并假设人均 GDP 增速为 5%，此时测算得到的中国交通 CO_2 排放拐点大致出现在 2040 年。

以交通 CO_2 排放 EKC 测段的拐点出现时间为标准，并基于"脱钩理论"相关内容，可以将未来我国城市低碳交通发展情景设为基础情景、适宜情景和理想情景，如图 2-7 所示。

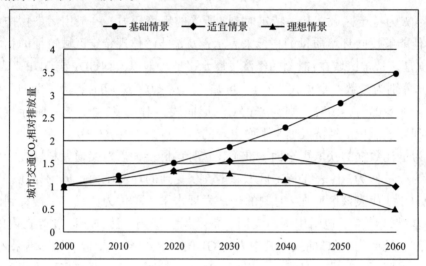

图 2-7　基于"脱钩理论"的城市交通 CO_2 排放情景分析

在基础情景下，城市交通的 CO_2 排放增长速度达到年均 2.1%，预计到 2060 年时，CO_2 排放量约为 2000 年的 3.48 倍。这样的情况显然与低碳发展的目标相违背。在我国通过发展能够解决当前面临的诸多问题，发展依然是最重要的任务。因此，在短时间内，我国城市低碳交通追求的应该是人均碳排放量的减少。在当前的社会背景下，我国城市交通发展要在最大限度地满足个体的出行需要的前提下，朝着低碳化的方向努力。

在适宜情景下，将美国的交通 CO_2 排放拐点作为节点，实施移动性管理战略，采用一系列措施，力争在 2040 年之前把我国城市交通碳排放量的年平均增幅控制在 1.2% ～ 1.3% 的范围内，从而达到"相对脱钩"的目标。2040 年后，在先进的技术与管理手段的支持下，逐渐达到"绝对脱钩"的目标。到 2060 年，争取使碳排放总量降至 2000 年的水平。

理想情景在欧洲发达国家受到广泛关注，该情景下，将 15 468 美元作为中

国交通 CO_2 排放拐点，并参照移动性管理与清洁汽车两大战略中所介绍的相关方法，得到交通 CO_2 排放总量在 2020 年达到最大值。2020 年之后，选择使用更加有效的清洁汽车战略等多样性的手段，使 CO_2 排放总量呈下降趋势，以提前进入"绝对脱钩"的阶段。最终的目标就是力争在 2060 年到来之时，CO_2 排放量仅为 2000 年的 1/2。有效降低 CO_2 排放量能够借助两大举措来实现：一是改进类措施，就是通过弱化初始排放强度来实现总减排量 66% 的目标；二是限制转型类措施，即通过降低出行频率或是采取步行等更加绿色环保的方式来达到总减排量 33% 的目标。以上两类措施中典型方式在 2060 年可能达到的减排效果如表 2-4 所示。

表 2-4　改进、限制转型类措施中典型方式的减排效果

类　型	措　施	效　果
改进类	发动机设计改进	减少 9% 的小汽车排放
	车辆设计改进	减少所有车辆 8% 的排放
	电动汽车的推广使用	减少 35% 的交通排放总量
	低碳燃料的推广使用	减少 4% 的小汽车排放及 12% 的载重汽车和公交车排放
限制转型类	强制限速与车辆组团驾驶	减少 9% 的小汽车排放及 4% 的载重汽车和公交车的排放
	转型公共交通	减少 13% 的交通排放总量
	道路通行费	减少 3% 的交通排放总量，减少 25% 的小汽车排放
	燃油税	
	降低初始出行需求	

2. 城市低碳交通发展策略

以上三种情景分析是在"脱钩理论"的基础上进行的，并且是在各类交通发展模式不进行详细分析的条件下，站在宏观的角度对城市交通碳排放总量进行的全面而系统的探析。但鉴于每类模式均有独特性，所以深入探究各种交通模式下应该选用何种对策与措施来助力交通低碳发展目标的实现成为当务之急。如图 2-8 所示为解决城市低碳交通发展的总体思路与途径。

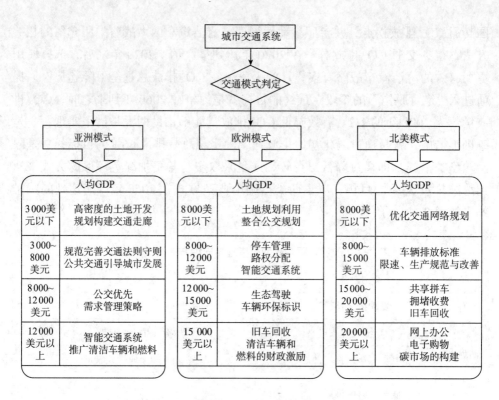

图 2-8 解决城市低碳交通发展的总体思路与途径

在亚洲模式下，如果一个城市的人均 GDP 不足 3 000 美元，此时该城市要做的是制定科学的土地开发战略，增加土地布局的密度，依据城市实际情况，因地制宜地建设交通走廊以保证今后的城市布局更加科学合理，降低非必需的出行需求，为大力推广公共交通方式奠定现实基础。当人均 GDP 达到 3 000 ~ 8 000 美元时，在这样的情况下，相关部门规范并完善相应的交通法则以及出行者严格遵守法则便相当重要。此外，如果一些城市拥有适宜的条件，就可以着手实施公共交通引导城市发展战略，以推动城市规模有条不紊地扩大。如果人均 GPD 达到 8 000 ~ 12 000 美元，那么对公共交通系统进行完善与调整升级便是最重要的任务，同时推动其发挥在交通系统中的决定性作用，是城市交通低碳发展目标得以实现的重中之重。与此同时，要辅以需求管理策略，管控个体机动交通方式的增加，不断促使其朝着公共交通的方向迈进。如果人均 GDP 高于 12 000 美元，此时应采取的措施是依托互联网技术大力完善智能交通系统，来助力城市低碳交通系统达到绿色、高效的发展目标。同时，还要从根源上减少单位交通工具污染物的排放，如提高能源利用率、加大对汽车装置的研发力度、鼓励使用清洁汽车与绿色能源等，以减轻城市低碳交通发展面临的各方面的压力。

在欧洲模式下，若是城市人均 GDP 不足 8 000 美元，要保证土地资源的科学规划与高效利用，这是在前期保证降低非必要出行的重要措施。对已经存在的公交规划进行资源的整合，来保证公共交通系统对城市的发展起到不可忽视的作用。若是人均 GDP 达到 8 000 ~ 12 000 美元，首先要制定并完善相应的停车管理制度，原因在于生活水平的提高带动了居民个体机动出行数量的增加，并使其占比得到大幅提升；其次，为了避免机动车总量激增造成城市交通系统不能正常运行现象的发生，就要实行合理的路权分配管理政策；最后，为了尽快满足居民对交通出行日益增长的质量要求，智能交通系统的建设迫在眉睫。当人均 GPD 达到 12 000 ~ 15 000 美元时，不仅要推动车辆环保标识体系的建立，还要宣传与推广生态驾驶方式。这是因为前者能够对一些高能耗、高排放的车辆进行有效的筛选，后者在一定程度上能够帮助出行者培养绿色低碳出行的意识，促使个体机动出行方式"拐点"尽快出现，以达到城市交通系统低碳发展目标。若是人均 GDP 高于 15 000 美元，此时政府需要制定相关的标准与政策，来加大对人员、资本以及技术的投入，促使新技术的研发与推广，如加大对新能源汽车的开发、鼓励新能源的使用等，以期提高这些新设备、新能源使用的占比。与此同时，不能忽视对旧车的回收，尽管这在一定程度上会增加成本，但却是实现城市低碳交通目标的重要环节与措施。

在北美模式下，当城市人均 GDP 低于 8 000 美元时，与其他方式相比，居民选择个体机动出行的占比更高，此时为了缓解交通拥堵，提高交通系统运行效率，最重要的就是优化交通网络规划，以达到低碳发展目标。当人均 GDP 达到 8 000 ~ 15 000 美元时，要严格规范车辆的排放标准和生产标准，改进发动机及车辆各部件，从源头减少污染物排放，同时也要对机动车的行驶速度加以管控。当人均 GPD 达到 15 000 ~ 20 000 美元时，不仅要依靠相关的经济手段，如当车辆处于拥堵状态时收取适当的费用等，来控制个体机动出行方式的持续增加，推动"拐点"的尽早出现，还要广泛宣传并推广"共享拼车"，帮助出行者树立绿色发展的观念，降低人均排放。提升个体机动出行方式的收益，同时更要注重对旧车的回收与利用。当人均 GDP 高于 20 000 美元时，大力宣传并推广网上办公以及电子购物，从本质上降低出行需求，来促进零排放的尽快实现。基于对未来的发展，要适时地应用一些经济手段调控碳排放，如推进碳市场的构建与试点选择等。

3. 我国城市低碳交通的实现路径

通过上述情景理论及各种模式的详细分析，并结合我国城市的实际情况与自身特点，找到中国城市交通低碳发展的实现途径。该实现途径大致分为三个阶段。

第一阶段，即 2010—2040 年，核心任务为采取一系列的措施降低城市交通系统 CO_2 排放总量，减少人均 CO_2 排放，达到"相对脱钩"的状态。该阶段不仅要将限制、转型与改善这三大战略做好部署，还要将其推广并落实到位。需要说明的是，尽管这三大战略都发挥着不可忽视的作用，但无论是转型战略还是改善战略，都需要足够的时间去做前期准备与适应，同时它们的实施并不会立刻得到反馈，而是在实施一段时间之后才能产生效果，因而该阶段主要采用限制战略来达到"相对脱钩"的状态。除此之外，相关部门不仅要实施较为激进的需求管理政策，如在机动车的买卖方面进行一定的约束，来控制个体机动出行方式的增长，还要采取措施，如完善相关的配套设施等，来助力公共交通以及慢行交通的快速发展。这两方面的举措能够有效减少个体机动出行，增加公共交通出行。总体来讲，第一阶段所采取的一系列举措都是在为相应的改善战略及转型战略的推行争取时间，因此该阶段许多举措被认为具有预防性与阶段性，是一种过渡举措。

第二阶段，即 2040—2050 年，这十年间将会出现交通 CO_2 排放的"拐点"。在这种情况下，交通 CO_2 排放总量会随着时间的推移不断增加直至最大值，再逐步趋向相对稳定。另外，在第一阶段所实行的转型战略与改善战略在本阶段逐步产生作用。公共交通系统开始进行完善，智能交通系统的建设有了一定的雏形，清洁汽车与能源技术也逐渐得到使用。该阶段实施的各类政策所能够达到的效果是我国城市交通系统选择欧洲模式还是亚洲模式的决定性因素。

第三阶段，即 2050—2060 年，在这十年内乃至今后更长时间，交通 CO_2 排放总量不断降低，达到"绝对脱钩"状态。在这一阶段，一方面，以经济手段为主，其他政治、法律等手段为辅，来采取综合性更强的举措约束个体机动交通的数量，避免过度使用；另一方面，要与公共交通体系及慢行系统彼此协作，共同发挥作用，以确保交通系统的稳步有效运行。这一阶段所采用的其他措施，如着力宣传并鼓励清洁能源的使用，淘汰那些超过污染物排放标准的车辆，帮助市民树立绿色出行的观念等，不仅能够确保交通系统达到供需平衡，还在减少 CO_2 排放与实现低碳发展方面起着不容忽视的作用。届时我国城市交通低碳体系将初步建设完成，因此该阶段所采用的诸多举措被认为是主导性的长期措施。

第二节　基于大气环境容量的城市交通发展规模探究

基于上文的论述与分析，探索出了城市低碳交通的实现方法，此后任务转变为保证低碳交通发展得以落实到位。该任务最核心的部分是确定城市交通发展的规模，而该规模的大小是很多因素共同作用的结果，除了交通路网容量，还有城市发展规划等因素。然而，城市低碳交通发展最核心的部分是资源环境目标，而减轻交通的各类污染又是外部资源环境面临的最主要的挑战。污染涉及大气污染、噪声污染和振动污染等多种类型，其中大气污染是最令人担忧的，因为大气是人类生存必不可少的资源，与每个人的生存发展息息相关。城市交通带来的各种大气污染物不仅是雾霾、光化学烟雾产生的重要原因，还带来了城市空气污染。在中国，城市交通对 PM2.5 的贡献率在 20% ～ 30% 区间内，所以实现城市低碳交通发展目标的核心就在于满足城市大气环境容量的约束。为此，本部分在全面且深入地了解大气环境容量及承载力相关内容的前提下，探讨影响这两个方面的核心要素，再探析以大气环境容量为约束的城市交通发展规模，最后以天津市为例探究城市交通大气环境承载力的调控政策。

一、城市交通大气环境容量及承载力理论探讨

每一类污染物的排放都需要遵循适度的原则，一旦污染物的排放超过了这个"度"，那么就会造成生态失衡，如生物多样性减少等，严重时还会危害整个城市的生态功能。实际上，所谓的"度"是指环境承载的容量。大气环境容量有自身独特的特点，它是运动的，并且拥有广袤无垠的、没有限制的活动空间。因此，在特定城市空间区域中，各种污染物能够肆无忌惮、没有任何约束地进行传播，并相互影响、相互作用。与此同时，污染物排放及气象环境并非一成不变的，而是时刻变化的，具有复杂性和不确定性，这就造成在对大气环境容量进行测算时精确度不够。为了解决上述问题，需要简化并确定大气运动的边界，选择合适的数学模型对城市大气环境容量做出测算。

（一）城市环境容量的内涵、特征与分类

1976 年，美国环保局提出正式实行污染物总量控制方法，此后该测算方法受到许多发达国家的青睐并在其国家内进行了广泛应用，获得了显著效果。一

般而言，总量控制是指结合某一区域所具备的一系列环境功能来制定环境保护所应该达到的目标，同时测算该区域对各类污染物所拥有的自然净化能力以及对各类污染物所能够容纳的总量（即环境容量），并将这些总量指标划分至区域内不同的污染排放单位。下面将对城市环境容量的内涵、特征与分类等核心内容进行探究。

1. 城市环境容量内涵

随着人们对城市环境的重视，各国学者对环境容量的研究也不断深化，从不同角度对其进行定义，具体分为以下几类：

其一，它是能够排放的各类污染物总量与其污染物排放标准浓度的比值。

其二，它是特定区域环境自身所具备的自净同化能力。

其三，它是不会对特定区域环境产生危害的能够容纳的污染物排放量最大值。

一般而言，环境容量是一个复杂量，它详细刻画了特定区域环境所拥有的自我净化能力。该数值在一定程度上是对不同污染物在这种环境中所进行的机械运动的具体描述，还是其物理及化学变化的反映。环境容量（M）由两部分构成，分别为基本环境容量（K）与变动环境容量（R），同时存在 M=K+R 的关系。前者又名稀释容量，表示的是环境指标标准同环境本底值的差值；后者又名自净容量，是对特定区域环境的自我修复与净化能力的刻画。

一般而言，环境容量值的高低同特定区域环境自身的结构与功能息息相关。不同的区域环境，其环境容量是不同的，因而具有明显的区域性规律与差异性。如果在尊重客观规律的基础上，发挥人的主观能动性，采取有效的措施来影响特定区域环境内的生物、物理及化学过程，使其发生相应的变化，提高物质转化率及增加其能量使用量，就可以提高环境容量、减少环境污染。

基于以上论述，笔者认为，城市环境容量是指在特定的地域范围内，在确保该地市民身心健康以及生态环境不受影响的条件下，人类的生产生活所能够排放的污染物的峰值。任何地域的环境容量并非是无穷大的，而是有上限的，并且其容量大小受各种因素的影响，不仅同区域环境空间的大小有关，还受各类环境要素自身特点的影响，同时受不同污染物的物理及化学性质的影响。通常而言，如若外界条件保持不变，那么当环境空间越大时，该区域对各种污染物进行净化的能力及其自然环境容量便会越大。污染物的化学或物理性质的稳定与否与区域环境承担它的容量息息相关，大多呈现出这样的关系，即性质越稳定，其容量越大。因此，在治理环境污染时，更应该考虑如何最大限度地发挥环境本身的稀释与自净作用，来尽可能地提高环境效益与经济效益。

2. 城市环境容量特征

城市环境容量在自然环境与社会环境的双重作用下，形成了其固有的特点，如图 2-9 所示。

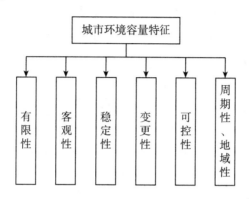

图 2-9　城市环境容量特征

有限性：这是指当外部环境与城市的功能和结构都比较稳定时，给定环境所能够接纳的物质量是有限的。也就是说，城市外部环境的变化，如经济等的发展变化会对环境容量产生一个极大的约束的阈值。一旦该地区的市民进行的一系列生产生活超出了这个阈值，那么整个城市的环境就会出现波动。

客观性：这是指环境容量能承担的污染物的多少不是人类能够决定的，而是客观存在的，是大自然赋予的能力。尽管随着科技的进步与社会的发展，人类能够依靠各种经济、法律等手段在一定程度上去改善自然环境，使环境容量有所增加，然而所进行的这些改变并非是肆意的，而是要依据客观规律，在尊重客观规律的基础上发挥能动作用。就整个环境系统所具备的净化能力来说，人类在进行各种活动时必须尊重环境系统的进化规律，而不能够超出这个规律。

稳定性：这是指在一定时期内，如果自然环境及社会环境不发生大的变动，则一个特定规模区域的环境容量也是较为稳定的。若所构建的环境容量评价指标体系在这个阶段保持不变的话，则该容量的大小也是不变的。

变更性：基于发展的理论，任何事物都处于运动的状态并处于不断发展之中。不仅是人类经济社会，自然环境在经过一定时间的发展之后也会有一些变化。那么，人类对环境系统的认知与评价必然会随之改变，从而在污染物的产生、处理以及人类对这些污染物的评估等方面产生变动，最终对环境容量产生影响。然而，就未来发展趋势而言，环境容量的总量通常呈现出逐渐上升的发展态势。

可控性：尽管自然环境的变化是客观存在的，不因人为因素的加入而存在或消失，但人们可以在尊重这种变化规律的基础上，通过增加或减少人、财、物的投入，以及升级系统结构等举措，来逐步加大环境容量。对各类污染物的处理要坚持"源头治理，系统治理"。源头治理是基础，在污染物生产的阶段可以利用科学技术持续地优化升级生产结构与流程，从根源上减少污染物排放；系统治理是保证，在污染物处理的阶段，加强各类污染物处理设施与设备的改进与建设，以提高处理能力。

周期性、地域性：环境容量是一个系统性的概念，受到诸多因素的影响，这些影响因素除了有时间尺度周期变化外，还有较为明显的地区分布性差异，这也使环境容量带有较为明显的周期性与地域性。

3. 城市环境容量构成

从系统构成的层面来说，城市环境容量是由各种规模、各种类型活动的环境容量子集组成，包括城市农业环境容量（X_1）、城市工业环境容量（X_2）、城市商业环境容量（X_3）、城市交通环境容量（X_4）、城市旅游环境容量（X_5）以及城市工程环境容量（X_6）等，如图2-10所示。

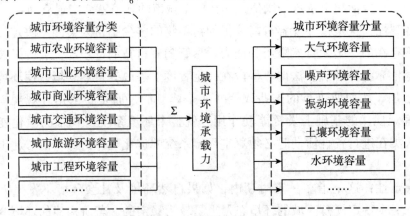

图2-10　城市环境容量的构成

若城市环境容量用 X 表示，则：

$$X = \sum_{1}^{n} X_i, i > 0 \tag{2-2}$$

从式（2-2）可以看出，城市环境容量是由一系列人类生活生产活动带来的环境容量之和。城市环境容量与具体活动环境容量是全集与子集的关系，两者是相互作用又互为约束的。这表现在当前者保持固定不变时，某类环境容量的增加，势必会导致其他活动引起的环境容量的降低。

从城市环境容量分量的层面而言，又分为大气环境容量、噪声环境容量、振动环境容量、土壤环境容量以及水环境容量等，如图 2-10 所示。城市环境容量的分类与其分量息息相关。例如，城市交通环境容量可分为城市交通大气环境容量、城市交通噪声环境容量以及城市交通振动环境容量等。

（二）城市环境承载力的内涵、特征与分类

环境领域中关于承载力的定义与种类相当繁多，出现这种现象的主要原因是对主体概念理解不同，对其产生的认知不一致，总之不可一概而论。

1. 城市环境承载力的内涵

环境指的是对特定生物或群体产生间接或直接作用的所有外部因素之和。它不是绝对的，而是一个相对的概念，是相对于一些特定生物或群体来说的。若是这些群体不存在，那么环境也就没有了存在的必要。环境承载力一词的核心是"环境"二字，它涵盖了研究对象——人类的所有外部因素，因而它的定义比较科学准确。

环境承载力一般是指在一定的时空内，以稳定发展的自然环境以及未遭到破坏的环境系统为前提条件，环境系统所能担负的人类各种生活生产活动的最大阈值。该阈值在一定程度上不仅能够详细刻画环境系统的内部结构，还是其组成单位具体状况的外化表现。关于环境承载力还有以下几点需要说明：

第一，它用比较抽象的方式较为详细地刻画了环境系统的结构特点。这类结构会随着时间与地点的变化而有所改变，但每种结构都有承受外部压力的能力，前提是这个压力在其承受的区间内，这样环境系统自身的功能和特征便不会产生质变。

第二，它不是绝对不变的，而是相对可变的。这表现在当人类发挥其主观能动性，在尊重规律的基础上，采取一系列的举措对自然环境进行改造时，环境承载力的某些方面会得到一定程度的提升，但在其他方面也存在着环境承载力不断下降的情况。

第三，它具有矢量性，是为人类的各种活动而提供服务的，而这些活动在规模、强度、方向、指向性等方面都是不同的，因此矢量性成为环境承载力的特征之一。

第四，当外部环境较为稳定时，环境承载力的测算才是有价值的。虽然它的数值相对大小能够用各种人类活动的指标呈现出来，但从整体上来看，它具有动态可变性。

第五，它的存在具有客观性，不因人的意志存在或消亡，但用复杂的人类活动描述同一种环境承载力，其结果必然是不一致的。因此，为了避免上述情况的发生，就需要构建合理且具有普遍适用性的环境承载力评价指标体系，以便更好地掌握环境承载力的实质。综上所述，环境承载力的表现形式是多样化的，既是客观的，又是动态变化的。

2. 城市环境承载力的特征

环境承载力全面而详细地刻画了系统结构及其构成的特点，因此能够从"结构"与"组成"两个角度来了解并熟悉其特点。准确地明晰环境承载力的特点具有重要的现实意义：第一，能够帮助人类识别其影响因素；第二，能够与实际情况相结合，指导人类的社会实践，帮助人类在改造环境方面更好地发挥主观能动性，使其更好地为社会的发展服务。城市环境承载力的特征，如图2-11所示。

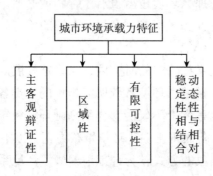

图 2-11 城市环境承载力特征

主客观辩证性：在特定的时空内，如果环境系统自身结构与它所处的外部环境的交互作用能够基本保持较为稳定的状态，同时在其他外部条件保持不变的情况下，系统环境的承载力是客观的。在这种情况下，可以采用一系列定量化的方法来刻画并了解它。但是在这个过程中，又涉及人类的各种活动，所以主观性也是它的重要特征。除此之外，不同人类活动对同一环境承载力的表征也是有所差别的。总而言之，环境承载力这个概念具有相对性，并且对不同时空甚至是不同的评价指标体系都会有不同的结果。

区域性：研究环境承载力，最为重要的是率先确定研究的空间范围和区域范围。这是因为一旦脱离了确定的空间区域，环境承载力的测算就变得没有价值，而特定区域的确定除了明确环境系统的研究范围外，还会对所在区域同外部邻近区域的相互关系与状态产生作用。

有限可控性：环境承载力并不是一成不变的，它会因系统结构中任何一部分的变动而有所不同。人类能够借助理论与实践的方式来深化对环境承载力的了解与研究，以达到改造并增强它的目的。上述所讨论的这种变化受环境系统客观性的制约，也就是说人类不能没有节制地对环境承载力进行改造或提升。因此，环境承载力的可控性是有限的。

动态性与相对稳定性相结合：当人类的社会活动以及系统结构及其组成出现变动时，环境承载力会随之改变，并且这种改变具有绝对性。而在特定的时空内，环境承载力常常是相对稳定的。因此，人类可以把握环境承载力的发展规律，并使其在实践中得到利用。

3.城市环境承载力的构成

城市环境承载力由城市环境承载力的分类与城市环境承载力的分量构成。按活动类型划分，城市环境承载力可以分为城市农业环境承载力（Y_1）、城市工业环境承载力（Y_2）、城市商业环境承载力（Y_3）、城市交通环境承载力（Y_4）、城市旅游环境承载力（Y_5）以及城市工程环境承载力（Y_6）等，如图2-12所示。

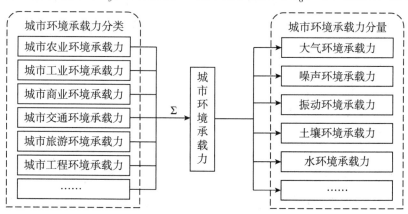

图2-12　城市环境承载力构成

若城市环境承载力用 Y 表示，则：

$$Y = \sum_1^m Y_i, i > 0 \tag{2-3}$$

从式（2-3）能够发现，城市环境承载力同样是由一系列人类生活生产活动带来的环境承载力的总和，但因为每种活动给环境带来的影响是具有显著差异的，所以这些活动的城市环境承载力大小与城市环境容量大小是有区别的。从城市环境承载力分量层面看，城市环境承载力又包括大气环境承载力、噪声环境承载力、振动环境承载力、土壤环境承载力以及水环境承载力等，如图2-12所示。城市环境承载力的分类与分量相互关联、紧密联系，如城市交通环境承载力具体划分为城市交通大气环境承载力、城市交通噪声环境承载力与城市交通振动环境承载力等。

（三）城市交通大气环境容量及承载力辨析

这两个概念分别是城市环境容量与承载力在交通系统下对大气环境分量的详细刻画。为了能够更加深入地认识并理解城市交通大气环境容量与承载力之间的相同点和不同点，以下将分别对其进行阐述，并探究两者之间的关系。

1. 城市交通大气环境容量及承载力界定

交通环境容量首次提出时被定义为，在对外部环境不会造成不良影响的基础上，一条道路上单位时间内可以通过的交通量的上限。随后，部分发达国家进行了更加深入的研究，并提出基于居民可感知的空气污染的方法来计算交通环境容量。此后，这个概念被解释为："在一定的时间里，外界状况不发生变化的前提下，不会带来所在区域环境恶化的最大机动车的保有量。"由于大气污染始终处于移动扩散状态，因此它并不适合作为指标用于微观角度上测算交通对环境的影响，而只有从宏观角度上对大气污染的交通环境容量进行深入的探析才更加具有现实意义。

交通环境发展的现状以及各国学者不断深入的研究，促使中国学者的相关研究逐渐展开。卫振林等率先将交通环境容量解释为，在不对人类生存产生威胁以及不对生态环境造成破坏和合理利用资源的基础上，某种交通环境能够承受的交通系统排放污染物的上限或能够供其使用的环境资源的最大值。除此之外，交通环境能够承载的交通总量并非是无限的，而是有限的，这主要是因为交通环境容量的有限性。交通系统的发展不仅依赖于各种自然与社会环境资源，还需要向环境中排放污染物，而环境对这些污染物的容纳能力就是交通环境承载。程继夏认为，影响交通环境承载力的要素多种多样，最主要的是环境、资源、经济和社会心理等。

从以上分析总结出，交通大气环境容量和交通大气环境承载力可以被认为是宏观层面上某一城市内基于特定条件的对污染物和机动车保有量的最大负荷。同时，这两个词语的定义都使用了环境科学与工程及交通工程的相关理论，尽管称谓不同，但其实质一致。

基于上文的详细论述及实际研究，笔者认为特定的时空内，在符合相关环境空气质量要求的条件下，可以容纳的交通系统所排放的大气污染物的最大值，就是城市交通大气环境容量。它会受到诸多因素的影响，如社会与自然环境等。

城市交通大气环境承载力可以被解释为，在城市交通大气环境容量限制下，外部环境保持稳定的基础上，能够承担的最大机动车保有量。在大气环境容量保持不变的前提下，大气环境承载力由单位交通量的资源消耗和排放强度来确定，同时也会受到微观技术水平的影响，而这种影响表现得最为直接。除此之外，由于每种交通工具能够承担的供给量、所消耗的能源以及污染物的排放强度是大不相同的，因此特定环境系统对各种类型结构的交通系统所拥有的承载力也是存在差别的。通常而言，随着时间的推移，交通大气环境承载力会随之产生一定的改变，短时间内这种承载力反映了当前经济技术水平下的实际承载力，一般情况下是不会有较大变化的。然而，站在未来发展的层面，其又是变化的，是随社会发展水平的提高而逐渐提升的。

2. 城市交通大气环境容量及承载力的关系

两者是彼此关联、相互影响的。从整体上看，前者是后者的决定性因素，而后者可以用前者特有的方式，如机动车保有量进行详细描述。

从大气环境容量与大气环境承载力的概念来看，可以从以下两个方面进行分析：

一方面，前者直接决定后者。前者指特定地区内能容纳的最大污染物数量，而后者是环境系统能够承受人类活动的极限能力。如果由各种生活生产活动造成的单位污染能力基本保持稳定不变的状态，那么当一个环境系统能够容纳的污染物越多，表明其能够负担的各种活动的数量越多。

另一方面，后者是对前者的详细描述。一般而言，前者更具抽象性，很难从直观上去感受并理解它，这会对两者的调控造成不利影响。相对来说，后者更具具体性，它的反映方式可以呈现出各类活动的特征，从而能够帮助不同类型的群体更加直观、生动地感受并理解它。以城市交通系统为例，市民可能难以对城市交通大气环境容量紧缺这一现象有充分的认识，但如果城市交通大气环境容量向其大气环境承载力转化完成之后，以更易理解的机动车数量对其进行具体刻画，那么市民对城市交通大气环境承载力便会有更加清晰具体的理解。在这样的情况下，如果管理者推行或实施一些相关的政策措施便能够被市民接纳。因此，城市交通大气环境承载力的实质就是通过机动车保有量这样的方式来对城市交通大气环境容量做出详细描述。

二、城市交通大气环境容量及承载力影响因素分析

基于上文内容，接下来将探讨影响城市交通大气环境容量和城市交通大气承载力的因素。这不仅能使两者得到有效利用，还有助于明确城市交通发展规模。

（一）城市交通大气环境容量的影响因素

通常情况下，某一地区的大气环境目标常常选择使用地面允许排放的各类污染物浓度来进行详细刻画，因此只要是与这些污染物地表浓度有关系的要素，无一不会对环境容量产生影响。特定区域大气环境容量的影响因素有两种，分别为自然因素与人为因素。下文将对这些因素进行逐一分析，如图2-13所示。

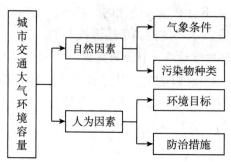

图2-13　城市交通大气环境容量影响因素

1. 气象条件

气象条件是能够影响污染物扩散与稀释的重要因素，在外部环境保持不变的前提下，如果气象条件，如湿度、温度、风向及风速等，对污染物的扩散起到有效的推动作用，那么该区域所拥有的环境容量越大，反之亦然。张建忠等认为，大气环流不能正常运行是雾霾天气出现的重要原因；同时，我国绝大多数城市的大气气溶胶浓度比较高，为雾霾的形成提供了有利的条件。除此之外，雾霾会对近地层的空气产生一定的反作用，使近地大气不断朝着较为稳定的方向发展，这更加剧了雾霾现象；气溶胶二次反应也加速了污染物浓度的升高。我国华北部分地区容易出现雾霾的重要原因，就是气象条件阻碍了污染物的扩散。

北京社科院学者认为，要对通风道重新进行设计布局，人为促成合适的气象条件，使雾霾及时得到扩散，达到治霾效果。

2. 污染物种类

根据相关研究结果发现，当前有一百多种大气污染物，它们不单单对自然与社会环境造成不利影响，甚至威胁人类的身心健康。通常而言，环境空气质量对能产生较大危害污染物的限制浓度较低，所以其环境容量相应会比较小。

3. 环境目标

该因素又被称为环境质量标准，一般指为了保护环境与促进人类社会的发展，对环境中各类污染物或者有害物质进行的限制性规定，可以理解为各种污染物的最大允许排放量。

设置环境标准最主要的目的是预防环境污染，维持生态平衡，保障人群健康，是对环保工作所涉及的各项技术规范和技术要求做出的规定。换言之，它的存在和设立是国家为了保护人民群众健康，推动生态实现良性循环，达到社会经济高质量发展目标，依据国家的环境政策和法规，基于本国自然环境特征、社会经济条件和科技发展情况，对环境中污染物能够排放的数量、浓度、时间和速度、监测方法，以及其他有关技术规范做出的规定。按照不同的角度与层次，它可以分为国家标准、地方标准和行业标准。

制定环境标准的原则有以下几个方面。

（1）以人为本。

（2）科学性、政策性。在研究制定环境标准时，除了要有科学合理的理论与实践依据，还要反映出国家在环保方面所确定的方针、政策、法律、法规等，并使之与我国现实的发展情况相适应，能够推动环境、经济与社会三方面效益的统一。此外，所参考的依据以及所选用的一系列技术手段要保证先进、经济合理并具有可操作性。

（3）以环境基准为基础，与国家的技术水平、社会经济承受能力相适应。

（4）综合效益分析，实用性、可行性。

（5）因地制宜，区别对待。

（6）与有关标准、规范、制度协调配套。

（7）采用国际标准，与国际标准接轨。

（8）便于实施和监督。

《环境空气质量标准》（GB 3095-2012）重新划分了环境空气功能分区，将过去的三类区融入二类区：一类区为自然保护区、风景名胜区和其他需要特殊保护的区域；二类区为居住区、商业交通居民混合区、文化区、工业区和农村地区。一类、二类环境空气功能区质量要求如表 2-5 和表 2-6 所示。

表 2-5 环境空气污染物基本项目浓度限值

序 号	污染物项目	平均时间	浓度限值		单 位
			一级	二级	
1	SO$_2$	年平均	20	60	μg/m³
		日平均	50	150	
		1h 平均	150	500	
2	NO$_2$	年平均	40	40	
		日平均	80	80	
		1h 平均	200	200	
3	CO	日平均	4	4	mg/m³
		1h 平均	10	10	
4	O$_3$	日最大 8h 平均	100	160	
		1h 平均	160	200	
5	PM10	年平均	40	70	μg/m³
		日平均	50	150	
6	PM2.5	年平均	15	35	
		日平均	35	75	

表2-6 环境空气污染物其他项目浓度

序 号	污染物项目	平均时间	浓度限值		单 位
			一级	二级	
1	TSP（总悬浮颗粒物）	年平均	20	60	$\mu g / m^3$
		日平均	50	150	
		1h平均	150	500	
2	NO_x	年平均	40	40	
		日平均	80	80	
		1h平均	200	200	
3	Pb（铅）	日平均	4	4	
		1h平均	10	10	
4	BaP（苯并芘）	日最大8h平均	100	160	
		1h平均	160	200	

2012年修订的标准根据大气环境当前的发展状况与其自身的独特性对一些内容做出了适时的调整，包括环境空气功能区、污染物的浓度限值，如PM2.5，NO_2，Pb，BaP等以及数据统计的相关规定，同时增加了PM2.5的浓度限值和$O_3$8小时平均浓度限值。

4. 综合防治对策及治理措施

污染物的治理要坚持"源头治理"的原则。这是因为对于污染物而言，它在地面上的浓度值的高低以及分布情况会直接受到大气污染源在水平与高度方向布局的影响。与此同时，由于大气污染物自身的特性，即它的空间范围不固定，是随着时间或风向不断飘动的，导致一个区域内污染物的数量不固定，从而影响该区域的环境容量。进一步说，一个区域的土地资源的使用情况、城区的布局以及燃气使用的普遍性，甚至冬天的供暖方式是集中式还是分散式等，都是影响该地交通大气环境容量的主要因素。如果一个城市的大气环境容量是一定的，那么当其他污染物较少时，交通系统污染物的容纳量会相应增加。

依据相关资料，对北京市PM2.5来源的解析如图2-14所示。从饼状图中能够直观地看出，因区域传送所产生的PM2.5排放量是北京市该污染物排放总量的33.3%左右。通过深入分析发现，在北京市PM2.5排放来源统计中，工业生产的占比仅为 18.1%，这是因为工业生产的优化转型与部分污染较大工业企业的转移，使 PM2.5 排放量大大减少。煤炭燃烧占比仅为 22.4%，这是因为当地政府在能源的转型升级方面做出了诸多努力，大力宣传并推广清洁能源的使用，并取得显著效果，使燃煤量呈现明显下降趋势。反观机动车，它的占比最大，达到了 31.1%，这就意味着城市交通在 PM2.5 排放总量中所占比例较高。因此，若是将来可以在区域传递及城市交通两方面做出改善，那么环境容量就会越来越大。

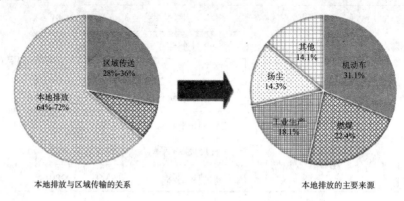

本地排放与区域传输的关系　　　　　　　　　　本地排放的主要来源

图 2-14　北京市 PM2.5 来源综合解析结果

（二）城市交通大气环境承载力的影响因素

该承载力代表的是城市环境系统能够担负城市交通活动的最大限度，所以该承载力除了受大气环境的直接作用和影响之外，还受人类交通活动中所涉及的交通工具的碳排放量及其类型的构成比例等因素的影响，如图 2-15 所示。

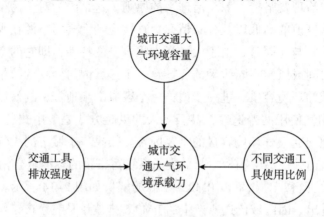

图 2-15　城市交通大气环境承载力影响因素

1. 城市交通大气环境容量大小

该容量是整个城市环境系统所能容纳的交通系统排放大气污染物的最大值。当外界环境较为稳定时，城市交通大气容量与最大机动车保有量呈正相关，即后者随前者数值的增大而增多。从理论层面上来看，若是交通工具的排放强度与其构成比例较为稳定，则该容量便会不断增大（极限情况下可以无限趋近于城市大气环境容量，因此可增大至最大值），城市交通大气环境承载力会随之增强。所以说，该容量是左右城市交通大气承载力强弱的核心因素。

2. 交通工具排放强度

如果城市交通环境容量较为稳定，城市交通大气环境承载力最为主要的影响因素就是交通工具的排放强度，并且在一定条件下，两者呈正相关。换句话说，在特定时间内，若交通工具的排放强度降低，则交通大气污染物的总排放量会随之降低。在这样的前提下，若是城市交通环境容量一定，则机动车保有量会有大幅度地增加。

关于汽车污染物排放方面，我国已经制定并完善了相关的标准。一般来说，如果一辆汽车的污染物排放强度越低，那么这辆车所符合的标准就会越高。为了能够对不同类型的交通工具的排放强度有更加深入且清晰的认识，下文将探讨当汽车所依据的排放标准无法保持一致时，四类污染物的分担率同其在汽车总量中的占比，这个占比被称为单位比例的相对污染物排放量。

不管是哪种污染物，都是汽车污染排放标准较低车辆的单位比例相对排放量较高。这说明，当低标准车辆的数量较多时，它们所排放的污染物也会随之增加。此时，可以提高低标准汽车的淘汰率或迫使其进行升级，以减少它们的数量，从而降低污染物的排放，在短时间内达到交通工具整体排放强度降低的良好效果，最终提高城市交通大气环境承载力。为了更好地实现城市交通大气承载力增强的目标，今后要采取提高汽车污染物排放标准的措施，来推动各类交通工具排放强度的大幅降低。

3. 不同交通工具使用比例

由于每种交通工具的特性与效用不相一致，所排放的污染物数量存在显著差异。这表明在进行城市交通大气环境承载力研究与测算时，要充分考虑各种交通工具的占比。

关于我国不同类型汽车对 CO，NO_x，PM 以及 HC 四种污染物的分担率的分析，如图 2-16 所示。从柱状图中能够明显地看出，载客汽车在 CO 和 HC 排放方面达到最高值，其中小型载客汽车又是所有类型车辆中排放量占比最大的，对 CO 和 HC 的分担率分别是 44.1% 和 36.2%；在 NO_x 和 PM 排放方面，载货汽车达到最大值，其中重型载货汽车对 NO_x 与 HC 的分担率分别为 48.6% 和 61%，是轻型载货汽车排放量的 5 倍多。因此，将来可采取调整不同类型交通工具构成比例的举措，来减少污染物的排放总量，实现城市交通大气环境承载力的提升。

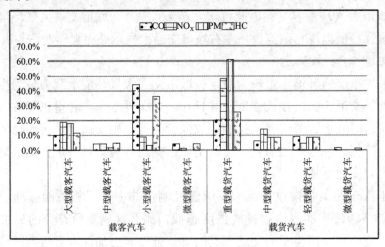

图 2-16　2011 年各类型汽车对 CO，NO_x，PM 及 HC 排放量的分担率

三、基于大气环境容量的天津市交通发展规模案例研究

在中国 34 个最具代表性城市的交通系统效率的测算结果中发现，天津市排在第 31 位，仅排在广州、北京、上海之前。此外，根据北京、上海、天津、重庆所排放的温室气体量可以得出天津市的相关增速。综上，天津市需要确定城市交通的发展规模，并减轻其造成的空气污染，增强其大气环境承载力。

（一）天津市城市交通大气环境容量

在《制定地方大气污染物排放标准的技术方法》（GB /T 13201—91）中规定，用 A 值法来约束大气污染物总量。该标准是各省、市、区及所辖自治地区制定本地大气污染物排放标准的法律依据。它将大气质量标准作为目标，基于各类大气污染物扩散与稀释规律，选择使用控制区排放总量允许限制法来制定地方大气污染物排放标准。因此，本书选择使用 A 值法来测算天津市交通大气环境容量，具体公式如下：

$$Q_a = AC_{si}\frac{s}{\sqrt{S}} \tag{2-4}$$

相关变量释义如表 2-7 所示。

表 2-7　相关变量释义表

变量名称	含　义	单　位	备　注
Q_a	天津市理想大气环境容量	104/a	不考虑天津市各种污染物的背景浓度
A	某地区的环境容量系数	104km²/a	
C_{si}	某分区第 i 种污染物日均浓度限值	mg/m³	
S	A 值控制区总面积	km²	

中国机动车排放所产生的污染物基本分为四种，分别为 NO_X，CO，PM 与 HC，所以本文将上述四类污染物作为测算天津市交通大气环境容量的指标。

以《制定地方大气污染物排放标准的技术方法》（GB /T 13201—91）及李云生的相关论文为依据，整理了中国各地区容量控制系数 A 值的取值，如表 2-8 所示。其中，天津市的 A 值为 4.34（104km²/a）。

表 2-8　中国各地区容量控制系数 A 值

地区编号	省（区、市）名	A 值	值	推荐 A 值
1	西藏、青海、新疆	7.0～8.4	0.15	7.14
2	黑龙江、吉林、辽宁、内蒙古（阴山以北）	5.6～7.0	0.25	5.74
3	北京、天津、河北、河南、山东	4.2～5.6	0.15	4.34
4	内蒙古（阴山以南）、山西、陕西（秦岭以北）、宁夏、甘肃（渭河以北）	3.5～4.9	0.20	3.64
5	上海、广东、广西、湖南、湖北、江苏、浙江、安徽、海南、台湾、福建、江西	3.5～4.9	0.25	3.64
6	云南、贵州、四川、甘肃（渭河以南）、陕西（秦岭以南）	2.8～4.2	0.15	2.94
7	静风区（年平均风速小于 1m/s）	1.4～2.8	0.25	1.54

按照《环境空气质量标准》（GB 3095-2012）中对环境空气功能区的划分标准，天津市属于二类区。由表 2-5 和表 2-6 可以发现，NO_x，CO，PM2.5 的日平均浓度极限分别为 0.08 mg/m³、4mg/m³、0.15mg/m³。但是，关于 HC 的极限浓度在上述标准中并没有具体的规定，因此在接下来的研究中不会将 HC 纳入约束条件。从《天津市统计年鉴 2020》中可查询到天津市土地面积为 11 917 平方公里。

将上述查找到的相关数据代入式（2-4），测算得到天津市 NO_x，CO，PM 三种污染物的理想大气环境容量，如表 2-9 所示。

表 2-9　天津市理想大气环境容量与交通大气环境容量

污染物（万吨/年）	NO_x	CO	PM
理想大气环境容量	47.32	1 892.72	70.98
交通大气环境容量	7.12	620.82	1.28

据相关部门介绍，天津市 2019 年大气环境质量总体保持稳定，优、良天数达到 219 天，同比增加 12 天，SO_2，CO 达到国家标准；PM2.5 年均浓度为 51 μg/m³，连续两年提前达到"十三五"规划和攻坚战目标要求。

2019 年，天津市优良水质断面比例第一次达到 50%，比 2014 年多出 24%；劣 V 类水质断面比例第一次降至 5%，比 2014 年减少 60%；近岸海域优良水质比例约为 81.0%，同比多出 31%，连续 4 年没有出现劣Ⅳ类水质。

与此同时，土壤、噪声环境质量状况没有发生太大的变化，基本处于稳定发展的状态，自然生态系统维持了较好的平衡。整体上环境面临的问题在可控范围内，全年没有出现较大及以上的环境污染事件。

重点行动和保障措施。天津市生态环境部门联合其他部门协同发力，始终秉持习近平生态文明思想，以绿色发展作为各项工作的理念，坚决按照天津市委和市政府的部署要求，将保护环境、维护生态作为目标，推动企业转型升级，调整能源使用结构，加强生态治理与保护，并做好一系列措施以及时应对可能出现的风险，团结一切可以团结的力量解决污染问题，共同促进经济与生态的协同高效发展。

助力低碳发展。首先，加快调整"四大结构"。加大解决"钢铁围城""园区围城"等问题的力度，对相关工业园区进行有针对性的治理；推动"煤改气"

惠民工程的完成，减少煤炭的使用，加大清洁能源的普及率，同时城乡居民集中供暖得以完成；以经济手段为主，辅以行政手段，对"散乱污"企业进行集中整治，加大监督力度，拓宽举报渠道，依靠群众的力量完成实时监管；落实生态保护红线、资源利用上线、环境质量底线，制定环境准入清单。其次，协助企业绿色升级。制定并完善相关环保制度，引导企业树立低碳发展的意识，积极主动地去践行绿色生产，减少污染物排放。加强多部门合作，并以制度作为约束，协同各方力量，结合企业自身情况，实现绿色发展。同时，要提供相应的服务平台，引进专业的人员，提供专业化的服务，满足企业的需求，以达到提高企业治理水平的目标。最后，持续改善营商环境。大力推广电子政务，对环评、验收等流程进行适当的简化，实现网上办理，提高效率，同时也要保留相关的线下服务，保证服务的全面化。

（二）基于大气环境容量的天津市交通发展规模

通过探析城市交通大气环境容量及承载力的界定及相互关系，得出天津市交通大气环境承载力的计算公式如下：

$$TAECC = \min(TAECC_i) = \min\left(\frac{TAEC_i}{\sum P_j \times AE_{ij}}\right) \qquad （2-5）$$

式（2-5）中，$TAECC$ 为交通大气环境承载力，单位为辆；$TAEC$ 为交通大气环境容量，单位为万吨；i 为污染物类型；j 为机动车类型；P_j 为第 j 类机动车占机动车总量的比例；AE_{ij} 为第 j 类机动车第 i 种污染物的年均排放量，单位为 g。

通过相关资料搜集上述数据，并将这些数据代入式（2-5）进行计算，得到的结果为天津市交通 NO_x，CO，PM 的环境承载力分别为 421.08 万辆、5 380.93 万辆、1 294.51 万辆。就以上结果取最小值得到，在当前机动车每年污染物排放量基本保持稳定的基础上，该市交通大气环境承载力为 421.08 万辆。

机动车保有量变化的实质是微观系统的演变符合逻辑斯蒂增长曲线发展趋势。事实上，影响机动车保有量的因素多种多样，但是在对发达国家的相关方面做出详细研究之后发现，最重要的因素是人均 GDP。当人均 GDP 在不断增加时，机动车保有量也会随之增长，但这个增长的趋势为"S"形曲线增长。也就是说，增长的速度为"缓慢—高速—减速"，并呈现出趋于饱和的状态。将人均 GDP 作为自变量，选用逻辑斯蒂增长曲线来模拟机动车保有量的增长，得出相关公式如下：

$$y = \frac{K}{1 + \alpha \cdot e^{-\beta x}} \qquad (2-6)$$

式（2-6）中：y 为千人机动车保有量，单位为辆/千人；K 为千人机动车保有量上限，单位为辆/千人；x 为人均 GDP，单位为元；α，β 为待定系数。结合天津市人均 GDP 当前的现实状况，确定 K 为 400 辆；初始状态 β 的取值设定为 0，这种现象一般会出现在整个模型趋势线的最顶端，这表明小汽车处于稳定的发展期；α 的初始建议值为 10。在相关数据确定之后，选用 SPSS 软件对其进行测算模拟，得到如下结果：

$$y = \frac{265.119}{1 + 7.756e^{-0.00002574x}}, \quad R^2 = 0.994 \qquad (2-7)$$

经过对各种统计数据的查找，最终以天津市统计年鉴中的历史数据为依据，确定该市未来人均 GDP 的年均增长率为 9%，最终得到该市千人机动车保有量变化情况，如图 2-17 所示。从图中可以直观地看到，当人均 GDP 不断增加呈上升趋势时，机动车保有量大致按照"S"形曲线的趋势不断增加。依照这种增长趋势，2025 年该市人均 GDP 大概会在 30 万元，而千人机动车保有量将达到 260 辆以上，顺利迈入平稳期。

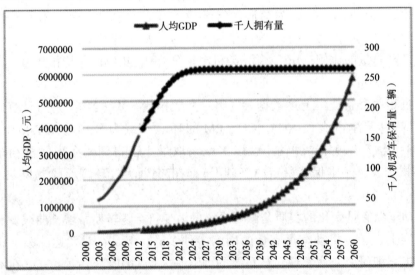

图 2-17 天津市千人机动车保有量增长情况

与未来人均 GDP 年均增长率的设定方法一致，设定未来天津市人口年均增长率为 2.5%，而未来机动车数量可以通过千人机动车保有量与人口相乘得到，如图 2-18 所示。假定天津市各类机动车的污染物年均排放量不发生变化，在 2020 年天津市交通大气环境承载力就会消耗殆尽，如图 2-18 中 B1 所示。

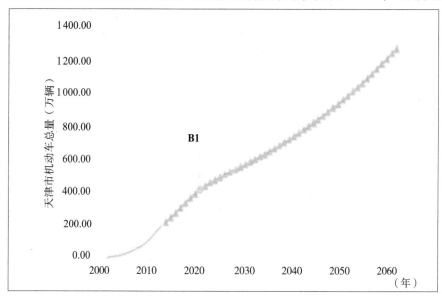

图 2-18 基础情景下天津市机动车总量增长及交通大气承载力的消耗

为了对机动车这一影响因素有更加深入的了解与认识，基于当前所拥有的技术条件，探究了不同种类车辆的各种污染物排放贡献率，重型载货汽车、大型载客汽车以及小型载客汽车的数量分别占机动车总量的 2.06%、1.07%、73.02%，而这三种车型所排放的 NO_x 分别占 NO_x 总排放量的 31.81%、27.15%、17.17%，而这三种车型排放 NO_x 数量之和占总排放量的 75% 以上。需要说明的是，虽然重型载货汽车和大型载客汽车的数量仅占了总机动车数量的 3.13%，但两者对 NO_x 排放的贡献率达 60%。

（三）天津市城市交通大气环境承载力的调控政策

经过以上分析并结合天津市自身的发展特点，能够总结出可以通过对机动车进行规范与控制来提高天津市交通大气环境承载力。具体措施是提高机动车排放标准、淘汰高污染车辆以及控制小汽车增长。这些措施的实施效果分析如下文所述。

1. 提高机动车排放标准

这一措施主要是指中国制定适用于本国国情的机动车排放标准，该标准相当于 euro Ⅰ标准。在未来十年需要根据自身的实际发展状况，以发展较为领先的发达国家的排放标准为目标，逐步完善并提高机动车排放标准，朝着更加先进的方向发展，如表 2-10 所示。

表 2-10 中国轻型汽车排放标准与欧洲标准实施日期的比较

标　准	中国实施年份	欧洲实施年份	相差时间 / 年
国Ⅰ（欧Ⅰ）	2000	1992	8
国Ⅱ（欧Ⅱ）	2004	1996	8
国Ⅲ（欧Ⅲ）	2007	2000	7
国Ⅳ（欧Ⅳ）	2010	2005	5

在排放标准制定的过程中发现，在当前所拥有的机动车中，由于轻型车辆所占的比例较大，因此在制定排放标准方面，要比重型车辆与摩托车的速度更快一些。而其他类型车辆都在按照相关计划逐步进行。事实上，从近些年的发展来看，中国机动车排放标准在随着时代的要求变得越来越严格。2013年，中国颁布了《轻型汽车污染物排放限值及测量方法（中国第五阶段）》（GB 18352.5-2013），并在 2018 年实施，国Ⅴ标准基本相当于欧Ⅵ和欧Ⅴ标准的要求。据相关测算结果显示，如果国Ⅳ标准升级到国Ⅴ标准，那么机动车的污染物排放总量能够降低 15% ～ 20%。

2. 淘汰高污染车辆

在提升机动车排放标准的基础上，逐步落实清洁汽车战略，能够极大地减少污染物的排放，增强交通大气环境承载力。此外，有一种名为移动性管理的战略，它试图改变居民长期习惯的出行行为，但是这种战略在实际实施的过程中会面临诸多困难。而清洁汽车战略与上述战略相比较，在实施的过程中难度较低，不确定性也较低，当然最为关键的是，更容易推行并被广大居民所接受，不会对居民的出行以及城市经济产生损害。

当前，社会上存在这样一种现象，就是人们已经具有绿色出行、低碳发展的意识，但在对高效率和低排放标准车辆的购买和选择上还很犹豫。造成这种现象的原因如下：一是价格较高，超出消费者的心理预期；二是这种汽车所消耗的能源的价格是否合适、是否稳定；三是持有车辆年限的不确定；等等。鉴于以上原因，可以采取经济手段并辅以优惠政策给予消费者支持。比如，采取综合税制等各种激励举措补偿消费者，同时也要给予消费者较多钱财上的补偿以改善上述现象。

《天津市机动车排气污染防治管理办法》规定，以给予相应补贴的方式对"黄标车"（即车辆排放水平低于国Ⅰ排放标准的汽油车和国Ⅲ排放标准的柴油车的统称）进行提前淘汰更新，限制行驶还未淘汰或更新的"黄标车"，处罚违规车辆。

根据国家相关规定并结合天津市节能减排工作的计划，"黄标车"淘汰可分为两个阶段。"十二五"期间，依据相关规定集中淘汰那些带来严重污染且车辆使用时间较长的11.3万辆车。然后，再依照详细的计划不断淘汰剩余17.4万辆当前已经存在的"黄标车"以及因为相关标准提升而新增加的"黄标车"。天津市环保局依照相关减排标准测算能够得到，一是当淘汰11.3万辆"黄标车"时，能够减少2.07万吨氮氧化物的排放，天津市交通大气环境承载力能够达到554.78万辆。需要说明的是，在实际计算中所涉及的机动车的各种污染物年排放量均按表2-9中的标准计算。此时，依照机动车总量增长速度能够测算得出天津市交通大气环境承载力可以使用到2028年。二是当28.7万辆"黄标车"全部淘汰时，能够使 NO_x 的排放量降低约5.26万吨，这种情况下，交通 NO_x 环境承载力大致能够增长310.87万辆，使其增至760.65万辆，能够使用至2041年，如图2-19所示。从以上论述中可以发现，在较短的时间内，采取淘汰"黄标车"的清洁汽车战略无疑是卓有成效的举措。

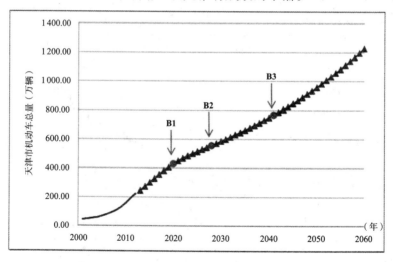

图2-19　基础情景下天津市机动车总量增长及交通大气承载力的消耗

3. 控制小汽车增长

上述一措施的应用，并未考虑到污染物的排放并不是只有一个阶段，而是涉及整个周期；忽略了城市交通需求是随着经济的快速发展而持续高速上升的；同时，也忽略了回弹效应以及逐步完善的机动车排放标准。一旦将上述因素纳入考量范围，那么这种以淘汰"黄标车"为代表的清洁汽车战略的实施效果会大打折扣。而移动性管理战略的实施，不仅可以通过改善市场的运行状态来提高经济效益，而且集聚效应非常明显，能够降低成本。与此同时，当一个地区的人均小汽车保有量不高，公共交通出行占比高，能源价格居高不下，且城市分布较为紧凑时，那么该地的人均 GDP 也较高。这些在一定程度上证明了移动性管理在增加经济效率方面发挥着巨大的作用。

正因如此，天津市为了解决交通拥堵的问题，着手推行一些移动性管理战略所倡导的举措，当然换个角度来看，这些举措在一定程度上也减轻了环境污染。《天津市小客车总量调控管理办法》规定了全市采取小客车（不超过 9 人的小型轻型载客汽车）增量配额指标管理的方式，其中该指标只有借助竞价或摇号才能够获得。此外，天津市采取了对外地牌照机动车进行限行和限号的举措，以免出现回弹效应。正是因为落实了上述举措，机动车的增速显著变慢，如图 2-20 所示。在限购情景中，小型载客汽车的年平均增长量选择"限购"的最大值为 10 万辆，结合天津市相关统计数据，假设未来中型载客汽车和微型载客汽车的数量保持稳定，则大型载客汽车和载货汽车平均每年的增长率将分别达到 7% 与 5%。

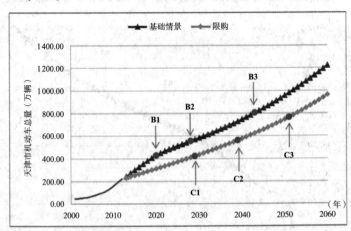

图 2-20　不同情景下天津市机动车总量的增长及交通大气承载力的消耗

在限购情景中，天津市当前的交通大气环境承载力约为421.08万辆，这个数字能够满足至2029年的需求。在淘汰"黄标车"两个阶段的工作中，分别淘汰了11.3万辆、28.7万辆，这一举措极大地延长了该承载力的使用时间，将分别使用至2039年、2051年。虽然"限购"这一举措并非为了减少机动车污染物排放而采取的，但不可否认的是，它在某种程度上确实促进了污染物排放量的减少，并大大增加了城市交通大气承载力的使用年限。

4. 不同类别措施的比较

在提高交通大气环境承载力方面，虽然短时间内减少新增固定数量机动车所得到的效果远远低于减少相同数量"黄标车"得到的效果，但下文以 NO_x 为例，对以上两项举措进行详细分析，得出如下结论：2011—2015年，淘汰"黄标车"（共淘汰11.3万辆）的政策效果更好；2016—2020年，虽然"黄标车"的淘汰数量在不断增多，达到17.4万辆，但其所达到的成效却远逊色于车辆的"限购"。这表明对于天津市而言，从长远来看，对机动车辆实施"限购"政策是处理其城市交通大气环境承载力问题至关重要的举措。

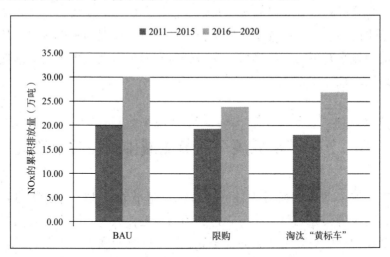

图2-21　不同情景下 NO_x 的累积排放量

当所有的硬性条件都达到要求时，应该尽快落实移动性管理战略，该战略的典型代表就是"限购"。但是，在推进与实施的过程中，不可揠苗助长，盲目追求速度，应该循序渐进，按部就班，最大限度地降低对居民生活的影响以及城市经济的危害。

在提升交通环境大气承载力方面，清洁汽车与移动性管理战略起到的作用不可小觑，但从两者的对比结果来看，短时间内前者见效更好、更快；但站在长远发展的角度，后者的作用也是不可忽视的。因此，在落实各项策略的实际操作过程中，应该是清洁汽车战略的落实在前，移动性管理战略的落实在后，但两者并非彼此对立。经济与科技的进步使交通环境大气承载力会随之发生变化，当前所制定的一些技术标准会随着时代的进步而被更新甚至被淘汰，所以在实施过程中，要在不同阶段使用不同的策略，让清洁汽车战略和移动性管理战略交相使用，共同发挥作用，做到扬长避短，优势互补。此外，如果一项技术还未完全成熟，这种情况下选择实施移动性管理战略会更加合适；反之，当这项技术成熟后，则推荐使用清洁汽车战略。

要在降低城市交通空气污染、提高交通环境大气承载力方面取得更好的效果，天津市还要付诸更多的努力。首先，将重点放在重型载货汽车和大型载客汽车的 NO_x 排放量的减少上。其次，广泛宣传并采取相应的经济、行政等手段推广清洁燃料，推动车辆相关装置的转型升级，提高燃料使用率，减少浪费；同时，加大相关的人、财、物的投入，鼓励开发并利用新型清洁能源，如天然气、生物燃料以及氢燃料等。最后，加快发展公共交通，完善相关基础设施，改善出行环境等，以推动人们选择更加绿色、环保的出行方式，从而尽自己最大的力量来减少污染物排放，为减轻对交通环境大气承载力的消耗贡献出自己的力量。

第三节　城市低碳交通节能减排调控政策研究

目前，城市低碳交通最为核心的目标就是节能减排。但面临的问题有许多，如影响城市交通能源消耗与碳排放的因素是什么，不同交通发展模式下客货交通能耗和排放是如何变化的，等等，这些问题会在下文得到答案。本节将在确定未来城市低碳交通发展主要矛盾的条件下，建立客运交通能源消耗与碳排放的仿真模型，用来研究各种管控政策实施能够带来的成效以及各种政策进行多样性、多元化的组合之后怎样更好地加以落实。

一、城市交通能源消耗与碳排放研究

客运与货运自身的独特性使两者无论是在能耗方面，还是在碳排放方面都有明显的不同。为了能够更好地研究城市交通，更加科学准确地确定其核心矛

盾，下文将在探究城市交通能耗与碳排放影响因素的前提下，对其构建测算模型，并分析不同交通发展模式下城市客货运在这方面的变化。

（一）影响城市交通能耗与碳排放的因素

影响城市交通能源消耗与碳排放的因素各式各样，大致可以分为三类，即交通出行需求强度、能源强度和碳强度。其中，交通出行需求是源头，人们对出行需求的强烈程度直接关系到交通量的高低，从而对能源消耗与碳排放产生影响；能源强度是指各种类型交通工具的单位能耗，当出行需求强度较为稳定时，能源强度的大小直接关系到能耗量的高低；碳强度是各种交通工具在运行过程中所使用到的各种燃料的单位碳排放量，当出行需求强度与能源强度保持稳定时，它的大小与碳排放量的高低息息相关。

1. 交通出行需求强度

交通出行需求被认为是在某个城区内，出行者以不同的方式，如骑行、驾车等，完成的空间转移。交通出行者出行的本质就是利用这种空间上的转移，到达目的地并在该地完成相应的任务。从该层面来讲，大部分的学术研究人员认为交通出行需求只是一种衍生需求。在社会的持续性发展的过程中，人们的需求已然发生变化，从过去对物质的需求逐步转变为更高的精神需要。正因如此，人们花费在工作中的时间在不断减少，具有生产性的出行需求在降低，从而使人们的业余时间增多，最终导致消费性的出行需求不断增加。从以上的分析可以发现，当前人们对出行的刚性需求在不断减少，而弹性需求在不断增加。这种情况会带来交通出行需求强度的不断提升，表现为客货运出行频率与距离的增加。

在出行次数方面，随生产力与社会发展水平的不断提高，经济持续稳定的发展，人们的收入实现稳定增长，用于工作的刚性出行次数持续降低，而用于丰富人们业余生活的娱乐休闲的弹性出行次数得到增加。从整个发展趋势来看，在短时间内个体日均出行次数呈上升的发展趋势；从长期发展看，将呈现不断下降的发展趋势。此外，还需要注意的是，一方面，城市人口数量随着城市化进程的加快持续不断地增多，因此不管个体平均每天出行的频数怎样变化，客运方面的出行次数都会越来越多，这在一定程度上也提高了城市 GDP；另一方面，城市 GDP 的增加意味着人民生活水平得到了提高，人均可支配收入在不断增加，无形之中提高人们对商品的需求，增加货运出行次数，加快商品周转速度，从而提高商品交易量。从上述的分析来看，GDP 和商品交易量的增长均在推动城市经济不断向前发展的过程中形成了正反馈作用，持续地促进交通出行的发展，如图 2-22 所示。

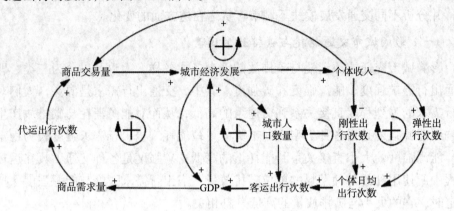

图 2-22　城市交通出行次数因果关系分析图

在出行距离方面，经济的不断进步为市民提供了更加丰富的工作岗位，扩大了能够选择的范围，催生了多样性的消费需求，从而扩大了消费半径。上述的这些变化使刚性与弹性出行距离得到了延伸，从而带来了客运出行距离的不断延长，最终推动了 GDP 的增长。此外，GDP 的逐渐增长在一定程度上表明人均可支配收入的增加，这使人们对商品的需求量增加，加剧了商品生产的区域化与规模化，而生产商品所需要的一系列原材料以及商品成品、半成品等会在更大范围内流通、销售，这就增加了诸多运输机会，进而延长运输距离，最终催生更加丰富的衍生消费需求。从上述分析来看，GDP 和衍生消费需求的增加均在推动城市经济不断向前发展的过程中形成了正反馈作用，从而促进城市交通出行的发展。

2. 能源强度

能源强度是指各种类别的交通工具每行驶一公里的路程所耗费的能源量。它受到诸多因素的影响，大致分为三种：一是机动车性能，其中发动机功率、发动机转速和比油耗所产生的影响最强烈；二是道路条件，其中道路坡度和道路平整度的影响最强烈；三是交通状况，其中交通量、道路等级、交叉口类型及控制方式的影响最强烈。

事实上，在上述三种影响因素中，车辆性能是决定性因素，亦是交通能耗的根源，同时该因素具有较强的确定性与可比性。在客运交通系统中，出行选择的交通工具不同，其所使用的燃料便存在差异，所引起的能源强度自然也是不一样的。例如，小汽车、出租车等所使用的燃料大部分是汽油，而轨道交通、电动自行车等所使用的燃料基本上以电能为主，详细的能源强度如表2-11和表2-12所示。

表2-11　城市客运交通不同燃油类交通方式的能源强度

客运方式	小汽车	出租车	公共汽车	
			铰链车	单节车
能耗（升/百公里）	11	10.2	25.5	22.5
能耗（千克标煤/百公里）	12.78	11.85	29.62	26.14
载客率（人/车次）	1.5	1.25	80	40
人均能耗（千克标煤/百公里）	8.52	9.48	0.37	0.65

注：燃油折算标准煤系数=1.1 617千克标煤/升。

表2-12　城市客运交通不同耗电类交通方式的能源强度

客运方式	轨道交通		电动自行车
	地铁	轻轨	地铁
能耗（千瓦·时/百公里）	1 388	1 462	1.2
能耗（千克标煤/百公里）	170.59	179.68	0.15
载客率（人/车次）	1 440	1 420	1.05
人均能耗（千克标煤/百公里）	0.12	0.13	0.14

注：电力折算标准煤系数为0.1 229千克标煤/kw·h。

　　由以上统计表格可以看出，尽管轨道交通的整车能耗较高，但其运载能力非常强大，所以人均能耗强度不高；与之相反的是出租车与小汽车，尽管这两者的能源强度较低，然而较低的载客率决定了其人均能耗强度很高。电动自行车无论是整车还是人均，其能源强度都很低；步行与自行车没有能耗。

　　在货运交通系统中，车辆设计总重量与能源强度息息相关，两者紧密联系。前者为影响后者的关键要素，并且从整体来看，当前者在不断增加时，后者也在随之不断增强，详细的能源强度如表2-13所示。此外，以厂定公路运行最大总质量（GA）作为参考，载货汽车可分为重型载货、中型载货、轻型载货以及微型载货。

表 2-13 城市货运交通不同类型车辆的能源强度

车辆类型	重型货车	中型货车	轻型货车	微型货车
最大总质量（吨）	>14	6 ~ 14	1.8 ~ 6	≤ 1.8
燃料类型	柴油	柴油	汽油	汽油
能耗（升/百公里）	25	21	18	15
能耗（千克标煤/百公里）	29.04	24.40	20.91	17.43

注：燃油折算标准煤系数 =1.1 617 千克标煤/升。

3. 碳强度

碳强度是指使用一单位的能源所排放的 CO_2 数量。它的大小与所使用的能源种类是被决定与决定的关系。在很长一段时间，汽、柴油等这些化石燃料广泛服务于汽车。然而，当前面临着这些非再生资源的数量日益锐减、原油价格居高不下及相关法规的排放标准不断提高等问题，为了能够更好地解决上述问题，鼓励并加快清洁的替代能源的开发、利用与保护就变得迫在眉睫。

随着国家对环境保护的不断重视以及绿色、低碳发展理念的深入人心，各行各业加大了对清洁能源、汽车的投入与研发，因而随之出现了更加多元化的新型替代燃料，包括生物燃料、燃料电池、氢能和电力等。从总体上讲，前三种能源在降低石油消耗、减少 CO_2 排放方面发挥着重要作用，而电力是电动汽车所消耗的主要能源，它并不是一种新能源，而是对机动车进行的升级转型。除此之外，燃料电池和氢能没有办法在短时间内转化为具有应用价值的商业化产品，而生物燃料不仅已经转化为具有商业化价值的燃料，更重要的是它能够用于传统内燃机机动车。任何事物的发展都具有两面性，虽然生物燃料在节能减排方面发挥着重要作用，但从另一个角度来说，它的使用在一定程度上影响了全球粮食的供给。结合当前能源发展的实际情况，虽然电力并非是新的能源形式，但它的使用能够让电动汽车达到零碳排放，今后有可能会成为降低碳强度的主要能源。

（二）城市交通能耗与碳排放计算模型

城市交通按其服务对象以及服务目标的不同，可分为客运交通和货运交通。其中，在客运交通中，出行需求与出行方式均会因人的不同而有所差异，个体的需求、喜好或是习惯等便成为重要的影响因素。所以，在对客运交通的能耗量与碳排放量进行测算时，应率先将个人所选择的出行习惯纳入考量范围。而货运交通能耗与排放的测算相对而言没有那么复杂，它测得结果的高低基本由货运量和运输距离共同决定。

1. 城市客运交通能耗及碳排放模型

由于模型的构建受到诸多因素的影响，因此在选择时要着重考虑如下问题：一是所选择的模型能够刻画出个体在出行方式的偏好方面的差异对测算结果的影响；二是对注册车辆与实际使用车辆进行明确的划分，这主要是由于在部分地区两者存在较大的出入；三是最大限度上不采用车辆平均行驶里程这一指标。这是由于该指标所收集到的数据在 2 000 ～ 5 000 千米的范围内，其差距过大，容易带来较大的误差，难以保证测算的准确性，因此该指标可用人均出行距离代替。基于以上分析，选用能够体现个体出行方式改变的模型进行测算，具体公式如下：

$$EP_{ij} = \left(TP \times P_{ij} \times DP_{ij} / L_{ij} \right) \times FP_{ij} \times 100 \qquad （2-8）$$

$$TEP = \sum_{ij} EP_{ij} \times ECC_j / (1000 * 10000) \qquad （2-9）$$

$$CP_{ij} = EP_{ij} \times CI_j / 1000 \qquad （2-10）$$

$$TCP = \sum_{ij} CP_{ij} / (1000 * 10000) \qquad （2-11）$$

以上公式中所涉及的变量信息如表 2-14 所示。

表 2-14　城市客运交通能耗及碳排放模型相关变量释义表

变　量	含　义	单　位
i	交通工具	
j	燃料类型	
EP_{ij}	客运交通中第 j 类燃料第 i 种交通工具的能源消耗	升或千瓦·时
TP	居民年出行总量	万人次
P_{ij}	客运交通中第 j 类燃料第 i 种交通工具的分担率	百分比
DP_{ij}	客运交通中使用第 j 类燃料第 i 种交通工具的居民每次出行的平均距离	公里
L_{ij}	客运交通中第 j 类燃料第 i 种交通工具的平均载客量	人次

变 量	含 义	单 位
FP_{ij}	客运交通中第 j 类燃料第 i 种交通工具的单位能耗	升/百公里
TEP	客运交通总能耗	万吨标煤
ECC_j	第 j 类燃料转化为标准煤的折算系数	千克标煤/升 或千克标煤/ 千瓦·时
CP_{ij}	客运交通中第 j 类燃料第 i 种交通工具的碳排放	千克
CI_j	第 j 类燃料二氧化碳排放因子	千克/升
TCP	客运交通总排放	万吨

2.城市货运交通能耗及碳排放模型

与城市客运交通相比，货运交通能耗及碳排放的测算并不复杂，货运交通出行量能够用车辆数、日均出行次数和平均出行距离来表示，这是当前被广泛使用的一种估算方法。其详细公式如下：

$$EF_{ij} = 3.65 \times V_{ij} \times TF_i \times DF_{ij} \times FF_{ij} \qquad (2-12)$$

$$TEF = \sum_{ij} EF_{ij} \times ECC_j / (1000*10000) \qquad (2-13)$$

$$CF_{ij} = EF_{ij} \times CI_j / 1000 \qquad (2-14)$$

$$TCF = \sum_{ij} CF_{ij} / (1000*10000) \qquad (2-15)$$

以上公式中所涉及的变量信息如表 2-15 所示。

表 2-15　城市货运交通能耗及碳排放模型相关变量释义表

变 量	含 义	单位
i	交通工具	
j	燃料类型	
EF_{ij}	货运交通中第 j 类燃料第 i 种交通工具的能源消耗	升
V_{ij}	货运交通中第 j 类燃料第 i 种交通工具的数量	辆
TF_i	货运交通中第 i 种交通工具日均出行次数	次

续　表

变　量	含　义	单位
DF_{ij}	货运交通中第 j 类燃料第 i 种交通工具每次出行的平均距离	公里
FF_{ij}	货运交通中第 j 类燃料第 i 种交通工具的单位能耗	升/百公里
TEF	货运交通总能耗	万吨标煤
ECC_j	第 j 类燃料转化为标准煤的折算系数	千克标煤/升
CF_{ij}	货运交通中第 j 类燃料第 i 种交通工具的碳排放	千克
CI_j	第 j 类燃料二氧化碳排放因子	千克/升
TCF	货运交通总排放	万吨

（三）城市客运交通能源消耗与碳排放仿真模型构建

城市客运交通系统由经济、人口、交通、能耗与排放等诸多子系统共同组成，具有开放性、特殊性以及复杂性的特征。由于该系统具有复杂性，因此无论是哪一个环节出现变动，都可能对该系统或是其他关联系统甚至是城市的发展产生巨大的影响。在这样的情况下，探求该系统中各子系统的内部结构及其之间的关系便成了当务之急，因此要选用恰当的定量模型来探析该系统的行为特点与动力学机制。

过去使用频率较高的混合型方法中，一般假定城市客运交通能耗和排放的演化结构是已知的，这样的假设难以刻画该系统内部核心要素所具备的不确定行为及其能耗和排放的动态演化过程。而系统动力学能够恰如其分地使用定量与定性的方法处理非线性、高阶次的复杂时变系统，同时可以用更加系统性的推理来描述这些不确定行为的特点，选用系统动力学的方法来构建仿真模型。

系统动力学是由美国学者福瑞斯特提出的，它能够对复杂动态反馈系统进行可视化分析。该方法在探究系统内部各种因素及其彼此间关系的前提下，利用计算机仿真技术进行定量模拟，以此探究系统的信息反馈结构、功能及其行为间的动态变化关系，以达到全面认识系统的目的，从而确定相关政策变量，来推动实现有效控制系统的动力学演化机制的效果。

目前，系统动力学在各行各业的研究中脱颖而出，包括社会经济系统、生态系统以及交通运输系统等方面。在能源管理领域，无论是国家在能源政策制定及演化方面，还是在能源效率及能源工业发展方面，都采用了系统动力学进行研究；在环境管理与政策模拟领域，固体废物与水资源管理、温室气体减排以及环境可持续发展的评价等都已成为这种方法的研究方向。在交通运输领域，这种方法用来探究公交企业与路网及道路的运营管理、电力汽车和氢能源等低排放类汽车的使用、土地利用与城市交通的相关关系等。

1. 城市客运交通能耗与碳排放间的因果关系

城市客运交通系统可以分为经济、人口、交通及能源消耗与碳排放四个子系统，这样的分类结合了该系统的现实状况以及各类指标数据的获得情况，是以城市低碳交通系统的系统分析作为基础的，具有一定的科学性。如图 2-23 所示，城市发展水平的提高以及城市化进程的加快，使人口数量激增，人们的出行需求迅速增长，造成了出行距离的大幅度增加。但从另一个角度来看，这种现状在一定程度上倒逼居民提高出行质量，改变以往的出行方式，选择更加方便、快捷、经济的交通方式，以推动城市客运交通系统能源消耗与碳排放的变化，并且从长期发展来看，这种变化最终会作用于城市经济和人口数量。

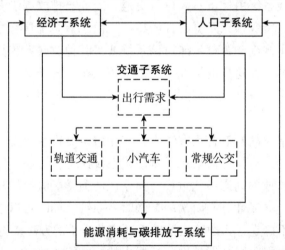

图 2-23　城市客运交通系统中各个子系统之间的关系分析图

黄树森认为，由于出行距离的远近难以保持一致，因此出行方式分担率会有所不同，两者相互影响、相互作用，如图 2-24 所示。从图中可以清晰地看到，对于慢行交通分担率而言，当出行距离增加时，它在不断下降；当出行距离大于 8 公里时，它未达到 20%。从交通的发展趋势来看，以小汽车和公共交通为主的机动化出行正在替代过去以慢行交通为主的非机动化出行。除此之外，若是将人们出行的选择习惯，对出行时间的限制，交通工具是否舒服、方便与安全等因素纳入考量范围，那么毫无疑问，慢行交通不会成为最佳选项，而小汽车或者公共交通则相反。所以，在因果关系分析中，将慢行交通出行量设定为年出行总量与公共交通出行量、轨道交通出行量及出租车出行量的差值。

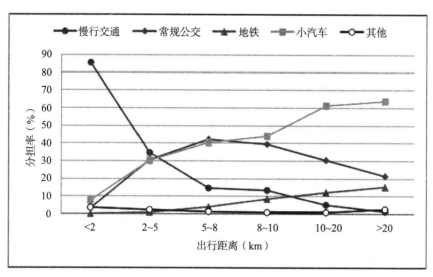

图2-24　交通出行方式分担率随出行距离的变化曲线

2.城市客运交通能耗与碳排放仿真模型

由于因果关系图不能对不同性质变量之间存在的差异进行进一步的研究，因此要构建流图得到状态变量的累积变化情况。在系统动力学的建模过程中，刻画系统的积累效应的变量称为状态变量（L），它呈现的是随着时间的推移，信息、能量、物质等的积累情况；用来刻画积累效应变化速度快慢的变量称为速率变量（R），它呈现的是随着时间的推移，状态变量的变化情况，一般用来表示系统发生改变速度的大小；除此之外，用来刻画决策过程中间变量的变量称为辅助变量（A）。在城市交通碳排放模型中，涉及经济、人口、交通以及能耗与排放四个子系统，而这四个子系统是由7个状态变量、8个速率变量及72个辅助变量共同组成的，如表2-16所示。

表 2-16　城市客运交通能源消耗与碳排放仿真模型变量

变量类型	变量名称	调控变量	变量类型	变量名称	调控变量
状态变量（L）	GDP	否	辅助变量（A）	票价	是
	外来人口	否		票价服务水平	否
	本地人口	否		准点率	是
	小汽车数量	否		准点率服务水平	否
	常规公交出行量	否		平均车速	是
	公交车辆数	否		平均车速服务水平	否
	轨道交通出行量	否		其他因素	是
速率变量（R）	GDP 增长量	是		其他因素服务水平	否
	外来人口增加量	否		常规公交吸引力	否
	小汽车数量	否		常规公交服务水平	否
	小汽车增长量	否		上年常规公交服务水平	否
	常规公交出行量的增长量	否		常规公交吸引力因子	是
	新增公交车辆数	否		轨道交通新增长度	是
	报废公交车辆数	否		轨道交通每公里新增客运量	是
	轨道交通出行量的增长量	否		轨道交通车辆数	是
辅助变量（A）	人均 GDP	否		初始轨道交通每公里客运量	否
	GDP 增长率	是		人均年出行量	是
	本地人口增加量	否		总出行量	否
	总人口数量	是		出租车出行量	否
	外来人口增加量常量	是		公共交通出行量	否
	外来人口增加量因子	否		慢行交通出行量	否
	本地人口增长率	否		小汽车人均行驶里程	是
	小汽车增长量常量	否		小汽车人均能耗系数	是
	小汽车增长量因子	否		出租车人均行驶里程	是
	小汽车平均载客量	否		出租车人均能耗系数	是
	小汽车出行量	否		常规公交人均行驶里程	是
	小汽车出行量的减少量	否		常规公交人均能耗系数	是
	运营收入	否		轨道交通人均行驶里程	是
	总收入	否		轨道交通人均能耗系数	是
	运营补贴	否		小汽车耗油量	否
	运营收入占总收入的比重	否		出租车耗油量	否
	公交车更新费用率	否		常规公交耗油量	否
	公交车辆报废率	否		轨道交通耗电量	否
	公交车单价	否		耗油 CO_2 排放因子	否

续　表

变量类型	变量名称	调控变量	变量类型	变量名称	调控变量
辅助变量（A）	公交车辆维修比率	否	辅助变量（A）	耗电 CO_2 排放因子	否
	公交运营车辆数	否		小汽车 CO_2 排放量	否
	公交车辆维修比率	否		出租车 CO_2 排放量	否
	发车频率	否		常规公交 CO_2 排放量	否
	运营线路数	否		轨道交通 CO_2 排放量	否
	平均运营时间	否		总能耗	否
	车辆日均出车次数	否		总排放	否
	发车间隔	否		燃油折算标准煤系数	否
	最大候车时间	否		电力折算标准煤系数	否
	最大候车时间服务水平	否			

（1）经济子系统。随着生活水平的不断提高，更多的人加入购买小汽车的行列中，使社会中小汽车的数量大幅增加。据相关资料显示，亚洲发展中国家小汽车的增量远远超过发达国家同期水平，这推动着交通方式由过去的非机动化交通向机动化交通转变。由上述分析能够发现，经济社会的进步，特别是人均 GDP 的持续增多，对交通系统的形成与发展起到了不可忽视的作用。为此构建经济子系统的流图，如图 2-25 所示。

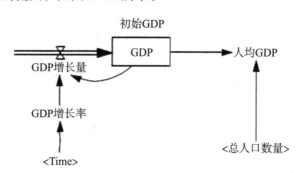

图 2-25　城市客运交通系统中经济子系统的流图

（2）人口子系统。在影响城市客运交通的诸多因素中，城市人口的规模与结构也是不可忽视的要素之一。过多的人口数量不仅会影响城市交通的发展，还会极大地增加客运交通的压力。由此构建城市人口子系统，如图 2-26 所示。

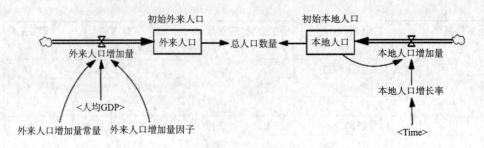

图 2-26 城市客运交通系统中人口子系统的流图

该系统由两部分构成，分别为外来人口与本地人口，两者共同构成了总人口数量。前者指外来常住人口，后者为常住人口中除去前者之外的其他人口。前者的增加量决定了人均 GDP 的变化，该数值能够用回归方程测算得到；后者的增加量由本地人口增长率和初始本地人口数量决定，具体方程如表 2-17所示。

表2-17 城市客运交通系统中人口子系统相关变量公式

变量类型	变量名称	计算公式	单位	备注
具体状态变量（L）	外来人口	INTEG（外来人口增加量）+ 初始外来人口	万人	万人 / 年
	本地人口	INTEG（本地人口增加量）+ 初始本底人口	万人	
速率变量（R）	本地人口增加量	本地人口 × 本地人口增长率	万人 / 年	
	外来人口增加量	人均 GDP × 外来人口增加量因子 + 外来人口增加量常量		
辅助变量(A)	总人口数量	本地人口 + 外来人口	万人	

（3）交通子系统。小汽车规模与数量不仅对城市交通拥堵状况具有不可忽视的影响，还关系着能耗与碳排放的高低。在该子系统中，通过回归方程的测算得到小汽车的增长量是人均 GDP 的函数。小汽车的出行量与其数量、平均载客量以及出行量的减少量息息相关。其中，小汽车的平均载客量与轨道交通出行量呈显著的反比例关系，小汽车出行量的减少量为因常规公交服务水平提升带来的小汽车转向常规公交的出行量，具体方程如表 2-18 所示。

表2-18 城市客运交通系统中交通子系统相关变量公式

变量类型	变量名称	计算公式	单位	备注
具体状态变量（L）	小汽车数量	INTEG（小汽车增长量）+初始小汽车数量	辆	
速率变量（R）	小汽车增长量	人均GDP × 小汽车增长量因子 + 小汽车增长量常量	辆/年	
辅助变量（A）	小汽车增长量	人均GDP × 小汽车增长量因子 + 小汽车增长量常量	辆/年	
	小汽车平均载客量	WITH LOOKUP（railtransit trip volumes）	万人次/辆	小汽车平均载客量为表函数

　　常规公交系统在城市交通运营中始终发挥着至关重要的作用。一般来讲，如果常规公交所提供的服务水平较高，则居民会倾向于以其作为出行方式，反之亦然。公共交通的服务水平不仅与车辆的候车时间、车速等要素息息相关，还受到车辆内的整洁程度、司机的素养等的影响。常规公交的收入由运营收入和运营补贴共同构成。由于每年都会有车辆报废，因此为了保持城市公共交通的正常运转，每年都会从总收入中划拨出一定的资金用于购买新公交车。在以上的基础上，减去正在维修的车辆，可以得到每年正常运转的常规公交车的数量。当确定运营线路、发车频率、车辆日均出车次数、平均运营时间等相关数据以后，依据相关的计量方法得到最大候车时间，并根据平均车速、准点率等指标测算出常规公交服务水平。除此之外，经过调查显示，选择小汽车作为首选出行工具的出行者表示如果常规公交能够提供较好的服务，他们有将常规公交作为首要交通工具的可能性，具体方程如表2-19所示。

表2-19 相关变量类型及公式

变量类型	变量名称	计算公式	单位	备注
具体状态变量（L）	常规公交出行量	INTEG（常规公交出行量的增长量）+初始常规公交出行量	万人次	
	公交车辆数	INTEG（新增公交车辆数 – 报废公交车辆数）+初始公交车辆数	辆	

变量类型	变量名称	计算公式	单位	备注
速率变量（R）	常规公交出行量的增长量	常规公交吸引力 × 小汽车出行量	万人次/年	
	新增公交车辆数	总收入 × 公交车更新费用率/公交车单价	辆/年	
	报废公交车辆数	公交车辆报废率 × 公交车辆数	辆/年	
辅助变量（A）	运营收入	票价 × 常规公交出行量	万元	
	总收入	运营收入/运营收入占总收入的比重+运营补贴	万元	
	公交运营车辆数	公交车辆数 × （1–公交车辆维修比率）	辆	
	发车频率	（公交运营车辆数 × 车辆日均出车次数/运营线路数）/平均运营时间	辆 × 次/条/分钟	
	发车间隔	时间间隔/发车频率	分钟	
	最大候车时间	0.75×1× 发车间隔 +0.2×2× 发车间隔 +0.05×3× 发车间隔	分钟	
	票价服务水平	IF THEN EI SEIF THEN ELSE（fare<1，9，IF THEN ELSE（fare ≤ 2，7，IF THEN ELSE（fare ≤ 5，5，IF THEN ELSE（fare ≤ 10，3，1)))	Dmnl	票价服务水平为选择函数

就当前交通业的发展现状而言，轨道交通在解决城市交通堵塞、降低能耗和碳排放方面发挥着不容小觑的作用。而轨道交通长度与每公里客运量是影响其出行量的增长量的关键要素。其中，后者的变化由初始轨道交通每公里客运量和轨道交通每公里新增客运量共同决定。

在计算出行量时，首先要考虑公共交通出行量 = 常规公交出行量 + 轨道交通出行量。其次，由于出租车自身的独特性，所以其不在公共交通出行量的测算范围内。最后，慢行交通出行量 = 总出行量 –（公共交通出行量 + 小汽车出行量 + 出租车出行量）。其中，总出行量 = 总人口数量 × 人均年出行量。

（4）能耗与排放子系统。如今对这一方面的研究通常选择使用车辆载客量统计，用车辆行驶里程及能耗／排放因子的方法。但是该方法存在一些局限性：第一，出行者选择何种出行方式、出行的距离以及所花费的时间和出行的频次等都受到很多因素的影响，但是这种办法并未将出行个体的行为选择对结果的影响纳入考量范围。第二，注意区分一个地区中的车辆和道路上行驶的车辆，这是由于通常情况下两者并不相同，特别是在发展中国家更不能一概而论。第三，平均出行距离的不可得性或是不准确性，容易扩大研究中的 VKT 范围。鉴于以上原因，选用可以刻画个体出行特征的模型来探究该子系统的变动状况。为更好地进行测算，将城市客运交通系统的能源消耗量转换为小汽车、出租车、常规公交车消耗汽油量，轨道交通耗电量，再将这些能耗转换为标准煤消耗量，详细计算公式如下：

$$EC_{ij} = C_{ij} \times D_i \times T_i \tag{2-16}$$

各变量释义如表 2-20 所示。

CO_2 排放量则由各种交通方式的耗油量和耗电量得出，具体的方程如下所示：

$$CE_{ij} = EC_{ij} \times EF_j \tag{2-17}$$

最终，总能耗与人均能耗通过如下方程求得：

$$TEF = \sum_{ij} EC_{ij} \times ECC_j \tag{2-18}$$

$$ECPC = TEF / TP \tag{2-19}$$

表 2-20 相关变量类型及公式

变量名称	含义
i	交通方式
j	能源类型
EC_{ij}	第 i 种交通方式对第 j 种能源的消耗量
C_{ij}	第 i 种交通方式对第 j 种能源的人均消耗系数
D_i	第 i 种交通方式的人均行驶里程
T_i	第 i 种交通方式的年出行量
CE_{ij}	第 i 种交通方式消耗第 j 种能源所产生的 CO_2

变量名称	含 义
EF_j	第 j 种能源的 CO_2 排放因子
TEF	总能耗量
ECC_j	第 j 种能源转换为标准煤的系数
$ECPC$	人均能耗量
TP	总人口
TCE	总排放量
CE_{ij}	第 i 种交通方式消耗第 j 种能源所产生的 CO_2
$CEPC$	人均 CO_2 排放量

二、北京市客运交通节能减排调控政策分析

北京市根据其实际发展状况，采取了诸多政策来助力城市客运交通的节能减排，实现低碳交通，这些政策包括公共交通优先发展、需求管理、技术进步、行政法规管理及综合政策四类。为了能够更加深入地了解各类政策的特点及适用范围，下文将对各类政策的实施效果以及实施的先后顺序进行详细探究。

（一）北京市客运交通节能减排调控政策累积效果

无论是在何种政策的指导下，一个城市客运交通所取得的节能减排效果都会因时间的推移而有所改变。因此，可将单一类型的政策划分为两个时期，分别为 2011—2015 年、2016—2020 年，来探究上述四类政策举措在客运交通进行节约能源减少排放量的过程中发挥的作用。

各种情景下北京市客运交通总能耗、总排放的累积量，分别如图 2-27、图 2-28 所示。从两张图中能够清楚地发现，随着时间的推移，无论是总能耗还是总排放的累积量，在公共交通优先发展、需求管理、技术进步、行政法规管理及综合政策的情景下，都分别呈现出持续减少、持续增加以及不变的状态。

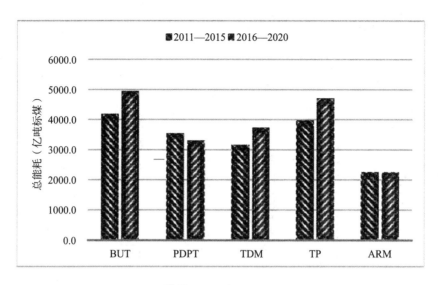

图 2-27　不同情景下北京市客运交通总能耗累积量

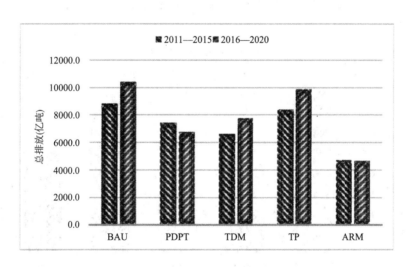

图 2-28　不同情景下北京市客运交通总排放累积量

不同情景下北京市客运交通人均能耗、人均排放的累积量，分别如图 2-29、图 2-30 所示。从这两张图中可以总结出，一方面，在所有情景下，无论是人均能耗还是人均排放，2016—2020 年的累积量明显比 2011—2015 年的水平低，尤其是处于公共交通优先发展情景下两个时期的差距达到最大；另一方面，在公共交通优先发展情景下，相较于 2011—2015 年，2016—2020 年人均能耗和排放的累积量下降幅度异常明显，这表明该政策存在滞后性，但未来在节能减排上能够起到更显著的作用。

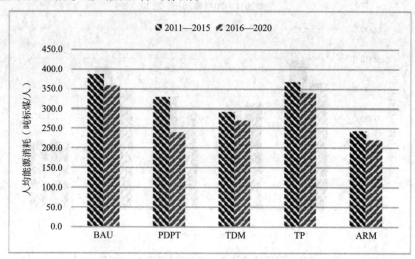

图 2-29　不同情景下北京市客运交通人均能耗累积量

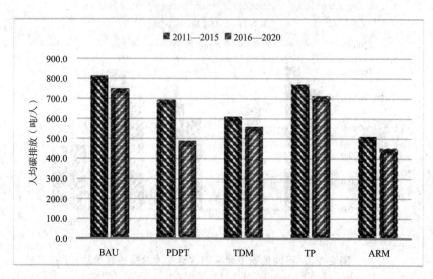

图 2-30　不同情景下北京市客运交通人均排放累积量

（二）北京市客运交通节能减排调控政策实施次序

相较于单项政策，综合政策在节能和减排方面能够带来明显的作用。为了能够更加深入地了解各单项政策在综合政策中所起的作用，基于不同条件的约束，探析单项政策的落实所产生的效果。KahnRibeiroetal 认为能耗和 CO_2 排放的变化趋势相同，但 Zhang and Cheng 则通过实证研究得出，长期来看能源消耗和碳排放存在单向的格兰杰因果关系的结论。事实上，节能和减排在上述讨论的四个情景中并没有太大的不同。与此同时，在全球气候问题如此严峻的形势下，各国政府面临的减排压力在不断增加。所以，这一部分只探析各单项政策的落实对 CO_2 排放存在何种影响，详细计算方式如表 2-21 所示。

PDPT-（TDM+TP）政策的实施能够取得最佳效果，这个组合意味着先实施 TDM 和 TP 情景再落实 PDPT 所取得的减排效果，下文同理。"-"后跟随的是已经落实了的政策情景，而"-"前则是即将实施的政策情景，这表明在实施 TDM 和 TP 之后再落实 PDPT 政策，能够产生最佳的减排效果。比较 PDPT-TDM，PDPT-TP 和 PDPT-ARM，能够发现率先实施 TP 可以使 PDPT 发挥最大作用。除此之外，PDPT-（TP+ARM）一直保持负数的状态，且 PDPT-（TDM+ARM）在 2014 年以前同样处于负数的状态，但 PDPT-（TDM+TP+ARM）却一直保持正数的状态，这表示政策 ARM 的实施阻碍了 PDPT 政策作用的发挥，所以 PDPT 政策应先于 ARM 政策实施。综上，若是期望 PDPT 政策能够尽可能地发挥作用，那么各项政策实行的顺序应为 TP → TDM → PDPT → ARM。

表 2-21　不同情况下单项政策实施后的减排效果计算方法

PDPT	PDPT–BAU= △ PDP T	在 BAU 情景后实施 PDPT 带来的减排量
	PDPT–TDM=O（PDPT+TDM）– △ TDM	在 TDM 情景后实施 PDPT 带来的减排量
	PDPT–TP=O（PDPT+ TP）– △ TP	在 TP 情景后实施 PDPT 带来的减排量
	PDPT–ARM=N（PDPT+ARM）–OARM	在 ARM 情景后实施 PDPT 带来的减排量
	PDPT（TDM+TP）= Q（PDPT+ TDM+ TP）–O（TDM+TP）	在 TDM 和 TP 情景后实施 PDPT 带来的减排量
	PDPT（TDM+ARM）= O（PDPT+ TDM+ARM）–O（TDM+ARM）	在 TDM 和 ARM 情景后实施 PDPT 带来的减排量
	PDPT（TP+ARM）= O（PDPT+ TP+ARM）–O（TP+ARM）	在 TP 和 ARM 情景后实施 PDPT 带来的减排量
	PDPT（TDM+ TP+ARM）=OCP-C（TDM+ TP+ARM）	在 TDM，TP 和 ARM 情景后实施 PDPT 带来的减排量

TDM	TDM −BAU=OTDM	在 BAU 情景后实施 TDM 带来的减排量
	TDM −PDPT=A（PDPT+TDM）−APDPT	在 PDPT 情景后实施 TDM 带来的减排量
	TDM−TP=N（TDM+ TP）−OTP	在 TP 情景后实施 TDM 带来的减排量
	TDM−AR=O（TDM+ ARM）−OARM	在 ARM 情景后实施 TDM 带来的减排量
	TDM（PDPT+TP）= O（PDPT+ TDM+ TP）−N（PDPT+TP）	在 PDPT 和 TP 情景后实施 TDM 带来的减排量
	TDM−（PDPT+ARM）= N（PDPT+ TDM+ ARM）−C（PDPT+ARM）	在 PDPT 和 ARM 情景后实施 TDM 带来的减排量
	TDM（TP+ARM）=N（TDM+ TP+ARM）−O（TP+ ARM）	在 TP 和 ARM 情景后实施 TDM 带来的减排量
	TDM（PDPT+ TP+ARM）= △ CP−APDPT+TP+ARM）	在 PDPT，TP 和 ARM 情景后实施 TDM 带来的减排量
TP	TP −BAU= △ TP	在 BAU 情景后实施 TP 带来的减排量
	TP −PDPT=O（PDPT+TP）−OPDPT	在 PDPT 情景后实施 TP 带来的减排量
	TP−TDM=N(TDM+ TP）−ATDM	在 TDM 情景后实施 TP 带来的减排量
	TP−ARM=O（ TP+ARM）−OARM	在 ARM 情景后实施 TP 带来的减排量
	TP−（PDPT+ TDM）= O（PDPT+ TDM+ TP）−C（PDPT+ TDM）	在 PDPT 和 TDM 情景后实施 TP 带来的减排量
	TP−（PDPT+ARM）= N（PDPT+ TP+ARM）−O（PDPT+ARM）	在 PDPT 和 ARM 情景后实施 TP 带来的减排量
	TP−（TDM+ARM）= N（TDM+ TP+ARM）−O（TDM+ ARM）	在 TDM 和 ARM 情景后实施 TP 带来的减排量
	TP−（PDPT+ TDM+ARM）= △ CP−N（PDPT+ TDM+ARM）	在 PDPT，TDM 和 ARM 情景后实施 TP 带来的减排量

续　表

	ARM –BAU=AARM	在 BAU 情景后实施 ARM 带来的减排量
ARM	ARM –PDPT=O（PDPT+ARM）–OPDPT	在 PDPT 情景后实施 ARM 带来的减排量
	ARM –TDM=O（TDM+ARM）–OTDM	在 TDM 情景后实施 ARM 带来的减排量
	ARM–TP=O（ARM+ TP）–OTP	在 TP 情景后实施 ARM 带来的减排量
	ARM（PDPT+ TDM）= O（PDPT+ TDM+ARM）–（PDPT+ TDM）	在 PDPT 和 TDM 情景后实施 ARM 带来的减排量
	ARM–（PDPT+TP）= O（PDPT+TP+ARM）–C（PDPT+TP）	在 PDPT 和 TP 情景后实施 ARM 带来的减排量
	ARM–（TDM+ TP）= Q（TDM+ TP+ARM）–O（TDM+ TP）	在 TDM 和 TP 情景后实施 ARM 带来的减排量
	ARM –（PDPT+TDM+ TP）= △ CP–N（PDPT+TDM+TP）	在 PDPT，TDM 和 TP 情景后实施 ARM 带来的减排量

注：$\triangle$ PDPT，$\triangle$ TDM，$\triangle$ TP，$\triangle$ ARM，$\triangle$（PDPT+TDM），$\triangle$（PDPT+TP），O（PDPT+ARM），$\triangle$（TDM+TP），$\triangle$（TDM+ARM），$\triangle$（TP+ARM），$\triangle$（PDPT+TDM+TP），$\triangle$（PDPT+TDM+ARM），$\triangle$（PDPT+TP+ARM），$\triangle$（TDM+TP+ARM），$\triangle$CP 分别是 PDPT，TDM，TP，ARM，（PDPT+TDM），（PDPT+TP），（PDPT+ARM），（TDM+TP），（TDM+ARM），（TP+ARM），（PDPT+TDM+TP），（PDPT+TDM+ARM），（PDPT+TP+ARM），（TDM+TP+ARM），CP 相对于 BAU 的减排量。

从图 2-31 能够发现，TDM-（PDPT+TP）的效果最佳，这表明只有先实施 PDPT 和 TP，TDM 才能发挥出最佳效果。对比 TDM-PDPT，TDM-TP 和 TDM-ARM 能看出，率先实施 TP 政策有助于 TDM 达到最理想的效果，但 ARM 的落实会抑制 TDM 政策在减排方面效用的发挥。同时，TDM-（PDPT+TP+ARM）在减排方面的效用较明显。这表明在任何时期，TDM 政策都是解决交通问题的"利器"，应常态化实施该政策。所以，若是让 TDM 政策最大限度地发挥作用，则应按照 TP → PDPT → TDM → ARM 的顺序实施政策。

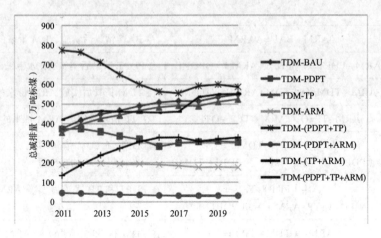

图 2-31　不同条件下实施 TDM 政策后总减排量变化

从图 2-32 能够发现，在诸多组合中，TP-（PDPT+TDM）能够取得最好的效果，因此应先实施 TP 再实施 ARM，以保证 TP 的效果最佳。对比分析 TP-PDPT，TP-TDM 和 TP-ARM 能够发现，实施的先后顺序应为 PDPT，TDM，ARM。所以，为了能够让 TP 发挥最大的作用，各政策应按照 PDPT → TDM → TP → ARM 的顺序实施。

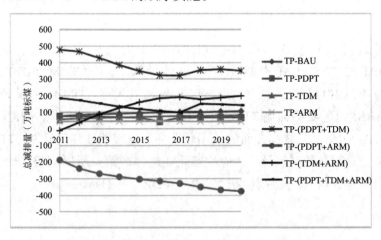

图 2-32　不同条件下实施 TP 政策后总减排量变化

从图 2-33 能够发现，效果最好的是 ARM-BAU，因此为了能够使 ARM 政策发挥的作用最大，应先实施 ARM 政策。但因为 ARM 政策对 PDPT，TDM 及 TP 三种政策具有相当大的抑制作用，所以 ARM 政策要在最后实施。

此外，还可以观察到，ARM–TP 的效果仅次于 ARM–BAU 的效果，因而 TP 要率先实施。对比 ARM–PDPT 和 ARM–TDM 能够分析出，前期 ARM–PDPT 的减排效果更好，ARM–TDM 在后期更能发挥效用。

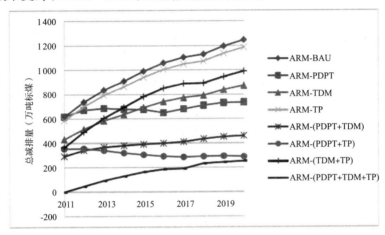

图 2-33　不同条件下实施 ARM 政策后总减排量变化

由于 PDPT 政策存在一定的滞后性，即在实施之后并不能立刻起作用，而是需要一定的时间才能取得效果，同时 TDM 政策在实施之前要以良好的公共交通为条件。因此，只有按照 TP → PDPT → TDM → ARM 的顺序实施政策，才能够使 ARM 发挥尽可能大的效用。

以上述分析为基础，为了使政策实施达到最佳效果，PDPT，TDM，TP 和 ARM 四种政策的实施顺序为 TP → PDPT → TDM → ARM。

基于前文的分析并结合北京市交通发展的实际情况，为了能够实现城市客运交通低碳发展的目标，北京市可以采取以下政策措施。

（1）公共交通优先发展政策。虽然该政策在能耗和排放方面都拥有较为显著的优势，但其在一定程度上具有滞后性。换句话说，就是该政策在实施之后并不会立刻显现出效果，而是随着时间的推移，效用会愈加明显。但即使这样，该战略仍然是解决北京、上海等特大城市客运交通问题的重要手段，所以要加快完善以轨道交通为主的公共交通体系。除此之外，还要加强完善慢行交通出行设施及环境，如划分专用道等，同时宣传并支持电动车等慢行交通工具的使用，并提高其占比。

（2）需求管理政策。无论是在节能还是在减排方面，该政策在短时间内都能取得显著效果，但长期来看，它所产生的效果会逐渐趋于一般。由于该政策的机制设计相当关键，因此相关部门在实施该政策时要有前瞻性，并及时检查政策，一旦发现不足，就立即完善政策。在城市规划早期要注重统筹与分析城市规划布局对交通出行可能带来的各种影响，用以保证该政策在落实之后可以产生最优的效用。

（3）技术进步政策。该政策在未来会有巨大的潜力，与节能相比，其在减排方面的效果更好。但站在实践的层面，该政策的实施不仅对前期投入有较高的需求，而且投资回报期较长，所以车辆制造商和能源生产商常常缺少研发新技术的动力。这就要求政府相关部门，首先制定并实施更高的技术标准；其次，采取以经济手段为主的方式，为进行技术研发的企业提供物质上的补贴和政策上的倾斜，以推进新技术研发；最后，为技术进步政策的实施做好准备。

（4）行政法规管理政策。在诸多单项政策中，该类政策的实施所带来的节能和减排的效用最佳。该类政策的落实并取得效果主要依赖政府强制力，所以在落实的过程中，不仅要考虑公平的原则，还要顾及侦测推进的效率。这就要求相关部门基于事实调查，制定政策。在该类政策实施之前，要向广大人民群众做出详细易懂的讲解，以获得其赞成，避免回弹现象的发生。同时，对政策进行监督、及时跟进并反馈实施效果以及政策措施的退出机制，都是该类政策在实施过程中至关重要的组成部分。

（5）综合政策。该政策实施所带来的效果是各类政策中最好的，但其实施成本也是最高的。基于上文对北京市的分析，总结出在综合政策中单项政策的最优实施顺序为 TP → PDPT → TDM → ARM。在政策实施的过程中，应考虑实施成本及所面临的外部条件，因时、因地推行政策，以达到最好的效果。

第三章　低碳交通体系规划关键技术研究

　　"低碳经济"的概念最早出现于英国政府发表的《我们未来的能源——创建低碳经济》的白皮书中。书中将"低碳经济"定义为，以最少的自然资源消耗和环境污染，换取最大量的经济产出；同时，低碳经济以低能耗和高产出的价值特性，被誉为"提升生活标准和生活质量的有效途径"，为先进技术的流入、革新和应用提供了机会，也为社会经济发展提供了更多的商机和就业机会。

　　紧接着，约翰斯顿等以英国住房二氧化碳为研究对象，论证了新型技术对其排放量减少的可行性，得出在 21 世纪中叶将在 1990 年的基础上，利用现有技术实现碳减排 80% 以上，同时采取政策措施加以保障，实现经济和 GHG 排放的反向促进。川濑等通过对历史气候变化情况的描述，将影响碳排放的因素分解为三个，分别是 CO_2 强度、经济活动和能源效率，并提出要想实现碳减排 60% ~ 80% 的目标，就要采取措施将当前的能源强度和 CO_2 强度减少速度提升为 40 年前的 2 ~ 3 倍。岛田等探索出了一种用于刻画城市尺度低碳经济长期发展情景的模型，并将其应用于实际城市中，论证了实施的可行性。气候集团发布的《盈余：低碳经济的成长》报告对低碳经济进行了定义，结合市场发展历史数据分析了实行低碳经济能够带来的效益。结果表明，其不仅能够提升投资回报率，缩短产品生产周期，增加产品数量，有效提升产品的可靠性，还可以提高员工工作满意度，提升员工士气，尤其对新增就业更具潜力。

　　我国学者庄贵阳研究发现，提升低碳经济发展需要提高能源利用率并优化升级清洁能源消费结构，其本质上依然可以归结为能源技术以及制度的创新，实施低碳经济的目标就是减缓温室效应，实现可持续发展。通过技术革新和制度保障实施低碳革命，为减缓气候问题，构建出一种低排放、绿色化发展的经济模式。游雪晴指出，"低碳经济"是一种以低能耗、低排放、低污染为基础的经济发展模式。

　　通过上述综述可以发现，自英国提出低碳经济发展模式以后，国内外学者对相关概念、实施的可行性和市场价值等做出了更进一步的探究。虽然他们选取的研究角度有差异，提出的相关概念有所不同，但出发点和研究的目的一致，都是在不同的经济体制和社会模式下，通过技术革新和政策保障，探索出一条能够尽可能地降低温室气体排放、减少其污染、推动可持续发展尽快实现的有效路径。

第一节　城市交通体系规划关键技术

城市的发展和城市交通体系规划之间存在相互促进的关系。一方面，前者改变了后者；另一方面，后者的合理进行促进了前者的演进。城市交通体系最为核心的目标是为居民出行提供方便且必要的条件。城市交通规划是指为方便城市居民出行而创造良好的交通条件，建立必要的交通设施，进行合理的线路规划，从而实现城市的良性发展。

一、国内外城市交通体系规划发展

（一）我国城市交通规划的历史发展

城市交通规划随着经济社会的进步而不断发生变化。在中华人民共和国成立以前，城市交通规划这一概念还没有形成，城市交通规划只是对城市道路网络进行设计和规划，直到 20 世纪 70 年代末，我国才改变这种单一的交通体系规划形式。

我国城市道路规划形成历史悠久，在周代就出现了城市道路系统，并通过规划道路网来整合城市交通，周王朝的道路网络是以方格网进行布局。据《周礼》记载："匠人营国，方九里，旁三门，国中九经九纬，经涂九轨……环涂七轨……野涂五轨。"可以看出，周代对道路的尺寸有严格的要求，对道路功能进行了明确的定位，也最早提出道路横断面上人车分行的规划设想。唐代在规划道路网时更关注其功能，依照重要程度将其划分为御用干道、全市性的主要交通干道、城市内的一般道路和街坊小道。这种划分形式同当代城市的快速干路、主干路、次干路和支路的划分标准基本相同。到了宋代，城市路网改变了单一方格网络布局形式，东京汴梁城在方格网络的基础上考虑城市地理地形条件设计出了丁字交叉和十字交叉的道路网络结构，这使城市路网结构更加合理。随着市井的繁华，宋代出现了商业街，交通道路上商贸活动的出现形成了城市居民的生活中心；另外，城市路网开始和城市水系联合规划，形成了对外交通枢纽。宋代形成的城市道路网络规划形式对后代影响很大，元明清都城的路网规划都受到了很大的启发。

（二）国外城市交通规划的历史发展及相关理论

16世纪，西方资本主义的崛起对城市道路交通的发展与完善起到了积极的推动作用。为了能够解决交通混乱的问题，促进商贸发展，许多资本主义国家开始对城市交通规划进行了改造和探索。这一过程中涌现了大量的道路网络规划思想。例如，芬兰建筑师沙里宁探索出的有机疏散理论、卫星城理论和新城理论，以及美国建筑师斯坦构想出并加以论证的邻里单位规划理论等。这些新理论的提出不仅促进了国外交通网络规划，也对我国近代城市规划产生了很大的影响。在长期的道路网络规划实践中，逐渐产生了城市交通规划。在20世纪50年代，美国芝加哥提出并着手进行交通网络规划，1962年该国学者完成《芝加哥地区交通研究》，打破了道路网络规划等于交通规划的局面。该著作中提及的推力规划模式、"四阶段"交通需求预测法和城市交通综合规划等一些重要城市交通规划方法被广泛推广应用，是城市交通规划研究中的里程碑。

20世纪60年代，美国交通问题研究学者当斯所提出的"当斯定理"指出：新建成的交通设施刚开始可以减少出行时间，随着新交通设施带来的交通便捷性会吸引来自其他道路上的交通量向新道路转移，通过一段时间的交通量转移后，新的交通设施会与原来交通设施的拥挤程度相差无几。也就是说，仅仅增加交通设施难以从源头上解决交通问题。1973年，世界性石油危机的爆发，使西方国家的石油资源紧张，这使自行车在西欧许多国家广受欢迎，由此进入了"后自行车时代"。

20世纪八九十年代，为了应对机械化带来的种种弊端，日本的肥田野登和美国的彼得提出了发展铁道运输和公共交通运输的交通规划理念和城市路网建设新思想。1987年，随着资源问题、环境问题的日益加重，形成了可持续发展的新理念，为顺应发展潮流，交通领域逐步开始以可持续发展作为指导思想，推动"人本位"思想以可持续发展为主要理论。随着以可持续发展理论为指导的城市交通规划的深入发展，许多发达国家的研究人员认为应率先发展公共交通，并经过一系列实证分析论证了这种观点的可行性。基于发达国家的研究成果，优先发展公共交通的观点得到了各国的支持和响应。欧美等国不仅率先提出优先发展公共交通的建议，还将这一建议积极用于实践，为此他们改变了扩建道路满足小汽车通行的交通规划方式，将规划方向转向扶持发展公共交通，并对小汽车的新增量和使用量加强了控制。

（三）传统城市交通规划的不足

当前各个城市都投入大量资金来保障城市交通基础设施建设，随着资金的投入和路网规划的实施，城市道路公里里程和通行量在加大，但是城市交通供给和需求之间并未达到平衡。这种供需失衡使交通拥堵与事故时常出现，以致城市交通体系陷入拥堵和交通事故频发的恶行循环，将直接影响城市交通服务水平，降低城市居民出行效率。城市交通在为市民提供方便的同时，也对城市环境造成了严重的威胁。交通环境是生态环境不可分割的核心构成要素，伴随机动车数量的上升，由此产生的机动车污染物排放逐步发展为破坏城市环境的重要因素。据统计，世界上的一氧化碳、碳氢化合物和二氧化氮气体有近 50% 是由发动机为产生动力消耗汽油、柴油等化石油品所释放出来的，大气中大约有 80% ~ 90% 的铅是由汽车燃烧含铅汽油所排放出来的。

导致以上问题的原因有很多，但是根本的原因都与城市交通规划密切相关。传统城市交通规划理论存在以下不足。

（1）该理论具有片面性，不足以满足交通规划研究。

（2）该理论仅仅局限于交通规划方案的环评，未将交通环境容量以及相应的环境质量标准纳入约束范围。

（3）该理论未明确将土地使用与交通间的关系落实到交通规划的全过程。

（4）该理论在确定关于成本的约束条件时，仅考虑了建设投资，未将环境补偿的成本纳入考量范围。

（5）该理论中所涉及的综合交通规划未将同环境与资源有关的限制条件纳入考量范围。

（6）该理论所倡导的"以人为本"的规划思想只在宏观层面上做出了指导，并未在实际举措或行动中加以落实。

新时代的城市交通应朝着"便捷、有序、低能耗、低污染、高效率"的方向不断前进，同时结合上述不足，我们认为，该理论已经无法满足当前城市交通规划的需要，亟须对其创新，构建"以人为本"的城市交通体系。

二、低碳城市交通体系规划的含义

"低碳城市交通体系规划"是近年来新生的概念，与"绿色交通"概念相似度较高。

关于"绿色交通"的概念，不同的研究者对其理解存在差异。同济大学的杨晓光将其定义为"绿色交通是协和的交通，是交通与环境、交通与未来、交通与社会、交通与资源多方面协和的交通系统"。台湾大学张学孔指出，"绿色交通是一种符合持续发展的运输方式，实现绿色交通要优先发展公共交通"。中国城市规划设计研究院院长王静霞将其理解为"绿色交通是采用低污染、有利于城市环境的运输工具，来完成社会经济活动的一种交通理念，并归纳出通达、有序，安全、舒适，低能耗、低污染三方面完整统一结合的整体框架"。根据上述给出的"绿色交通"概念，笔者将"低碳城市交通体系规划"定义为，在可持续发展理论指导思想下，运用城市交通体系规划的相关理论，设计一种既可以实现最少的化石能源消耗和温室气体排放，又能够促进经济社会进步的交通体系。

该规划的实质是借助城市体系规划的相关理论，构建一种维持城市可持续发展的交通体系，以降低温室气体排放为核心，以满足人们出行需求为目的。该体系在实际运行过程中能够使企业以最少的成本换取最大的交通效益，满足城市的发展需求，符合城市土地使用的要求，实现城市内多种运输方式共存发展。

三、低碳城市交通体系规划的影响因素研究

以查找整理相关文献及专家访谈为基础，并考虑不同的角度，将低碳城市交通体系规划的影响因素分为低碳目标、交通需求、社会经济状况和环境影响四个方面。

（一）低碳城市交通体系规划影响因素

1. 低碳目标

为了能够更好、更全面地进行城市交通体系的设计布局，应重点关注其低碳目标的达成，以促进整个城市的低碳发展。为了能够尽快地完成低碳目标，所制定的交通布局规划要能够满足人们正常的交通需要，同时在不超出和不影响城市经济发展的情况下，尽量选择低碳交通方式。需要注意的是，在该影响因素下，要考虑当前城市交通体系情况下温室气体的排放量和承载力。

2. 交通需求

满足居民与城市发展的出行需求是城市进行交通规划布局最基本的目标，不能一味追求低碳目标的实现而忽略居民及城市发展的实际需要，这不仅不利于城市经济的发展，还会出现城市交通本身的非低碳运行。交通需求具体是从出行者需求、交通设施现状、交通方式现状和城市规划现状四个方面来呈

现的。

3.社会经济状况

该因素是在规划低碳城市交通体系时需要着重注意的方面。一座城市经济发展的快慢、好坏等对该城市在交通方面的投入有着重要的影响。与大城市相比，中小城市经济发展的速度较慢，投入到交通中的人、财、物较少，这就要求其不能过分追求和大城市同样的交通体系，而是应当结合当地经济的发展以及现实需要去因地制宜地规划适合当地发展的低碳城市交通体系。

4.环境影响

城市交通是污染物排放的重点领域，如果任其肆意排放而不加以限制，那么就会带来严重的空气污染。因此，在进行城市交通规划时，应注意城市大气环境容量，增加植被覆盖率，满足生态景观保护的需求。

（二）低碳城市交通体系规划影响因素指标选取

1.指标选取的原则

（1）相关合理的原则。能够用于评价的指标有很多，因而指标应当具有代表性，能够最大限度地展现评价对象的特点；同时，要根据项目的实际需要来客观地选取，不能因某些主体立场的倾向性设立。

（2）可操作性原则。所选取的指标应该是能够使整个研究顺利完成的，同时这些指标的数据是可以通过各种资料、网站查到或者能够通过计算得到的，以保证指标数据的可得性。

（3）定性指标和定量指标相结合。在进行相关研究时，除了考虑定性指标之外，定量指标的存在能够使研究更具说服力，因而要将定量与定性的指标相结合，共同描述研究对象，以使研究更加客观、准确。

（4）比对性原则。指标在选取时，除了要有代表性，还要具备普遍性。这些指标不仅要能指导城市交通体系规划，还要可以用于评价该规划的"低碳交通"水平，因而应尽可能地选择使用比对型指标，帮助多个决策单元做好对比探析。

2.指标选取的方法

（1）查阅资料法。在国家数据网、各省市统计年鉴等统计资料中查找相关指标的数据并做好分类整理，对某些需要二次计算的指标进行严谨细致的测算，以保证各项指标数据的相对准确性。

（2）频度统计法。在中国知网等网站中以"绿色交通""可持续交通""生态交通"等为主要关键词，广泛收集关于低碳交通的论文，并做好频数统计，选取出现频次较多的指标作为初步指标集，同时为征求专家意见做好准备。

（3）访谈法。为了使评价指标更加科学合理，采用访谈的方式询问具有多年交通规划经验的专业学者及相关专业教授等的意见，及时完善并确定相关指标。

（4）专家评分法。本文所涉及的定性评价方法中，需要专家对一些子系统或是评价指标进行打分，以获取相关分数，并通过计算得到权重，保证数据科学有效。选用该方法的关键是聘请有经验、有权威的学者或是教授以及设计科学合理的调研问卷。

（5）市场调查法。该方法是向相关群体，如企业职工、高校教师、出行群众等，发放科学易懂的调查问卷，以供其填写，并回收问卷，完成问卷数据整理。

（三）低碳城市交通体系规划影响因素指标体系构建

为低碳城市交通体系规划构建影响因素指标体系时，难免会遇到指标层级与数量如何设置等问题。如果这类问题未能得到有效的解决，相关的框架结构设置不够合理，那么就可能导致各指标间信息重叠、层级过多或过少等，最终造成整个体系构建不科学，而更加深入的研究也就无从谈起。事实上，指标层级和数量并非是越多越好，相反会使所构建的指标体系混乱无序，使评价非常烦冗，并增加研究工作量，使评价结果变得不够准确，也带来了指标重复使用率较低的问题。因此，一套科学合理的指标体系应保持简洁性、易操作性及可重复使用性。

较为完善的影响因素指标体系要涵盖各功能子系统的功能效果指标，这也是绩效评价内容中相当关键的部分。本文将这些影响因素分为四大系统，即低碳目标、交通需求、社会经济状况、环境影响，同时列出了每个系统的功能子系统。

1.低碳城市交通体系规划影响因素各系统的功能效果指标

初始指标经过相应的转化后，获得四大系统的功能效果，如表3-1所示。

表 3-1　低碳城市交通体系规划影响因素指标体系

目标层	准则层	指标层	分指标层
低碳城市交通体系规划影响因素 A_1	低碳目标 A_1	温室气体排放量 A_{11}	CO_2 年排放量 A_{111}
			CH_4 年排放量 A_{112}
			N_2O 年排放量 A_{113}
			HFC 年排放量 A_{114}
			PFC 年排放量 A_{115}
			SFC 年排放量 A_{116}
		温室气体承载力 A_{12}	交通 CO_2 承载力 A_{121}
			交通 CH_4 承载力 A_{122}
			交通 N_2O 承载力 A_{123}
			交通 HFC 承载力 A_{124}
			交通 PFC 承载力 A_{125}
			交通 SFC 承载力 A_{126}
	交通需求 A_2	出行者需求 A_{21}	全市人口密度 A_{211}
			中心城区人口密度 A_{212}
			人口增长速度 A_{213}
			年度客运量 A_{214}
			居民对出行方式接受性 A_{215}
		交通设施状况 A_{22}	人均道路长度 A_{221}
			人均道路面积 A_{222}
			车均道路面积 A_{223}
			人均停车场地面积 A_{224}
			路网密度 A_{225}
			轨道交通线网密度 A_{226}
			公交线网密度 A_{227}
			对外交通状况 A_{228}

续 表

目标层	准则层	指标层	分指标层
低碳城市交通体系规划影响因素 A_1	交通需求 A_2	交通方式现状 A_{23}	万人机动车拥有量 A_{231}
			百户家庭私人客车拥有量 A_{232}
			万人公共汽车拥有量 A_{233}
			公共交通分担率 A_{234}
			轨道交通出行比重 A_{235}
		城市规划状况 A_{24}	城市化程度 A_{241}
			城市自然条件 A_{242}
			城市历史文化 A_{243}
			城市功能布局 A_{244}
			文物古迹、保护区 A_{245}
	社会经济状况 A_3	经济发展水平 A_{31}	国内生产总值 A_{311}
			国内生产总值增长率 A_{312}
			产业结构比 A_{313}
			交通投资占年 GDP 比重 A_{314}
			交通投资年增长率 A_{315}
		政策支持力度 A_{32}	对低碳交通方式支持力度 A_{321}
			城市交通设施投资政策 A_{322}
		实现手段水平 A_{33}	低碳交通信息化程度 A_{331}
			绿色交通方式开发能力 A_{332}
	环境影响 A_4	大气环境容量 A_{41}	废气排放量及变化率 A_{411}
			城市交通二氧化硫承载力 A_{412}
			交通总悬浮颗粒物承载力 A_{413}
		声环境容量 A_{42}	城市交通两侧噪声平均值 A_{421}
			城市交通声环境承载力 A_{422}
		生态景观保护 A_{43}	生物多样性指数 A_{431}
			道路综合景观指数 A_{432}

（四）影响因素指标权重值确定

1.影响因素指标权重值确定方法

指标权重刻画了指标在总体体系规划中的相对重要程度，它取决于决策者的重视程度以及指标自身能够提供的价值。它不只是决策者对该指标所具有的主观意识，同时与指标自身特性息息相关，是对指标进行主观与客观综合衡量后的结果。

如果某一评价涉及多个指标，那么通常选用合成法依照相应的公式对这些指标的价值做出综合评估，以获得更加全面与系统性的结果。合成法分为很多种，可根据实际研究需要选择加权线性合法，将指标进行无量纲化处理，再计算得到指标的综合功能指数。具体公式如下：

$$X = \sum_{i=1}^{n} w_i x_i \qquad (3-1)$$

式（3-1）中，X 为被评价对象得到的综合评价值；w_i 为各评价指标的权重值；x_i 为各指标无量纲化后的指数值；n 为所有指标的总数。

2. 权重的确定

权重选择使用专家打分法来确定。在进行打分之前，先要设计科学合理的调查问卷，再将问卷发给调查对象，使其对问卷中的各项指标进行两两对比并打分，完成之后回收调查问卷并检查问卷的有效性，剔除无效问卷。这样能够尽可能地确保调查结果的合理性。

除了对该权重进行调研之外，还对交通规划的水平、可持续发展理论在其中的应用情况与推行低碳城市交通体系规划的意义等做了调查。据调查数据显示，53.1% 的调查者认为当前我国城市交通体系规划水平比较差。另有超过60% 的调查者认为我国城市交通并未很好地贯彻落实可持续发展思想，其中约43.45% 的调查者认为该思想落实得较差，约 17.24% 的调查者认为很差。此外，在推行低碳城市交通体系规划意义方面，有超过 70% 的调查者认为该举措具有积极意义。

四、低碳城市交通体系规划的关键技术

由低碳城市交通体系规划的基本概念可知，该规划的关键技术包括以下内容。

1. 温室气体低排放评价标准研究

当前，国内外关于城市交通体系低碳发展的研究大多采用的是定性的方法，而定量的研究较为缺乏。因此，这成为低碳城市交通体系规划研究的核心内容。在融入已有的机动车尾气排放模型的基础上，探究城市交通工程在构建全寿命周期的碳排放以及轨道交通在运营期的碳排放结构，并构建相应的碳排放结构模型，可以为评价城市交通体系的低碳水平提供定量研究方法。

2. 城市交通体系社会成本研究

低碳城市交通体系规划的另一目标是以最少的社会成本实现最高的交通效率。这里提到了最少的社会成本，因此有必要探究城市交通的社会成本构成。同时，探究城市对交通投入的能力，并依据自身经济发展与实际特点，在能力范围之内规划城市交通体系。

3. 构建低碳城市交通体系优化模型

该模型的构建要进行全面的考虑，不能仅仅关注低碳发展，过度追求城市环境，更应该关注资源的利用情况以及城市所能够提供的资金限制，为完善城市交通体系规划提供科学合理的研究模型。

第二节 城市交通碳排放结构分析

一、城市交通体系全寿命周期碳排放

（一）城市交通体系概述

本书中提到的城市交通指的是城市客运交通。它依托运输网络以及各种交通工具，将城市的各个功能区串联起来，为人民的生产生活提供服务，连接城乡发展，推动城市经济文化繁荣，是整个城市正常运转必不可少的关键组成部分。现阶段城市交通体系由个体交通和公共交通组成。

在很多城市中，索道、缆车、轮渡存在的可能性很小，所以为了使研究更加方便且具有针对性，以上三种方式不予考虑，最终确定的城市客运交通运输方式如图 3-1 所示。

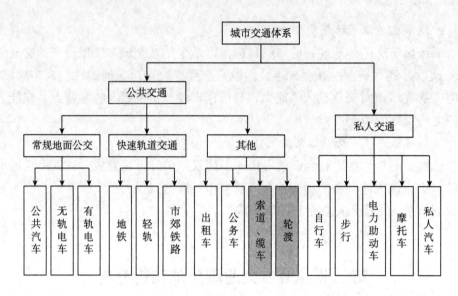

图 3-1 城市交通结构

按照性质不同，城市交通可划分为公共交通和私人交通；按照承载系统不同，可划分为城市轨道交通和城市道路交通。

（二）城市交通体系全寿命周期碳排放结构

"碳排放量"是指城市交通设施建设的全寿命周期及其运行中所排放的温室气体的总量。其中，温室气体主要包括二氧化碳、甲烷、氧化亚氮、全氟化碳、氢氟碳化物以及六氟化硫六类。在计算时，后五类温室气体可以经相应测算公式换算为 CO_2 排放量。依照全寿命周期理论，城市交通设施在建设与运营的过程中都会形成碳排放。轨道交通在许多城市已经得到快速发展与广泛应用，因此城市交通体系不仅要包含道路建设和运营，还要包含轨道交通部分。所以，该体系碳排放结构由轨道交通和道路交通两部分构成，并分别分为建设、运营两个阶段。

（三）城市交通体系全寿命周期碳排放计算思路

在以上论述的基础上，城市交通体系全寿命周期碳排放分为工程全寿命周期碳排放和运营阶段碳排放两部分。下文将对上述两个模型做出简介。

1.城市交通设施（工程）全寿命周期碳排放量测模型

城市交通工程的全寿命周期包含原材料开采、设备生产、规划设计、运行维护等阶段。在建设阶段，碳排放来源于两部分，即建筑材料生产和施工过程。前者的碳排放主要来自化石燃料燃烧、电力消耗转化、原材料间的化学反应；后者的碳排放来自设备使用、二次运输及建筑材料和建筑垃圾运输。

2. 城市交通运营阶段碳排放量测模型

该阶段的碳排放实际上指的是机动车、道路照明等所产生的碳排放。其中，借助相关模型测算出机动车碳排放因子与排放总量是机动车碳排放研究的内容。美国环保局、加州大学河滨分校、国际可持续发展研究中心都对上述内容进行了具体性探究，并取得了不错的成绩，获得了多种类型的模型，如 MOBILE，EMFAC，COPERT，IVE 等。每个模型都有其自身的特征与适用条件。在 20 世纪 90 年代，MOBILE 5 被引入中国，并广泛应用于北京、上海等城市机动车排放因子的计算，产生了显著的效果。基于此，本书选用这种模型。

运营阶段碳排放主要来源于列车运行中的能源消耗以及车站配套设施的运营。轨道交通主要依靠电力驱动，因此可以通过测算电力供应中产生的碳排放来探究城市轨道交通的碳排放。

二、城市交通工程全寿命周期碳排放计算模型

城市交通由道路交通与轨道交通共同构成，在全寿命周期下，两者的排放量大致相同，因此用城市交通工程碳排放研究将其统一概括。

当前，国内关于这方面的探索大都是以建筑能耗作为研究对象，对建材的生产能耗以及建筑运营能耗所做的研究。所以，本书基于当前的研究成果，将能耗作为起点，梳理城市交通工程全寿命周期（土建）的碳排放测算思路。该工程的全寿命周期包括两个阶段：一是建设阶段，包括原材料开采，材料、设备生产和构件加工制造，规划设计，工程施工安装等；二是运营阶段，包括运行维护及拆除处置等。

在建设阶段，碳排放主要来自两个方面：①材料生产阶段，即在材料生产加工的过程中所消耗的能源产生的碳排放。在该阶段，二氧化碳排放来自三部分：一是化石燃料燃烧；二是电力消耗转化；三是原材料间的化学反应。②施工过程，即在施工过程中所使用机具消耗的能源及材料运输所产生的碳排放。该阶段的碳排放来源具体包括机械设备的使用、施工现场的二次运输以及建筑施工垃圾与材料的运输。

（一）建筑材料产生的碳排放

当前，对建筑材料的环境影响包括：①原料在开采过程中对环境造成的损坏；②原料的存量、再生量；③材料再生的难易程度；④开采、加工和生产过程中的废物产生量；⑤开采、加工和生产过程中的温室气体排放量；⑥生产、

加工和使用过程中的有毒物质产生量；⑦生产、加工过程中的能耗量；⑧运输到现场的能耗量；⑨生命周期过程中的维护；⑩生命周期的环境影响；⑪生命周期终止时的拆毁能耗；⑫拆毁建材的可再生性；⑬使用寿命。

基于以上内容可以发现，建筑材料的碳排放主要发生在建筑材料的加工、生产、运输阶段。其中，建筑材料生产阶段由于在原料运输时所产生的碳排放因运输方式与运输距离的不同存在较大差异，同时对原料开采、剥离、精选时所产生的碳排放难以进行准确计算，因此这部分不纳入测算范围。

当前，建筑生产中的碳排放主要来自化石燃料燃烧，而化石燃料燃烧会产生大量的二氧化碳。所以，基于能源的使用量与含碳量能够测算得到二氧化碳排放量。

1. 化石燃烧产生的二氧化碳

这种燃料在燃烧时大部分产生的是二氧化碳，同时伴有一氧化碳等其他有害物质，而这些物质排放的大部分碳会在大气中氧化成二氧化碳。但与化石燃料燃烧相比，它们直接排出的氧化碳量相当少。所以，基于上述分析，在研究中测算氧化碳能使结果更精确。这部分研究是按照联合国政府间气候变化专门委员会（IPCC）提供的方法进行化石燃料碳排放量的测算。其过程如下：

（1）将建筑材料生产所用到的各种化石能源数量做好整理并加以分类统计，以原始单位表示。例如，煤、燃料油、天然气分别以 kg，L，m³ 来表示。

（2）将不同的能源使用量转化为统一的热值单位（TJ）。

（3）将各种不同能源的热值乘相应的碳排放系数（取自 IPPC）。

（4）实际上，化石燃料是无法达到充分燃烧的，因此将碳排放量的初步计算值乘相应的碳氧化率99%（天然气为99.5%）。

（5）将排放的碳转化为对应的氧化碳，便能得到建筑材料生产阶段因化石燃料使用而带来的二氧化碳排放量，如表3-2所示。

表3-2　化石燃料二氧化碳排放量

能源类别	单 位	热值（kcal/单位）	热值转换单位（10-5TJ）	碳排放系数（T-C/TJ）	碳氧化率	CO_2 排放量（千克-CO_2/单位）
煤	kg	7 000	2.9 032	29.45	0.99	3.16
燃气	m³	5 000	2.093	13	0.99	0.988
原油	L	9 000	3.7 674	20	0.99	0.735
液化石油气	m³	6 635	2.77 741	20	0.99	1.734
煤油	L	8 500	3.5 581	19.6	0.99	2.532

续　表

能源类别	单 位	热值（kcal/单位）	热值转换单位（10-5TJ）	碳排放系数（T-C/TJ）	碳氧化率	CO_2排放量（千克-CO_2/单位）
柴油	L	8 800	3.68 368	20.2	0.99	2.701
燃料油	L	9 200	3.85 112	23.7	0.99	3.31
天然气	m³	8 900	3.72 554	15.3	0.995	2.04
汽油	L	7 800	3.6 508	18.9	0.99	2.24
电	kW·h					0.95

注：热值转化单位：1 cal=4.186 J。

数据来源：IPCC Guidelines for National Greenhouse Gas Inventories.

2. 电力消耗转化的二氧化碳

在建筑材料生产过程中，电力是必不可少的，但电能的产生方式多种多样，因而电力生产与消耗引起的碳排放便与产生电力的能源结构息息相关。发电厂按照发电能源的不同分为以下类型。

（1）火力：借助燃烧化石燃料（煤、石油及其制品、天然气等）所产生的热能发电。

（2）水力：借助河水落差产生的势能推动水轮机旋转带动发电机发电。

（3）核能：借助原子反应堆中核燃料裂变释放的热能产生蒸汽发电。

（4）风力：借助风力吹动大型桨叶旋转带动发电机发电。

上述四种方式中，只有火力发电厂燃烧化石能源产生二氧化碳。我国发电方式如表3-3所示。

表3-3　我国发电方式一览表

年　份	总发电量（亿 kW·h）	火力发电量（亿 kW·h）	火力发电量所占比重（%）	水力发电量所占比重（%）	其他发电量所占比重（%）
2003	19 106	15 804.3	82.72	14.8	2.48
2005	24 74T	20 181.2	81.55	16.3	2.15
2007	32 559	27 134.7	83.34	14	2.3
2009	34 334	28 706.7	83.5	14.3	2.2

数据来源：中国年度统计公报。

因此，本书以火力发电为参考，测算节电的减排效益。据相关资料显示，使用 1 kW·h 电能排放 0.95 kg 二氧化碳。所以，将单位材料生产所消耗的电能乘 0.95 便能计算出电力消耗转化的碳排放量。

3. 化学反应所产生的碳排放

由于建筑材料各式各样，因此这些材料在生产阶段的化学反应各有差异。例如，硅酸盐水泥在生产过程中要对熟料进行煅烧，硅酸盐材料的化学反应分解排放二氧化碳。

$$CaCO_3 \xrightarrow{\text{高温}} CaO + CO_2 \uparrow$$

综上，化石燃料燃烧、电能消耗以及化学反应分解三者产生的二氧化碳量之和便是建材在生产阶段所排放的二氧化碳总量。

4. 二次建材的碳排放

二次建材指的是由多种不同类型的建筑材料加工而成的新的建筑材料，如铝合窗就是由铝材与玻璃材料加工制成的二次建材。它的碳排放是由建材的一次加工和建材的二次加工共同产生的碳排放量，详细测算公式如下：

$$y = \sum y_1 + \sum y_2 \tag{3-2}$$

式（3-2）中：y 表示二次建材碳排放量；y_1，y_2 分别表示建材在一、二次加工产生的碳排放量。其中，二次以上建材加工需要将一次建材在运输过程中的碳排放量考虑进去。

5. 建筑材料的可再生性

基于全寿命周期相关理论，在测算建筑材料的二氧化碳排放量时，一定要充分考虑其是可以循环利用的。材料的循环利用指的是尽管材料有一定的损坏，但通过加工处理后仍然能够使用，这样的建筑材料有钢筋、型钢、铝合金型材等，其中部分建筑材料的回收系数如表 3-4 所示。

表 3-4　建筑材料回收系数

型 钢	钢 筋	铝 材
0.9	0.5	0.95

6. 城市交通工程所用的建筑材料产生的碳排放

城市交通工程建筑材料生产过程中产生的碳排放量，详细测算公式如下：

$$X_i = \sum_{i=1}^{n} H_i h_i + Dd + F \tag{3-3}$$

$$V = \sum_{i=1}^{n} B_i \left[X_i (1-\alpha) \right] \qquad （3-4）$$

相关变量释义如表 3-5 所示。

表 3-5　城市交通工程建筑材料生产过程的碳排放变量及相关释义

变　量	含　义	备　注
X_i	第 i 种建筑材料单位二氧化碳排放量	
H_i	第 i 种化石燃料消耗量	
h_i	第 i 种化石燃料单位二氧化碳排放量	
D	电能消耗量	
d	电能单位二氧化碳排放量	
F	化学反应产生的二氧化碳排放量	
V	轨道交通所用的建筑材料在生产过程中排放的二氧化碳量	
B_i	第 i 种建筑材料重量总和	
α	第 i 种建筑材料回收系数	

（二）施工过程中的碳排放

施工阶段是将一些独立的建筑材料以及中间构件等进行更进一步的加工、制造。该阶段的能耗量非常大，能够占到总能耗的 10% ～ 15%，所以也是二氧化碳排放量较多的阶段。

在施工阶段，二氧化碳大部分来自直接或间接使用化石燃料和电能。所以，在整个施工阶段只要涉及各类能源的使用，都会有二氧化碳的排放。

在实际施工中，机具设备使用的数量与类型同建设进度及施工单位现有的技术管理条件息息相关；同时，用于施工的机械设备种类与数量繁多，型号与新旧也各不相同，这些无疑加大了施工阶段碳排放量的测算难度。

为了解决上述问题，可从宏观层面，消除由机械设备型号不同与新旧不一引起的差异，化整为零，根据定额将建筑分解为多个分部分项工程并计算工程量，并与相对应的机械、运输能耗相乘，得到各分部工程、各机械设备的能耗，再与相应能源的二氧化碳排放系数相乘，最后汇总。或者将施工过程中所用到的全部机械、设备、汽车等功率或油耗与相应台班相乘后汇总。

施工过程中的碳排放量详细测算步骤如下。

（1）依照定额计算规则测算建筑工程的工程量。

（2）基于《建筑工程消耗量定额及统一基价表》分类整理出使用的各种机械台班数。

（3）根据《施工机械台班价格》对各种机械每台班所消耗的各种能源量分类做好统计。

（4）将各种机械台班数与对应的每台班所消耗的各种能源量相乘，并做好汇总。

（5）将汇总的各种能源量与对应的单位碳排放量相乘，测得施工过程中的碳排放量。

城市交通施工阶段的碳排放量，详细测算公式如下：

$$N_i = \sum_{i=1}^{n} A_i \times n_i \qquad (3-5)$$

式（3-5）中：N_i 为第 i 种能源的使用量；A_i 为第 i 种机械使用的台班数；n_i 为第 i 种机械每台班所使用的第 i 种能源量。

$$C = \sum_{i=1}^{n} N_i \times \beta_i \qquad (3-6)$$

式（3-6）中：C 为轨道交通施工过程中的碳排放量；N_i 为第 i 种能源的使用量；β_i 为第 i 种能源单位碳排放量。

三、城市交通运营阶段碳排放

按照城市交通工程的不同，该阶段的碳排放分为城市道路交通和城市轨道交通。下文将对这两部分的计算模型分别进行简要介绍。

（一）城市道路交通运营阶段碳排放计算模型

该阶段碳排放基本来自机动车的尾气排放、道路夜间照明、指示等。其中，道路夜间照明、指示等系统所使用的电能根据发电的不同类型以及相对应的方式方法测算得到相应的碳排放。机动车的碳排放借助估算城市机动车排放因子及排放总量的模型来计算，这是进行机动车碳排放研究的关键环节。这类模型在国外发展得较为完善，已有 MOBILE，EMFAC，COPERT，IVE 等模型，而我国相关研究发展得不够充分，因此需要引用其他国家较为成熟的模型进行相关研究。然而，由于各模型所适用的条件与范围存在较大的差异，如果选择的模型与研究不相适应，那么就会使测算结果不准确。基于本书的研究内容，选用与本研究相适应的模型进行计算。

（二）城市机动车运行中碳排放模型的选择

通过查阅相关文献并根据当前国内外研究现状，整理出现有评价模型有以下几种分类方法。

1. 根据模型的原理划分

根据模型原理的划分方法，主要依据表征参数的不同，可以划分为平均速度类模型和行驶工况类模型。前者以 MOBILE，EMFAC，COPERT 等模型为代表，将平均速度作为污染表征参数，利用更正后的排放因子与行车公里数相乘，计算出污染物排放总量。

后者的使用要以机动车瞬时的行驶状态为基础，经过测验工况即时的速度、加速度等，测算中观或微观每秒污染物的排放和油耗，典型的代表是 IVE 和 CMEM 模型。

2. 根据污染物和参数之间的关系划分

根据污染物和参数之间的关系，可分为数学关系模型和物理关系模型。前者在测得逐秒的测试数据的前提下，选择用不同的数学方法构建参数与污染物排放的瞬时关系，如 MOVES 的机动车比功率（VSP）等。后者主要通过构建发动机瞬时状态与污染物排放之间的物理关系来测算污染物瞬时排放量，如 CMEM 模型。

3. 根据结果和用途划分

根据模型的主要用途，可以将现有模型划分为宏观模型、中观模型和微观模型三类。

（1）宏观尾气评价是以平均速度的排放因子作为前提条件的，选用集计手段获取对应地域范围内的排放情况。根据排放因子和车辆行驶参数以及相应的测算公式能够计算得到排放总量。这种评价方法广泛用于市级以上的规划与尾气分析中，代表模型有 MOBILE，EMFAC，CORPERT 等。

（2）中观评价得到的是较小地域范围内的排放总量。它评价的重点在交通改善方面。虽然微观评价中也会涉及这一分析，但在交通规划实施效果评价及其相应预算分析方面，依然需要探究中观层面的联系和分析。这类模型的代表有 MEASURE，INTEGRATION 等。

（3）与上述两种评价相比，微观尾气评价适用于更小的地域范围，是对特定交通走廊或交叉口的排放分析。它的典型特征是可以用来评估每秒的瞬间尾气排放量。同时，在该评价测算过程中，要输入每辆车的瞬间行驶工况参数，如瞬时的行驶速度及加速度等，适合对交通的改善情况和工程水平进行评价。典型的微观尾气模型有 CMEM，ONROAD 等。

比较各个模型发现，与其他模型相比，MOBILE 模型具有较强的适用性，更有利于我国当前的研究。MOBILE 模型的优势有很多，但最重要的是它完备的数据以及成熟的技术。也正因如此，它在国内广受欢迎，可以在宏观角度上测算机动车排放量。正是这些实践为国内更好地应用该模型提供了宝贵经验，并且该模型所涉的修正参数库已经达到相应的规模，这表明该模型能够在国内应用。

由于 MOBILE 6.2 能预测出排放因子并被 COMMUTER 读取，因此选择用 COMMUTER 模型来估算城市交通管理控制措施对交通排放的影响。

（三）MOBILE 6.2 和 COMMUTER 模型介绍

1. MOBILE 6.2 模型

MOBILE 模型是由美国环保局研发的，以标准测试规程下的台架测试数据为基础，用来测算宏观层面下的机动车平均排放因子的模型。该模型的模拟步骤为，依照联邦测试步骤 FTP 和补充联邦测试步骤 SFTP 测试获得排放控制水平，即 ZML 和 DR，得到机动车单车在标准状况下的基本排放因子 BEF，根据以上计算结果并按照现实情况下各影响因素同标准工况的差别，修正基本排放因子，最终获得实际运行状况下的排放因子。

MOBILE 模型可以测量 1952–2050 年间 28 种机动车 HC，CO，CO_2，CO，NOx 等污染物的平均排放因子。

MOBILE 6.2 模型在测算基本排放因子时，主要是在下述条件下进行相关假设的：①当行驶距离不断增加时，基本排放因子呈现线性劣化的趋势，劣化曲线的截距和斜率分别是零公里排放因子和劣化率；②同一时期生产或选用同样的排放控制技术生产的同类型车辆，排放水平类似。

基本排放因子公式如下：

$$BEF = ZML + DR \times M \qquad (3-7)$$

式（3–7）中：BEF 为基本排放因子（g/ 千米）；ZML 为零公里排放因子（g/ 千米）；DR 为劣化率（g/ 千米 $\times 10^4$ 千米）；M 为实际总行驶里程。

模型受到环境参数、油品、国家政策法律等多种因素的影响，且影响作用千差万别。为了减少结果误差，将上述因素转化为修正参数，用来修正基本排放因子。公式如下：

$$EF = SUM[BEF, AC, V, L, U, F] \tag{3-8}$$

式（3-8）中：SUM 为下述物理量的综合断数；EF 为实际的排放因子；AC 为空调装置修正参数；V 为速度修正参数；L 为负载修正参数；U 为拖车修正参数；F 为温度、湿度、热启动/冷启动等其他修正参数。

经过测算获得各类型的车辆在不同时期的排放因子，按照各车型的登记分布和行驶里程分布进行加权平均，便能够获得各车型的综合排放因子。

CO_2 排放因子公式如下：

$$f_{CO_2} = \left[\left(C_{fuel} - f_{THC} \right) \times 0.87 - f_{CO} \times 0.42 \right] \div 0.273 \right] \tag{3-9}$$

式中：C_{fuel} 为某一类型车的燃油消耗量（g/千米）；f_{THC} 和 fco 为 THC 和 CO 的排放因子（由 MOBILE 6.2 模式确定）；0.87、0.42、0.273 为燃料、CO 和 CO_2 的含碳量。

2. COMMUTER 模型

COMMUTER 模型主要是用来测算城市交通所采取的一系列管控举措对交通和排放影响的模型。它分为两部分，即交通流量影响模块和排放模块。

前者选择 LOGIT 模型的方法进行测算。该部分用来测算交通分担方式发生改变的影响，并将此影响转换为 VMT（测量行驶里程）。在实际操作中，将分担方式输入 COMMUTER 的相应模块中，并对其进行测算。

后者是基于 MOBILE 6.2 模型进行测算的，这是因为 MOBILE 6.2 模型能测算得到排放因子并被 COMMUTER 模型识别。需要说明的是，在设置本地环境这一模块中，可以选取最适合测量地区的环境。该模型基于相应的排放因子测算并得到排放影响的变化量。

COMMUTER 模型在具体使用中有两种方式：第一种是在已经了解交通分担量的具体变化的情况下，直接输出由此带来的排放量的变化；第二种是通过实施五种交通措施（具体为工作地方便措施、公共交通服务促进措施、财政刺激措施、雇员支持系统、交替工作表）使城市或地区交通分担量发生改变，同时导致排放量发生改变。

COMMUTER 模型交通模块的核心内容是 LOGIT 模型。在 LOGIT 模型中，出行者出行时总是会选用对其效用最大的交通方式，即遵循效用最大化原则。模型能够测算出行者选择各种交通方式的概率，并以出行者往往选择概率最高的方式作为假设。当该方法作用在群体出行时，便称为方式分担。

（1）LOGIT 模型：每种交通方式分担受其他方式存在和吸引度的影响，所有方式分担的总概率为 100%，选择其中一种交通方式的概率 m 为：

$$P(m) = \frac{e^{U_m}}{e^{U_1} + e^{U_2} + \cdots + e^{U_i}} \qquad （3-10）$$

式（3-10）中：$P（m）$ 为交通方式的分担率；U_m 为交通方式的效用；$U_1 \sim U_i$ 为他可供选择的交通方式的效用。

U 指效用，是关于出行所花费的时间与费用等的线性函数。系数是基于调查问卷所收集的数据，并对该数据进行统计回归测算得到的。回归数据一般选择最佳曲线。

具体公式如下：

$$U_m = A(\text{时间}) + B(\text{费用}) + C \qquad （3-11）$$

式（3-11）中：A，B 为时间和费用变量的权重系数；C 为常数，表示不包括时间和费用在内的其他效用值。

（2）Pivot-point 方式下的 LOGIT 方法：COMMUTER 模型选用的 Pivot-point 方法是一个所需参数较少的 LOGIT 方法。该方法并非用于测算交通方式分担状况，而是用于测算交通系统参数的改变会对现有的交通方式分担模式带来何种变化。

对 $P（m）$ 求导得：

$$\dot{P}(m) = \frac{P(m) \times e^{-\Delta U(m)}}{\left[\left(e^{-\Delta U(m)} - 1\right) \times P(m) + 1\right]} \qquad （3-12）$$

式（3-12）中：$\dot{P}（m）$ 为新的分担率；$P（15）$ 为原来的分担率。

从上述公式能够发现，原始 $U(m)$ 的系数和 $P(m)$ 去顶之后，便能得到。

第三节　低碳交通体系优化模型的构建

一、低碳城市交通体系优化机理介绍

城市客运交通系统由交通供给、交通需求和相关的制度框架构成，它们相互联系、相互影响。城市经济的发展水平是影响交通需求的决定性因素，交通供给是在相关制度的约束下由交通系统提供的。

三者间的相互关系如图 3-2 所示，其中 S_0 和 D_0 分别为社会系统在有效的制度 IF_0 下取得原始平衡状态时的供给 S 和需求 D。

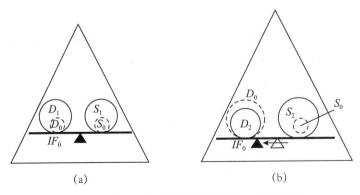

图 3-2 城市客运交通系统三部分之间的关系

图 3-2（a）是城市客运交通系统在遇到供求关系问题时所提供的传统解决方案，图 3-2（b）是基于可持续发展战略，借助有效的制度和方法来解决问题的方案。在图 3-2（a）中，即在传统解决方案中，主要采取较为常规的举措来解决问题，如建设新项目、完善相应的交通基础设施，同时利用各种经济技术手段及已有的交通设施等最大限度地满足不断增加的出行需求。然而，这种方法并不能够从根本上解决问题，在生活水平不断提高的情况下，人们的出行需求逐渐旺盛，若是无法满足这些需求，就难以解决交通供求关系不平衡的问题，不仅会影响城市经济发展，也不利于营造良好的城市环境。在图 3-2（b）中支点是用来完善城市客运系统结构时采用的方法。该方法在环境等因素的限制以及相关政策的引导下，依托调节交通系统的供给 S_2 以缓解交通需求 D_2，进而推动城市交通系统朝着平衡状态的方向发展。该方案是当前完善已有城市客运交通结构卓有成效的方案。

二、低碳城市交通体系优化模型的构建

该模型实际上就是按照可持续发展的交通体系，它需要满足人们的交通需求。核心是温室气体的低排放，并能够在投入最少的人、财、物之后，达到交通效率最大值，使其能够与城市环境及土地规划相协调、相适应，同时让各种交通方式相得益彰，共同发展。因此，我们以城市交通体系全寿命周期碳排放最低为目标，对可持续发展的影响为主要约束条件；另外，满足交通需求、成本约束也是重要的一方面。

（一）低碳城市交通体系优化模型构建假设

该模型能够为交通部门在决策时提供参考，因而构建模型时要基于以下

假设。

（1）研究城市为相对封闭的系统，不考虑城市间的各种客运交通方式。

（2）忽略城市间交通对城市本身的污染影响和资源的消耗。

（3）本书所研究的交通出行方式已确定。

（二）低碳城市交通体系优化模型构建

低碳城市交通体系优化模型公式具体如下：

$$\max z = \sum_{i=1}^{n} c_i \times T_i \qquad (3-13)$$

$$\max EC_j = \sum_{i=1}^{n} EC_i \times T_i \qquad (3-14)$$

$$\text{s.t.}\begin{cases} \sum_{i=1}^{m} x_i \geqslant D \\[2mm] \sum_{j=1}^{m} CR_j \times L_j \leqslant EC \\[2mm] \sum_{i=1}^{m} P_{ij} \times x_i \leqslant EC_j \\[2mm] \sum_{j=1}^{n} l_j \times y_j \leqslant LR \\[2mm] \sum_{i=1}^{n} e_i \times x_i \leqslant ENC \\[2mm] \dfrac{\sum_{i=1}^{m} v_i \times x_i}{\sum_{i=1}^{m} x_i} \cdot{}^* t \geqslant R \\[2mm] 0 \leqslant x_i^{\min} \leqslant x_i \leqslant x_i^{\max} \\[2mm] G \times (1-\varepsilon) \leqslant \sum_{i=1}^{m} \dfrac{x_i}{h_i} \leqslant G \times (1+\varepsilon) \end{cases} \qquad (3-15)$$

1. 目标函数

低碳城市交通结构优化的主要目标之一是最大限度地提高城市交通运输总效率，使其达到最优。此外，还要考虑达到低碳目标，即所有交通方式排放的污染物总量不能超过城市环境容量。因此，该模型的第二个目标就是使交通污染物排放总量最小。最终的目标函数确定如下：

$$\max 2 = \sum_{i=1}^{n} c_i \times T_i \qquad (3-16)$$

$$\min EC_j = \sum_{i=1}^{n} EC_i \times T_i \qquad (3-17)$$

变量及相关释义如表 3-6 所示。

表 3-6　变量及相关释义

变量	含　义	单　位
z	各种交通方式综合运输效率	人·千米
C_i	第 i 种交通方式所承担的客运周转量权重	
T_i	第 i 种交通方式所承担的客运周转量	人·千米
I	城市客运交通方式的类别	
EC_j	城市客运交通第 j 种污染物排放总量	g
EC_i	第 i 种交通方式综合排放因子	g/（人·千米）

2.约束条件

该模型主要考虑以下八个约束条件。

（1）城市居民的出行需求约束。该约束条件是指所有交通方式能够承担的客运周转总量应当能够达到市民不断增长的出行需求。其中，城市居民交通需求总量量化计算主要采用简略法。因其计算简单，具体公式如下：

$$D = T \times ND \times \frac{R}{NR} = T \times ND \times \sqrt{\frac{A}{NA}} \qquad (3-18)$$

变量及相关释义如表 3-7 所示。

表 3-7　变量及相关释义

变量	含　义	备　注
D	城市居民交通需求总量	人·千米
T	规划年城市居民出行发生总量	

变量	含 义	备 注
ND	现状居民的平均出行距离	
R	规划年城市的等效半径	
NR	现状城市的等效半径	
A	规划年的城市用地面积	
NA	现状的城市用地面积	

（2）城市财政实力约束。当一个城市在进行交通体系规划的过程中，不能一味地、盲目地谋求低碳发展，而忽视了当地的现实情况，应当以城市自身的发展水平和自身财政实力为基础。当一个城市经济发展水平较高时，其财政收入相应较高，那么能够投入交通规划中的人、财、物就更为充足，可以更好地落实城市交通体系规划方案。因此，城市的财政实力是城市交通体系规划应考虑的重要前提之一。

（3）城市交通环境容量约束。这里提及的城市交通污染物不包括"碳"，它的排放量受到城市交通环境容量的限制。在约束条件中，P_{ij} 为第 i 种交通方式第 j 种污染物的排放因子，该数值能够用 MOBILE 模型测算得到；EC_j 为城市交通第 j 种污染物的环境容量。

（4）城市道路资源约束。在约束条件中，l_j 为第 j 种交通工程的动态占地表面积，参数 LR 为规划年的城市交通工程面积。

（5）城市交通的能耗约束。城市交通进行优化升级的重要基础是在城市交通能耗的承载力范围之内。约束方程中 e_i 为规划年第 i 种交通方式的能耗因子。本书通过查阅各种资料，总结整理出相关数据，结果如表 3-8 所示。ENC 为规划年城市客运交通方式分担的能耗最大值，其测算公式如下：

$$ENC = 1.8 \times 10^4 \times 规划年人口数 \text{ (MJ)} \tag{3-19}$$

表 3-8　各种交通方式能源消耗因子 单位：MJ/（人·千米）

交通方式	轨道交通	公共汽车	出租车	私家车	摩托车	自行车	步 行
能耗因子	0.322	0.714	5.99	2.795	1.495	0	0

（6）城市交通可达性约束。城市交通规划要确保市民能在合理的时间内到达目的地，这就是可达性。约束方程中参数 T 代表第 i 种交通方式的平均速度；R 为规划年城市等效半径；T 表示规划年城市居民的平均出行时间预算，约 30～45 分，为单程出行时间。

（7）各种交通方式的发展规模约束。各种交通方式的发展前景以及当前已有的规模，也是需要考虑的重要因素之一。该约束条件主要受城市所拥有的各类资源、居民出行需求、交通工具发展水平以及经济运距等的影响。约束方程中的 X_i^{min}，X_i^{max} 分别代表各个交通方式在规划年能够承载的客运周转量的最小值与最大值。

（8）城市交通客运周转量与出行人次的关系约束。城市客运周转量作为模型中的决策变量，需要探究其与城市居民出行总频数间的关系。约束方程中的 G 表示规划年城市居民的出行总量；ξ 为误差范围，通常取 5%；h_i 代表第 i 种交通方式的平均出行距离，它可以通过以下公式确定：

$$h_i = h_i^{'} \times \sqrt{\frac{A}{NA}} \qquad (3-20)$$

式（3-20）中：$h_i^{'}$ 为第 i 种交通方式现状的平均出行距离。

（三）低碳经济下城市道路等级级配优化

1. 城市道路网结构特征

城市道路依照其在整个城市交通的地位、功能以及对沿线建筑物提供的服务功能分为快速路、主干路、次干路和支路。路网等级结构指的是上述四种道路长度在整个城市交通网中所占比例的相对比值。1995 年颁布的国家标准《城市道路交通规划设计规范》（GB 50220-95）中对上述比值做了详细规定，从快速路到支路依次为 1：2：3：7，大致展现出金字塔形结构，即随着道路等级的增加，其比重不断减小。此外，该规范还规定了影响城市道路网规划的经济方面的指标，如道路网密度、交通量、道路通行能力及路网等级结构。同时，规定了不同等级的城市道路应该具备的功能。

（1）快速路：快速路与其他干路构成系统，与城市对外公路有便捷的联系；快速路上的机动车道两侧不应设置非机动车道，机动车道应设置中央隔离带；与快速路交汇的道路数量应严格控制；快速路两侧不应设置公共建筑出入口；快速路穿过人流集中的地区，应设置人行大桥或地道。

（2）主干路：主干路上的机动车与非机动车应分道行驶，交叉口之间的分隔带与非机动车的分隔带宜连续；主干路两侧不宜设置公共建筑出入口。

（3）次干路：次干路两侧可设置公共建筑物，并可设置机动车和非机动车的停车场、公共交通站点和出租车服务站。

（4）支路：支路应与次干路和居住区、工业区、市中心区、市政公用设施用地、交通设施用地等内部道路相接；支路可与平行快速路的道路相接，但不得与快速路直接相接；支路应满足公共交通线路行驶的要求。

（四）城市道路网合理结构分析

城市道路等级比例的配置对城市道路网规划有着不可忽视的影响，下面对其具体实施流程进行简要介绍。

1. 各级道路单位长度提供的周转量计算

各等级道路子系统的单位长度所能提供的周转量如下：

$$N_t = 2N_{oi}k_{1i}k_{2i}k_{3i}k_{4i}k_{5i}n_i / k_{6i} \qquad (3-21)$$

（1）N_{oi} 为等级为 i 的道路理论通行能力。该能力指的是在气候、交通条件以及车辆行驶速度保持正常状态时，一条道路在单位时间内能够经过的车辆或行人数量。该能力是判断一条道路发挥作用的大小以及是否出现交通拥堵的标准，以一条车道为单位。从理论层面来看，该能力是假设车辆行驶速度保持不变，车辆间存在最小安全距离，并接连行驶，每小时可以经过车辆的最高值。单车道理论通行能力如表 3-9 所示。

表 3-9　单车道理论通行能力

道路类型	快速路	主干路	次干路	支路
单车道理论通行能力（pcu/h）	1 800	1 730	1 640	1 380

（2）k_{1i} 为等级为 i 的道路平均饱和度，取值为 0.6。

（3）k_{2i} 为等级为 i 的道路车道宽度影响修正系数，如表 3-10 所示，综合取值为 0.9。

表 3-10　车道宽度影响修正系数采用值

车道宽度（米）	2.5	3.0	3.5	4.0	4.5	5.0	5.5	6.0
k_{2i}	0.50	0.75	1.0	1.11	1.2	1.26	1.29	1.30

（4）k_{3i} 为等级为 i 的道路交叉口修正系数，规范推荐的取值如表 3-11 所示。

表3-11 交叉口折减系数

道路类型	快速路	主干路	次干路	支 路
k_{3i}	0.9	0.7	0.5	0.4

（5）k_{4i}为等级为i的道路自行车影响修正系数。自行车的行驶对机动车行驶存在一定的影响，但这种影响并非是单一条件下所产生的，而是分为是否有分隔带以及自行车道能够承载的车辆的多少。其取值如表3-12所示。

表3-12 自行车影响修正系数

道路类型	快速路	主干路	次干路	支 路
k_{4i}	1	1	0.9	0.8

（6）k_{5i}为路线平均使用频率系数。基于车辆驾驶员对行驶路线的熟识程度和在车辆行驶时的方向偏好，以及行驶路线所在的崎岖程度等考虑，该数取值为 0.7 ~ 0.8。

（7）n_i为等级为i的道路平均车道数修正系数，其取值如表3-13所示。

表3-13 车道数修正系数

车道数	1	2	3	4
n_i	1	1.87	2.60	3.20

（8）k_{6i}为方向不均匀系数，其取值如表3-14所示。

表3-14 道路方向不均匀系数

道路等级	快速路	主干路	次干路	支路
k_{6i}	1.2	1.2	1.1	1.0

根据以上内容能够测算得到各级道路单位时间、单位长度所能提供的周转量，如表3-15所示。

表 3-15　各级道路单位时间、单位长度所能提供的周转量

道路等级	快速路	主干路	次干路	支路
单位长度周转量（pcu·千米·h·千米）	3 033	2 210	1 016	334

2. 机动车出行距离分布特征

无论是国外还是国内，对该问题的探索都不算多，当前较为成熟的研究成果有两种，分别是 1999 年西南交通大学的陈尚云提出的二阶爱尔兰分布模型和 1995 年吉林大学的刘伟平提出的负指数分布。但是这两种成果，无论是实验型还是理论推导型的研究方法，都具有一定的局限性。以上述理论为基础，曲昭伟构建了居民出行分布模型。道路等级级配的主旨内容是居民出行距离分布特征，只有获得了比较可信的距离曲线时，它的配置才拥有坚实的理论指导。

经推导，出行距离的概率分布函数如下：

$$F(r) = 1 - \exp\left(-0.5\lambda r^2\right) \tag{3-22}$$

密度函数：

$$f(r) = \lambda r \exp\left(-0.5\lambda r^2\right) \tag{3-23}$$

其中，参数选择使用以瑞利分布函数作为基本函数的形式进行拟合。各城市的机动车出行距离分布曲线选用 Origin 系列软件进行测算得到。之后，选择对影响因素进行多元线性回归，得到城市机动车出行距离分布函数。其中，影响因素包括城市使用土地资源的规模、城市形状以及城市客运交通结构（交通政策、居民收入、城市人口年龄结构）。此外，瑞利分布函数的期望平均值与机动车平均出行距离如下：

$$E(r) = \int_0^\infty \lambda x^2 \mathrm{e}^{\left(-\lambda x^2/2\right)} \mathrm{d}x = \sqrt{\frac{\sqrt{I}}{2\lambda}} \tag{3-24}$$

3. 各级道路间距和密度的确定

通过查找城市规划相关文献并对其进行分类整理，得到当前各级道路间距和密度的现实情况，或者采用规范的推荐值。

第四章　基于低碳理念的新区公共交通规划研究

第一节　新区公共交通需求预测

一、新区交通规划的特点

新区规划定然与已有的建成区不同，随着时代的发展，人们的一些交通需求及生活理念在逐渐改变，新区规划建设自然也会更符合现在这个时期的理念需求，这也就意味着新区规划建设与旧城区定位存在着实质上的不同。也正因如此，在规划建设旧城区时所运用到的一部分方法与新区规划不相适应，新区的规划建设具有其自身特征，新区交通规划亦是如此。其特征如下。

（1）新区能够开发的土地资源较多且价格低，具有较大的开发潜力。

（2）新区路网还未形成，能够依照城市总体规划对其因地制宜地设计布局。

（3）新区建设可操作性高，涉及拆迁等问题的概率很小。

（4）新区在交通需求方面的资料不够齐全，尤其是相关数据，但交通规划大部分是依照土地资源的实际利用状况开展的，科学恰当的交通规划能够指引土地资源的利用与开发。

（5）新区交通规划更加关注城市的可持续发展，因而规划设计更注重令人舒心的环境建设。

（6）新区交通规划引入绿色交通的理念，为人们带来了更加惬意可人的环境。

二、出行生成预测影响因素分析

（一）出行产生影响因素

依据查询相关文献对该问题进行综合梳理与统计得到，出行产生受到各种因素的影响，城市经济的进步状况不单单是城市经济等方面的刻画，还能够确定城市的基本职能；城市居民的年龄分布在短时期内基本没有变化，同时相关的法律法规能够确定工作和学习的时间制度同样不发生改变。在确定这些影响因素之后，通过更进一步的辨析来定位核心因素，从而构建对应的出行生成预测模型。

（二）出行吸引影响因素

出行吸引力的高低与出行者所居住的交通小区用地性质的土地面积、可提供的就业岗位数息息相关。在实际研究中，一部分研究者直接选择用地性质出行产生率法进行出行产生预测，另一部分研究者先预测可提供的就业岗位数，再选用不同岗位的吸引率做出预测。这两种预测方式有一个共同的不足，即无法呈现不同交通小区的吸引特性。经过实践验证，尽管土地利用性质、就业岗位数均一致，但由于其所在城区不同，其交通吸引量必然是存在差异的。除此之外，小区的区位、用地情况、交通可达性、在城市中的地位、建筑情况等同样是需要考虑的影响因素。

（三）基于人口和土地利用的新区交通需求预测模型

1.人口和土地利用与城市交通之间的关系

人口密度大以及土地利用率高是城市空间的显著特征，人们在各种功能区进行丰富多彩的活动。城市内部多样化的功能分区能够满足人们多元化的需求，然而每种分区的功能并非是完备的，定然有部分需求在其分区内难以得到满足，因此为了能够满足这些需求，需要同其他区域进行沟通，这便使城市交通需求应运而生。城市客运交通与土地利用和人口分布间的关系密不可分。前者是城市各分区间的人员进行空间交流的成果。单位土地上的居住人口数在一定程度上反映了该块土地能够产生的交通需求。

城市土地利用和城市交通相互作用、相互束缚又相互反馈。首先，前者不仅催生了交通需求，还对交通需求总量和交通方式的构成产生了关键性影响，同时决定了整个城市交通体系的构成。各类土地利用方式要与其交通方式相适应。例如，如果一块土地的利用密度高，该块土地的建筑物会更加密集，人员流动量大，那么在该块土地上就更适宜建设轨道交通，这主要是由于该种交通方式所承载的人流量大；而如果一块土地的利用密度低，那么其范围内的交通方式就更加自由。其次，后者的实际运转程度不仅会对前者的空间布局结构产生影响，还会对其发展规模发挥作用。最后，后者的可达性是影响城市功能区布局的关键性因素。正因如此，城市中的许多商场等都围绕干道布局，整个城市也在沿着道路的布局而发展。前者的空间结构与后者的系统空间布局相辅相成、相互影响。前者为后者提供了可靠的依据，而后者在一定程度上影响着前者的方向和格局。从城市可持续发展的层面来看，两者相得益彰，彼此成就。只有彼此配合、各取所长，使城市土地利用规划和交通规划达到统一发展，从宏观层面筹备策划，微观层面彼此协作，才能够促进城市土地利用、城市交通朝着更加合理的方向发展。

2. 交通区位土地利用的量化分析

城市内部交通区位基本可分为中心区、过渡区和外围区。交通分区的差异性使其呈现出的区位优势明显不同，基本上从外围区向中心区不断增强。中心区各类社会活动层出不穷且形式多种多样，设施建设比较完备，中心区位优势最强，集聚性最为显著；而外围区却与之相反，区位优势不显著；过渡区则处于两者之间。但以上规律并不是一成不变的，尽管一些小区处于外围区，但鉴于其某项功能非常特别，所以其仍然拥有较明显的区位优势。基于上述分析，我们认为交通小区的区位优势主要受两部分影响：一是交通小区的地理位置以及其与其他小区的关系，二是小区内部土地利用的特点。

本书选用区位势能对各类型交通区土地利用的区位优势进行量化探究。它实际上是交通区对出行产生和吸引能力高低的量化，与交通可达性、土地利用聚类呈正相关。为了能够更加深入地解释区位势能，引入了综合聚集规模。它能够总结概括出经济活动的质和量的二重性。其含义如下。

（1）综合聚集规模因子 M，表示各小区土地利用整体聚集规模的值。

（2）聚集规模质因子 q，表示土地利用整体聚集规模质的值，衡量各小区经济活动聚集规模的质。

（3）聚集规模量因子 s，表示土地利用整体聚集规模量的值，衡量各小区经济活动聚集规模的量。

交通区用 i 表示，土地利用区位势可用 LP_i 表示，相对区位势能 Y_i 是交通区 i 的区位势与城市标准交通区区位势 LP_0 的比值，其表达式如式（4-1）所示：

$$Y_i = LP_i / LP_0 \qquad\qquad (4-1)$$

区位势 LP 的表达式如式（4-2）所示：

$$LP = kb^\beta a^\alpha (q \cdot s)^\delta \quad\quad （4-2）$$

以上公式中的变量类型及相关释义如表 4-1 所示。

表 4-1 变量类型及相关释义

变 量	含 义
LP	区位势
k	比例系数
b	其他因素
a	交通可达性
q	聚集规模质因子
s	聚集规模量因子
β	其他因素对区位势影响系数
α	交通可达性对区位势的影响系数
δ	综合聚集规模因子对区位势的影响系数

将式（4-2）带入式（4-1），得到式（4-3），如下所示：

$$Y_i = kb_i^\beta a_i^\alpha \left(q_i \cdot s_i \right)^\delta / kb_0^\beta a_0^\alpha \left(q_0 \cdot s_0 \right)^\delta \quad\quad （4-3）$$

为便于测算，令 b_i^β 和 b_0^β 相等，则 $a_i^\alpha / a_0^\alpha = A_i$，$q_i / q_0 = Q_i$，$s_i / s_0 = S_i$，式（4-3）可简化为式（4-4），如下所示：

$$Y_i = A_i^\alpha \left(Q_i \cdot S_i \right)^\delta \quad\quad （4-4）$$

利用式（4-4）能够测算出各交通小区区位势能。

三、基于人口和土地利用的新区交通需求预测模型

影响出行生成的因素林林总总，在对旧城区做相关预测时会出现考虑不全面的状况，对其逐一量化更是困难重重。因为新区交通资料不够充分，所以本书根据新区的实际情况及其自身特征将新区土地利用情况及其人口分布情况作为预测模型的主要影响因素，其他影响因素则简要处理。事实上，在诸多因素中，土地利用类型及工作岗位分布等所产生的影响最大。如今新区能够提供的就业机会非常有限，分布情况通过详细的调研就能够熟悉了解，然而当新区的

发展与配置越发完善时，工作机会与就业岗位便会不断增多，其分布情况必然会随之发生显著改变，从而使数据搜集与获取的难度加大。所以，本书在构建出行吸引模型时，以土地利用类型的出行吸引率为核心，弱化工作岗位分布等影响因素。

在将人口与土地利用纳入考量范围后，交通需求预测模型构建的主要思路是结合各交通小区人口和土地利用的实际情况与特点，遵循相应的标准，将交通总量分派给各交通小区。由于影响出行产生和吸引的因素存在差异，因此其所构建的模型也各不相同。其中，前者的预测建模更关注各小区人口分布及居民出行强度等因素；后者的预测建模更注重交通小区各土地用地类型的面积分布及各用地类型的交通吸引权重。两者在构建模型时都引进了交通区位势，用来探求交通小区土地利用和交通可达性对出行产生的影响。

本文将人口分布和出行强度纳入考量范围，并在引入区位势的基础上展开出行生成预测，其预测模型如式（4-5）所示：

$$O_i = Y_i^g k_p x_i \qquad (4-5)$$

式（4-5）中：O_i 为交通区出行生成量（次/天）；Y_i^g 为交通区出行生成区位势；k_p 为城市居民平均日出行次数（次/人（天））；x_i 为交通区人口数（人）。

本书考虑交通区不同土地利用类型面积分布及交通吸引权重，并在引入区位势的基础上展开出行吸引预测，其预测模型如式（4-6）所示：

$$D_i = Y_i^a \sum_j k_{aj} x_{ij} \qquad (4-6)$$

式（4-6）中：D_i 为交通区出行吸引量（次/天）；Y_i^a 为交通区出行吸引区位势；k_{aj} 为交通区第 j 种土地利用类型的吸引权重（次/万米²）；x_{ij} 为交通区第 j 种土地利用类型的面积（m²）。

在同一城市中，各交通小区间出行吸引总量与出行生成总量是基本持平的，然而在预测出行需求的实际运算中，常常将两者分开测算。由于对两者产生作用与影响的要求是不一致的，所受到的影响因素不同，因此它们所构建的预测模型自然也是存在差异的。但是不管选用何种模型，其预测结果难免会出现偏差，造成各小区出行吸引和生成总量不相等。在这种情况下，应当对两者做出均衡化处理。本文将新区视为一个整体，预测其交通生成总量，并作为平衡的控制总量。新区整体出行生成量选择居民出行强度和人口数进行预测，其预测模型如式（4-7）所示：

$$P = x \cdot k_p \qquad (4-7)$$

式（4-7）中：P 为新城区整体出行生成总量（次 / 天）；x 为新城区目标年总人口数（人）；k_p 为新城区目标年居民出行强度（次 / 人（天））。

新区出行生成及吸引量的平衡方法如式（4-8）、式（4-9）所示：

若 $O_i \neq P$，则 $\qquad\qquad O_i = PO_i / \sum_i O_i$ $\qquad\qquad$ （4-8）

若 $D_i \neq P$，则 $\qquad\qquad D_i = PD_i / \sum_i D_i$ $\qquad\qquad$ （4-9）

四、新区交通方式划分及交通分布组合预测

传统四阶段预测法在对交通分布和交通方式预测时将其分开进行，它在实际操作过程中常常依托于居民出行特性和城市交通特性的调查数据。但在早期的新区规划中，上述数据不够完整甚至没有，所以本书重新选择角度，将新区交通分布和方式划分进行组合预测。这样在相关数据没那么完备的条件下，依然可以达成交通分布和方式划分预测的目标。

集计模型和非集计模型被广泛应用于交通方式划分，前者在实际操作中需要对交通分布内的个人和家庭调查的基础数据进行分类，统一处理。美国学者麦克法登等对后者做了详细的探究，该研究成果在美国受到了广泛青睐，同时该模型在实际使用中不会对个体调查的原始数据做出任何处理，这样能够最大限度地应用调查数据。然而，无论是否需要对数据进行处理，这两种模型都要在搜集好调查基础数据的基础上开展下一步工作。对于新区而言，如果基础数据不完备，那么以上模型的应用便会显得无所适从。所以，本书选择的交通分布和交通方式划分组合模型，即使是在数据难以保持完备的情况下，依然能够进行预测。在上述各交通小区交通需求总量预测的前提下，选择组合模型进行分布和方式划分预测，能够获得各交通小区之间的交通分布 OD 矩阵以及各交通方式所分担的客运交通量。交通分布和交通方式划分组合模型如式（4-10）所示：

$$T_{ij}^k = O_i D_j f_k(d_{ij}) / \left[\sum_j D_j \sum_k f_k(d_{ij}) \right] \qquad （4-10）$$

式（4-10）中，T_{ij}^k 为交通分区、j 之间方式 k 的分布量，k 取 1，2，3，4，5，分别表示小汽车、公共交通、摩托车、自行车、步行；

d_{ij} 为交通区之间的距离（km）；O_i，D_j 意义同前；$f_k(d_{ij})$ 为方式 k 的阻抗函数，通常采用指数型函数，如式（4-11）所示：

$$f_k\left(d_{ij}\right) = \exp\left(-b_k d_{ij}\right) \qquad （4-11）$$

式（4-11）中，依照经验 b_k 取值为 b_1 约为 0.15，b_2 约为 0.25，b_3 约为 0.3，b_4 为 0.4～0.6、b_5 为 0.7～0.8 对大城市上述系数取小值。

第二节　基于低碳理念的新区公共交通策略分析

一、新区公共交通发展环境分析

城市公共交通体系随城市的不断发展应运而生，它是整个城市体系不可分割的一部分，是将社会生产、物资流通和日常生活有效串联起来的纽带，不仅保证了社会生产生活的顺利运转，还加强了各地区之间的交流，将整个城市连接为一个整体。所以说，城市公共交通体系在推动城市发展不断进步的历程中起到了不可忽视的作用。

与小汽车相比，公共交通单次能够承载更多的乘客、行驶过程中占用道路的面积不大、平均能耗低、排放量少、运送效率高等，这些都是其显著的特征及可取之处。历史经验表明，要想更好地解决城市交通问题，应当将发展公共交通作为重点，这不仅是诸多国家公认的最佳策略，也是坚持可持续发展的不二法门；而小汽车则作为辅助出行方式，引导其恰当发展。所以，在新区发展公共交通是时代要求，亦是必然选择。

城市新区的建设与发展，加速了人、财、物的积累，城市居民从小范围、分散的、随机性运动逐渐向更大范围、集中的、定点、定时及定向运动的趋势发展，这样的现实情况为公共交通的发展带来了机会。

二、新区发展低碳公交的必要性

二氧化碳的超额排放是气候变暖的重要原因，为了能够尽快地在交通出行方面达到低碳发展的要求，最关键的举措就是使交通系统在这一方面的排放量达到最低，下文将对城市交通系统中碳排放的结构做出详细分析。

据相关数据结果显示，在人均能耗方面，公共交通是私人小汽车的 1/4.2，而加拿大和大洋洲的相关数据约为 1/3.6，欧洲约为 1/3.9，日本约为 1/10。由上述数据能够看出，日本的公共交通能耗显然比较低，这是因为日本具有集约化的轨道交通网络。公共交通使用效率越高，单位乘客能源消耗越低，则碳排放量也会越少。据调研数据显示，消耗一升汽油，地铁、公共汽车、小汽车分别可以运送乘客 45km、38.6km 与 16.4km。以上数据非常直观地表明，在节能这一方面，地铁的效果最为突出，其次是轻轨。站在全寿命周期的角度看，轻轨能耗约是小汽车的一半，地铁和公共交通的能耗大致相同；然而，站在舒适性和准时性的角度来看，地铁会更胜一筹，不但能够避免交通堵塞等现象的发生，同时其单次运送乘客多，不受天气等因素的约束，能够高效运行。

在大多数国家和地区选择公共交通的占比越高，单位能源消耗越低，则其对应的碳排放量就越少。反之，其碳排放量越高（尽管地区经济的发展程度会对碳排放量产生影响，使部分地方有些出入，然而其大致发展走向保持稳定）。

基于上述详细的分析结果能够发现，低碳是城市公共交通未来发展的必然趋势，也是顺应时代发展的要求，更是适应低碳经济发展的必然选择。所以，要在新区大力发展低碳公交，以降低小汽车出行占比，缓解交通拥堵问题，减轻环境污染，进而引导居民选择更为集约、低碳的公交出行。

三、新区低碳公交规划策略分析

以往在进行公共交通规划时，经常不能将其对环境造成的危害以及发展的可持续性纳入考量范围。为了避免上述现象的出现，本文在进行新区公共交通规划时，将可持续发展作为指导思想，在满足市民出行需要的基础上，将新区的交通特性与低碳理念纳入考量范围，并探索出一些改进手段，具体探析如下。

1. 新区公共交通需求预测

传统的交通需求预测方法的分析模型大多产生于现代交通规划早期，它是根据当时市民的实际发展状况，如出行生成、分布情况等预测得到的，然而传统的四阶段法有其自身的不足之处，表现在过于依赖市民出行特性调查及城市经济发展等数据。但在早期发展阶段，新区的居民点大多不呈现集中分布而是呈点状的分散分布，有的甚至是荒地以至于没有居民点分布。在这样的情况下，难以获取上述数据，即便做了调查，这些数据也无法得到应用。这主要是因为新区处于快速发展阶段，其数据变化较大，不够稳定，很难被城区交通规划所使用。所以，在进行新区交通预测前，要对交通产生的本源做深入探究，将新区与旧城间的交通特征区别纳入考量范围，打破传统预测方法的束缚，选择适用于新区的预测方法。

鉴于新区基础数据难以搜集，且城市交通需求与城市人口分布及土地利用有着不可分割的关系，本书选用将以上三者相结合的预测模型进行预测。

2. 公交线网规划

如果一个城市能够对公交线网做出合理科学的规划布局，那么城市经济发展、交通系统以及生活水平等方面都会得到快速而健康的发展。公交线网的布设，应遵循"以人为本"的原则，以科学的方法保证其合理性，并要坚持可持续发展理念。同时，要满足市民出行的多样化需求，以前期 OD 客流数据为规划准绳，最大限度地减少资源浪费。除此之外，尽可能地减少换乘次数与通过站点，推动土地使用集约化，从而实现低碳出行。

3. 公交枢纽设计

过去在进行公共枢纽规划设计时，只将换乘这项功能纳入考量范围，而忽略了其还有更多的功能与作用可以发挥。本书在进行新区公交枢纽组设计时引进 TOD 模式，并在对其做出详细解析的基础上，选用该模式进行设计，试图构建公交导向型，从而有助于步行者改变出行方式，增加该枢纽的吸引力，升级调整新区整体交通系统结构，为构筑低碳城市创建广阔的发展空间。

第三节　基于低碳理念的新区公共交通规划

一、公交线网规划

（一）公交线网规划原则

合理的公交线网规划，能够推动整个城市经济、政治、文化等的全面发展，所以在规划公交线网时应遵循以下原则。

（1）与城市总体规划相协调，科学发展。在进行公交线网规划之前，做好准备工作，提前熟悉城市与新区的发展规划，进而了解城市用地布局规划，这有助于交通网可达率与覆盖率的提升。此外，采取多种手段加强公交线网的服务水平，提高出行便捷性，进一步加强城市与周边的交流，加快新区开发进度，拓宽城市发展格局。

（2）贯彻"以人为本"基本思想。规划应坚持以人为本的原则，最大限度地实现交通网"无缝换乘"。所以，布设线路要坚持最短路原则，提高车辆运行效率，节约出行时间；公交站的设置要布局合理，站与站之间的距离不宜过长，方便乘车。除此之外，要最大限度地确保公交线路覆盖居民区、商业区以及生产区等，减少乘车时需要步行的距离，为市民提供更加人性化的服务，确保客流朝着公交出行的方向转移。

（3）常规公交与其他公交方式的科学衔接。其他公交方式一般指城市轨道交通。它是城市公交系统中至关重要的组成部分，是公交线网的核心，借助其得天独厚的优势，承担了远距离与大流量的乘客运送。常规公交则帮助轨道交通承担了短距离的乘客运送，起到了有效分流的作用。因此，在进行公交线网规划的实际操作中，要着重关注两者的衔接，使两者优势互补，充分发挥城市综合公交网络的作用。

（4）线网功能明确，结构合理。如果线网的直达率很高，那么仅依靠增加线路的总长度难以提高公交服务水平，相反会提高公交公司的运营成本，不利于公交行业与城市的良好发展。所以，应统筹规划，对公交线路实行分级管理，统计整理客流的数量及发展趋势，在确保较高服务水平的前提下，减少乘客换乘的频次，促使经过分级之后的公交线网在提高公交服务水平方面发挥重要作用。除此之外，还要考虑主城区的辐射性与带动作用，通过交通网加强地区之间的交流，从而带动周边地域发展；对于外围区域来说，公交通达性尤其关键，因而在对路线进行设计布局时，要遵循科学合理的原则，从而保证公交网络在覆盖范围、通达流程以及所提供的横向服务方面具有较高的水准。

以上各原则，为市民提供方便的出行服务是大力发展公共交通的基本要求。如果线网布局无法保证公共交通比其他交通方式能够提供更加便捷的服务，则公共交通的发展便很难达到。除此之外，要在保证市民出行需求的前提下，提高生态保护意识，科学分配城市资源，构建低碳公交体系。

（二）公交线网规划思路

基于上述规划原则以及本书研究的实际需要选择使用的布设方法的核心思路为，"先主后次，先粗后细，分层、分级布设，优化成网"。在建设的最初阶段，公交所拥有的客流量少，难以达到非常庞大的规模，所以公交走廊的建设虽然无法像城市建成区那么显眼，但用地规划基本不会有较大改变。此时，可以依照 OD 预测，获得公交走廊。该走廊是主要的发生吸引点以及客流走廊。结合服务客流的特点，城市公交网络能够划分为主干线路、基础线网，并构建其相互嵌套的发展模式，来加快公交网络一体化建设，并使其保持功能定位清晰、层次划分明确、结构完善合理等特性。

（三）公交线网规划方法

1. 公交走廊及主要控制性节点分析

该走廊指的是在某一区域内，承担公共交通客流主要流向的通道。其通常与公交客流的主要发生点相连，具备以下特征。

（1）与城市主要走廊重合。一般而言，客流的发生及吸引与城市主要的交通走廊是相匹配的，所以在规划的过程中，应最大限度地保证公交走廊与城市主要交通走廊相符合，以便公交能够更充分地展现其运输作用。特别是当公交优先发展这一政策得到广泛实施之后，越来越多的道路资源开始向其倾斜。为了使公共交通的公益性充分体现，城市交通走廊上的公共交通设施将越加完备且高效。

（2）公交走廊与道路功能匹配。该走廊主要用于公交主线路的布设，其在服务方面有着较为严格的要求，发生交通拥堵的概率较小，通行速度快，同时要将是否在新区投入大运量快速公交纳入考量范围，因而公交走廊大概率出现在快速路和主干道上。

（3）公交需求方向性积聚。公交出行期望线反映了公交客流需求的方向分布特征，它除了在公交走廊方向的客流分布比较高之外，这种分布特征还较为显著。这是由于在走廊内中，长距离的出行较多。

在进行公交走廊识别之时，最为适宜的方法为出行期望路径法。它遵循的基本程序：①依照规划年的出行预测获取远期全人口、全方式 OD 矩阵；②将远期 OD 矩阵依照距离最短路径分配到远期道路网上从而获得出行期望径路图；③依照路段上的出行量高低的顺序得到出行主径路路段；④依照路段上的客流量归纳整理出行主径路路段上的相关路段号和 OD 号。

主要控制性节点指的是城市中市民出行的起点与吸引点，一般有该城市的人流集散点，如商业区、休闲娱乐区等。因此，在对线路网络进行布局时，要着重关注主要控制性节点的分布和主要客流走向及流量的结合，从而使各控制性节点之间彼此联系。

基于土地利用性质和客运集散量，将主要控制性节点划分为一级控制点和二级控制点，其选择标准及要求如表 4-2 所示。

表4-2　控制性节点选定依据及要求

控制性节点级别		一 级	二 级
选定依据	用地性质	客运交通中心、商业服务中心、就业中心、大型大学园区、休息中心、景点和大型居住区等	大中型居住区和小区中心，商业服务区、学校、区域休憩娱乐场所和主要交通节点等
	客运集散量（全天上下客量）	4 000 以上	2 000 以上
控制线网级别		主干线网	基础线网
实现目标		节点间无换乘或最多一次零距离换乘	二级节点到达一级节点无须换乘，二级节点间换乘不超过两次。

2.规划线路功能划分

按照新区规模及布局特征，规划路网能够划分为公交主干线网和公交基本线网。其中，前者主要是基于主城区与新区以及新区与新区间的关系，按照城市规划以及交通走廊的自身特性，并将各主要控制性节点间的关系纳入考量范围，来布设主干线网的。主干线网本质上是若干条公交线路，它能够加快区域之间客流在空间上的迁移，是各功能区以及城区间相互联系的纽带，在公交线网体系中发挥着重要的支撑作用。

后者是前者的增补与完善，它主要为新区内有中短程出行需求的乘客提供服务，并担负着与轨道交通、公路等枢纽点的衔接换乘。当主干线网明确之后，对其逐步添加线路以构建基础优化线网，基础线网和主干线网共同成为城市公交线网的核心内容。

3.规划线网布局方案

（1）各功能线路设计指导思想及设计原则。基于公交主干线网和基础线网的地位和作用，其功能线路布局指导思想和设计原则如表4-3所示。

表4-3　线网规划指导思想和设计原则

	指导思想	设计原则
主干线网	线路走向与主要客流流向一致，最大限度地满足主要方向的公交出行需求；联系一级控制性节点，最大限度地减少换乘；使城市居民的出行总耗时最少；考虑公交运营部门的具体情况，使运营收益尽可能大。	一级控制性节点间至多一次零距离换乘到达；线网布设体现城市主要交通走向；线网布设覆盖主要交通走廊。

	指导思想	设计原则
基础线网	对公交主干线网进行补充和完善；联系一级和二级控制性节点以及二级控制性节点之间，通过尽可能少的换乘到达目的地；使城市居民的出行总耗时最少；考虑公交运营部门的具体情况，使运营收益尽可能大。	二级控制性节点到一级控制性节点间无须换乘，二级控制性节点间至多二次换乘可到达；基础线网和主干线网布设实现主城区线网 300 米覆盖率在 50% 以上。

（2）公交主干线的布设方法。

①结合现实的调研情况及其自身特征，明确主干线开线标准。

②将各 OD 对客流量按降序排列，对 OD 量高于主干线开线标准的起终点，核验当前已有线路中有无直达或换乘 1 次的线路，有则保留，无则商讨布设新线。

③选择 OD 量最大的一对，起终点间按最短路径布设线路。

④测算线路长度，如果符合要求，那么该线路为公交主干线层中的第一条线路；如果线路太短，可留作并线。

⑤对剩余的起终点，不断迭代以上步骤，直至剩余乘客 OD 量低于主干线开线标准。

⑥复线系数修正。当一条公交线路确定后，为最大限度地降低之后布设线路与其的重复率，应引入复线系数 X_{cr}；当复线条数过多时，会产生公交空白区，从而降低路断面流量，最终降低线路效率。

经过上述方法布设的线路构成公交主干线层。

通常来讲，公交线路的复线小于等于 4 条，在当前有线路的断面上，修正线路最大断面客流量，修正系数为 X_{cr}，建议值如表 4-4 所示。

表 4-4 公交复线修正系数 X_{cr} 建议值

复线条数	0 或 1	2 或 3	4
复线系数 X_{cr}	1	0.85	0.70

（3）公交基础线的布设方法。

①结合现实调研情况及其自身特征，明确基础线开线标准。

②将剩余 OD 对客流量按降序排列，对 OD 量高于基础线开线标准的起终

点，核验当前已有线路中有无直达或换乘 2 次的线路，有则保留，无则商讨布设新线。

③选取 OD 量最大的一对，明确起终点间的换乘点，起点与换乘点及换乘点与终点间按最短路径布设线路。

④测算各线路长度，如果符合要求，那么该线路为基础线层的线路；如果线路太短，可留作并线。

⑤对剩余的起终点，不断迭代以上步骤，直至剩余乘客 OD 量低于基础线开线标准。

⑥复线系数修正。方法同主干线复线修正方法一致。

在布设过程中，如果大多数线路被主干线路覆盖，那么该条线路就应该舍弃。

二、公交场站规划

（一）公交起讫站点规划

交通区内总发生量或吸引量和某一设站标准的关系与该区内起讫点站的设置情况息息相关。一般而言，如果发生量、吸引量超过公交线路中间站点的承运能力，只借助中间站点无法完成承运，那么此时该区内便需要配置线路的起讫点站以增加承运能力。因此，可选用中间站点的承运能力当作起讫点站的设站标准，发生量或吸引量超过该标准时，就需要设起讫点站。

一个中间站的运载能力如下：

$$C_0 = B \cdot 60 / t_i \qquad (4-12)$$

式（4-12）中：C_0 为一个中间站的运载能力（人次 / 高峰小时）；B 为高峰小时平均每车从中间站点搭载的乘客数（人）；t_i 为高峰小时发车间隔，2～5分钟。

交通区中间站点的总运载能力（或设站标准）如下：

$$C = C_0 \cdot N \qquad (4-13)$$

式（4-13）中：C 为交通小区中间站点的运载能力；N 为交通区内中间站点数量。

交通区的中间站点数量能依照公交线网密度及各交通区的出行量相对大小确定。全规划区的站点数量如下：

$$N_0 = \rho \cdot s / d \qquad (4-14)$$

式（4-14）中：N_0为全规划区的站点数；ρ为公交线网密度（km/km²）；s为规划区面积（km²）；d为平均站点间距（km）。

根据《城市道路交通规划设计规范》的建议，在规划城市公交线网时，取$\rho = 2.5 \sim 3 \, km/km^2, d = 0.55 \sim 0.65km$。

公交线路的站点在交通区的分布并不是均匀的，它与该区的出行量、面积及线路分布息息相关。在明确公交线路之前，能够依照出行量测算出交通区的公交线路站点的个数，具体测算公式如下。

$$N(i) = N_0 \cdot T(i) \cdot Z(i) / (T \cdot \underline{Z}) \tag{4-15}$$

式（4-15）中：$N(i)$为i交通区的站点个数；$T(i)$为i交通区的总公交乘客发生量或吸引量；T为全规划区的总公交乘客发生量或吸引量；$Z(i)$为i交通小区的面积；Z为全规划区小区平均面积。

公交中间站点个数也能够依照小区的线网密度和站距来测算，则：

$$N(i) = \rho(i) \cdot Z(i) \cdot 1000 / dis(i) \tag{4-16}$$

式中：$\rho(i)$为第i个交通小区的公交线网密度；$Z(i)$为第i个交通小区的面积（公顷）；$dis(i)$为第i个交通小区公交线路平均站距。

小区公交线网密度与该小区面积呈负相关，与该小区的公交发生量或吸引量成正相关，则：

$$\rho(i) = \rho \cdot T(i) \cdot \underline{Z} / (\underline{T} \cdot Z(i)) \tag{4-17}$$

式（4-17）中：$\underline{T}$为全规划区小区平均发生量或吸引量；ρ为规划线网密度。

小区的公交线平均站距与线网密度相反，与该小区的面积成正相关，与发生量、吸引量成负相关，则：

$$dis(i) = d \cdot Z(i) \cdot \underline{T}(T(i) \cdot \underline{Z}) \tag{4-18}$$

一旦某交通区的总发生（或吸引）量高于中间站点承运能力C时，要设置起讫点站，单个起讫点站的运载能力如下：

$$C_{od} = 60 \cdot R \cdot r / (t(i) \cdot k) \tag{4-19}$$

式（4-19）中：C_{od}为一个起讫点站的运载能力（人次/高峰小时）；R为公交车额定乘客数，铰接车129人，单节车72人；r为高峰小时满载率，取$r=0.8$；$t(i)$为高峰小时发间隔；k为线路上最大断面流量与起点站后断面或终点站前断面的流量之比，$k=1.5 \sim 2.0$。

从上述公式可测算出，一个起讫点站的运载能力约为750人。假设某区的总发生量（或吸引量）T与它的中间站点运载能力C之差为T'，则当

$(k-0.5) \cdot C_{od} \leq T' \leq (k+0.5) \cdot C_{od}$ 时，该区需要设立 k 个起讫点站。

（二）公交换乘枢纽规划

1. 规划原则及方法

换乘枢纽是城市公共交通系统最为核心的部分之一。如果换乘枢纽的规划与设置较为科学合理，不仅能够改善公交线网的运营效果，还能够减少市民出行所花费的时间与降低换乘频率，最终增强公交服务能力。一般换乘枢纽的选址要遵循以下原则。

（1）公交换乘的用地面积充裕，通常为普通公交线路起讫点用地面积的 $2 \sim 3$ 倍。

（2）公交换乘枢纽站应设置在大部分居民便于换乘的区域。

按照上述原则，确定公交换乘枢纽位置的步骤。

第一，根据区域间相互交流的密切程度以及城市内土地开发利用类型将城市划分为若干个组团。

第二，在不同区域的边界上选择若干个有足够组织公交换乘用地的地点，作为公交换乘枢纽可行地址集 ϕ_{f1}。

第三，将不同区域各小区间的公交 OD 量按最短路径或多路径法分配至道路网络上，选择不同区域 θ 边界上通过流量最大的地址 ϕ_{f2}。

第四，令 $\phi = \phi_{f1} \cup \phi_{f2}$，$\phi$ 为规划公交换乘枢纽地址集。

第五，将不同区域各小区间的公交类 OD 分布量转移到离其最近的换乘枢纽上（如果两区域之间有的话），如 K_1 小区属于 θ_1 区域，K_2 小区属于 θ_2 区域，θ_1 与 θ_2 区域之间有换乘枢纽 γ，则 K_1 与 K_2 之间的公交类 OD 量 $OD[K_1][K_2]$ 就转化为 K_1 与 γ 之间、γ 与 K_2 之间的公交 OD 量。

2. 公交枢纽设计原则

城市客运交通网络规划与建设的日益完善，使人们逐渐认识到只有建设一个能够使各种交通工具顺利衔接与引导客流合理流动的公共交通枢纽换乘系统，才能达到提高交通运输体系经济效益与社会效益的目标。然而，通过观察国内已有公共交通枢纽能够发现，部分交通枢纽在规划布局等方面存有诸多不足，这是因为在进行相关的规划时，缺少先进的设计理念与方法作为指导思想。同时，这些不足严重影响了已有公交枢纽经济与社会效益目标的实现，限制了其效用的发挥。鉴于以上因素，本文从城市总体战略规划的系统角度出发，将公交导向型开发的基本理念引进城市公共交通枢纽的设计与规划。

（1）TOD 模式概述。该模式是以公共交通为导向的发展模式，是结合了土地利用情况的交通战略。美国设计师彼得认为，TOD 实际上是密度较大且功能多元化的社区，它以公共交通站点为中心，通过合理化的精心设计，引导市民减少汽车的使用，鼓励其选择公共交通方式。在该模式中，公交站点发挥着纽带的作用，它的存在加强了周边各地区间的交流与联系，而公共设施则成为本站点中最为核心的部分。

该模式依托公共交通的发展来推动土地的使用与开发，限制城市扩张并降低机动车的增长速率，以达到可持续发展。除此之外，该模式也具有多种功能的混合使用开发地域，主要由商业、办公、住宅以及公共设施等构成，并成为一个功能齐全、布局紧密的社区，如图 4-1 所示。

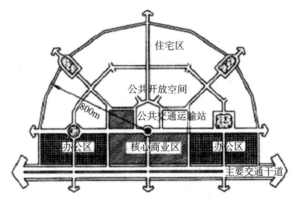

图 4-1　TOD 社区典型图示

（2）设计原则。在对 TOD 基本原理进行深入探究后，选用 TOD 模式对新区公交枢纽进行规划布局。在设计过程中，不仅要基于一些普适性原则，还要遵循一些特殊性原则，主要是为了构建一个公交导向型以及有助于步行者出行的公交枢纽地区，并增强其吸引力。

①与公交枢纽周边设施一体化的协调设计。公共交通导向的基本思路是以城市公共交通枢纽作为公交枢纽地区及其周边更广阔地区的中心地来开发利用，它需要依托于周边的基础设施而发展，而不是独自发展。这主要是因为周边区域的快速发展能够为公交枢纽、商业中心等带来诸多的客流量。所以，这些枢纽地区鼓励具备多元化功能的建筑建设，并将其同多样性实践活动相结合。其最主要的目的就是让丰富多彩的活动紧密地集聚在枢纽周边，使枢纽更好地融入周围的生产生活中，加强与周边地区的联系，而并非独自建设与发展。

以上规划理念的具体实施需要将城市公共交通枢纽与周边基础设施的规划进行综合统筹，以实现两者一体化协调设计。其详细举措为：在规划设计时，不能一味地追求枢纽的个体建设，而应当将其与周边环境相结合，综合考虑两者的协调发展；要更加注重枢纽与已有或是即将建设的建筑及设施进行相互衔接，满足乘客换乘要求，提前留出空间便于以后开发利用，为该地区的娱乐、交通等的系统性发展奠定深厚的基础。

②面向步行者、自行车使用者的设计。简而言之，公共交通导向的设计理念是绿色低碳出行，也就是要求出行者最好以步行、自行车或公交作为出行的主要选择。所以，在进行公共交通枢纽设计时，要时刻谨记，其所提供的服务对象是步行者、自行车使用者，而非小汽车使用者。

这表明枢纽内部及其周围的基础设施，诸多土地利用都能够依托非机动车道使彼此相连。因此，基于 TOD 模式的城市公共交通枢纽设计应更加关注非机动车道环境的创建与维护。例如，在枢纽内部设置减速带等降低车速，降低换乘频率并缩短换乘时间，提高各种土地利用的可识别性和诱导性，同时要以人为本，将行人的体验感纳入考虑范围。

③合理的停车设施规划设计。这里需要率先说明的是，TOD 模式下的枢纽区内，步行贯穿各活动，是主要出行方式，而小汽车则仅仅是帮助乘客来到枢纽地区的一种交通工具。所以，在这样的情况下，枢纽区内的停车设施最重要的功能是换乘，并提供"P+R、B+R"驻车换乘服务，如图 4-2 所示。这些停车设施的位置与布局需要慎重设计，使其能够为行人提供更加方便的服务，同时明确其建设规模，既要达到换乘以及社会活动的需要，又不能承载太多的小汽车。

图 4-2 "B+R、P+R" 驻车换乘模式示意

三、新区公共交通规划综合评价体系

新区公共交通系统规划是否科学合理，要构建并依托一套合理可行的评价体系对其进行综合评价，并详细分析评价结果是否达到要求，对不足之处及时提出对策并加以改进。

（一）评价指标体系的建立

1. 评价指标的选取原则

为保证评价指标的全面性与合理性，应遵循以下选取原则。

（1）客观性。评价指标要以现实情况与事实发展为依据，只有真实、客观地反映公共交通系统的信息，才能够保证评级体系的客观性，才能为政府做出科学合理的决策提供有效的参考。

（2）科学性。该项原则指的是所参考的理论与方法要有科学的依据，即指标有科学准确的含义，目标清晰，不模棱两可，能够衡量并客观地呈现出公交系统某方面的信息。

（3）可比性。由于各指标分别反映了公共交通系统不同方面的特征，其释义、表现形式等均存在差异，所以指标的选取要确保同趋化，在路网各方面都具有可比性。

（4）可操作性。评价指标要有规范化且明晰的释义，并容易领会；同时，这些指标的相关信息与数据能够被查找与搜集到，且适用于当前的评价模型，使评价可以顺利完成。

（5）一致性。公交企业内部设置多个部门，由于其职能分工不同，因而每个部门所运用的评价体系与指标各不相同。然而，对于企业而言，这些不同指标体系的设置都是为了从不同的角度或层面评价企业的经营情况。所以，一旦涉及含义相同的指标，要明确其名称、定义、取值和计算方法等方面的一致性，避免引起指标混乱。

2. 评价指标的选取

理解与熟悉评价对象的性质、特征等是进行科学评价的基础，只有这样才能使指标选取更具针对性。本节构建了基于低碳理念的新区公共交通系统的评价指标体系。在选择单项指标时，不仅要关注常规指标，还应选取能够反映低碳环保的指标。

为了能够使评价更加全面，本书在对公共交通的特性进行深入探析的基础上，从技术性能、环境影响、社会经济效益三个方面选出了如下指标，如图4-3所示。

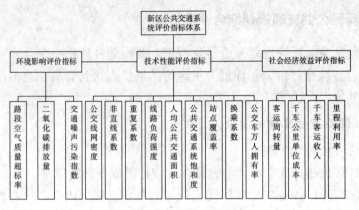

图 4-3 新区公交评价指标体系

（1）技术性能评价指标。该指标主要用来衡量公交线网的设计水平，从技术层面评估公共交通系统的内部布局与功效，检验其规划是否合理，为后期决策提供依据。

①公交线网密度。该指标指公交线路起、终点间的实际交通距离与其两点间的空间距离的比值，是对公共交通系统的相对规模及平均分布状况的描述。通常来讲，市区与城市边缘地区的公交线网密度分别为 $3 \sim 4km/km^2$、$2 \sim 2.5km/km^2$。

$$线网密度= \frac{公交线网长度}{城市建成区面积} \tag{4-20}$$

②非直线系数。该指标是对公交线路的曲折程度的描述，通常不超过 1.4。

$$非直线系数= \frac{首末站之间的实际距离}{空间直线距离} \tag{4-21}$$

③重复系数。该指标是对公交线路在城市主要道路上的密集程度的具体描述，通常不宜超过 1.5。

$$重复系数= \frac{公交线路总长度}{线路网长度} \tag{4-22}$$

④线路负荷强度。该指标是对公交线网单位长度承担的客流量的详细刻画，可以用来评价公交系统的运营效率（单位：万人千米·日）。

$$线路负荷强度= \frac{线网日客运量}{线网总长} \tag{4-23}$$

⑤人均公共交通面积。该指标用来刻画城市用地规划中公共交通用地所占比例（单位：千米²/人）。

$$人均公共交通用地 = \frac{公交服务面积}{城市总人口} \qquad (4-24)$$

⑥公共交通系统饱和度。该指标用来衡量城市公共交通系统与城市土地利用规划是否相适应，是城市道路上公共交通的运行状况及公交系统的发展空间的详细刻画。

$$公交线网饱和度 = \frac{公共交通用地面积}{城市道路与交通用地面积} \qquad (4-25)$$

⑦站点覆盖率。该指标是对城市中可以方便乘坐公交线路的市民数量的具体刻画。

$$站点覆盖率 = \frac{公交车站服务面积}{城市面积} \qquad (4-26)$$

⑧换乘系数。该指标指在一次换乘中公交总乘客数与直达乘客数的比值，能够刻画公交乘客直达程度和公交服务水平。公交发展的方向为直达、快捷以及少换乘。通常情况下，大城市的换乘系数不应大于 1.5，中、小城市不应大于 1.3。

$$换乘系数 = \frac{公交总乘客数}{直达乘客数} \qquad (4-27)$$

⑨公交车万人拥有率。该指标指每万人平均拥有的公交车辆标台数，是刻画城市公共交通发展水平和交通结构状况的主要指标（单位：标台/万人）。

$$公交车万人拥有率 = \frac{公交车辆标台数}{城市总人口数量} \times 10^4 \qquad (4-28)$$

（2）环境影响评价指标。该指标基于环保理念，全面系统地评估公共交通规划对环境带来的影响，以保证该规划能够达到环境与资源可持续性发展的标准。

①路段空气质量超标率。该指标指空气质量超标路段里程占城市道路总里程的比例。它在一定程度上刻画了城市公共交通与城市环境的协调性。其测算公式如下：

$$路段空气质量超标率 = \frac{空气质量超标路段里程}{城市道路总里程} \times 100\% \qquad (4-29)$$

道路两旁的大气污染物浓度最高。各类交通工具排放一氧化碳、氮氧化物分别占城市中其排放总量的 80% 和 60% 左右。通常认为，这两者的平均扩散浓度应控制在城市二级大气标准污染物浓度限值的 80% 和 60% 以内。依照表中列出的限值，能够衡量路段空气质量是否超标。

表4-5　我国城市大气污染物 CO, NOx 的浓度限值

污染物名称	取值区间	浓度限值	浓度限值		浓度单位
		一级标准	二级标准	三级标准	
氮氧化物（NOx）	年平均	0.05	0.05	0.10	毫克／立方米（g/ 米³）（标准状态）
	日平均	0.10	0.10	0.15	
	1 小时平均	0.15	0.15	0.30	
CO	日平均	4.00	4.00	6.00	
	1 小时平均	10.00	10.00	20.00	

注：年平均是指一年中日平均浓度的算数均值；日平均是指一日的平均浓度；一小时平均是指任何一小时内的平均浓度。

② 二氧化碳排放量。该指标指的是在整个城市公共交通系统中，公交车辆消耗燃料所产生的 CO_2 总量。其测算公式如下：

$$M = K \cdot m; \quad m = S \cdot N \cdot Q \cdot G \qquad (4-30)$$

式（4-30）中，M 为 CO_2 年排放量，kg；m 为年燃料消耗，TJ；K 为排放系数，kg/TD；S 为年行驶里程，km；N 为平均每百公里油耗量，L；Q 为燃油密度，kg/L；G 为燃料净热值，TJ/kg。

表4-6　主要燃料的排放系数和净热值

燃　料	排放系数（kg/TD）	净热值（TJ/kg）
汽油	74 110	43.1
柴油	94 600	25.8

③交通噪声污染指数。城市机动车的快速发展在方便了市民出行的同时，也带来了严重的交通噪声污染，使市民正常生活的运转受到一定程度的影响。当前，我国城市环境噪声来源于两方面，分别为交通噪声以及社会生活噪声。而前者产生的噪声污染占比高达 60%，不止如此，该占比还在随交通的快速发展而逐年增大。为了能够更准确地了解交通噪声所产生的影响，可以在交通走廊周围布设监测点，用来测评其噪声等级，再用各点平均值测算交通噪声污染

率。依照我国《声环境质量评价技术规范》，交通噪声质量等级划分如表 4-7所示。

表 4-7　交通噪声质量等级划分

等级	好	较好	轻度污染	中度污染	严重污染
等效声级（dB）	≤ 68.0	68.0～70.0	70.0～72.0	72.0～74.0	>74.0

（3）社会经济效益评价指标。该指标指的是公共交通系统的优化或规划能够为城市发展与市民带来的好处，尽管公交企业经营的重点是实现一定的社会效益，然而为了使企业能够生存下去并在今后能够更好地为社会提供服务，不能完全置经济效益于不顾。

①客运周转量。该指标指在一定时期内，所有公交车辆客位在得到充分利用的前提下，能够达成的乘客周转量，其刻画了公交系统客运的运营效果和作用（单位：万人）。

$$客运周转量 = 公共交通运营里程 \times 公交车平均额定载客量 \qquad （4-31）$$

②千车公里单位成本。该指标是公交企业为市公交花费的资金，刻画的是公交企业生产经营效果（单位：元/千车公里）。

$$千车公里单位成本 = \frac{运营总成本}{运营线路总长度} \times 10^3 \qquad （4-32）$$

③千车客运收入。该指标指城市公交企业依法向乘客收取服务费用而产生的收入。一方面，它补偿了企业活劳动和物化劳动的消耗；另一方面，它是企业的财务与经营状况的体现，在一定程度上也度量企业管理效果以及服务水平（单位：万元/千车）。

$$千车客运收入 = \frac{实际公交运营收入}{公交运营车辆数} \times 10^3 \qquad （4-33）$$

④里程利用率。该指标是总行驶里程中载客里程的占比，用来反映车辆总行程的有效利用程度。

$$里程利用率 = \frac{车辆营业行驶里程}{车辆总里程} \qquad （4-34）$$

（二）综合评价方法

研究中用于多指标综合评价的方法多种多样，但适用于本书研究的有模糊

综合评价以及灰色综合评价，两者都有其自身的优势、不足及应用范围，详细
对比结果如表4-8。

表4-8 评价方法对比表

综合评价方法	优 势	不 足
模糊综合评价	考虑模糊因素	彼此关系错综复杂时，事物本质被掩盖，获取信息不充分，处理白化的办法不尽妥当
灰色综合评价	能够较好地解决灰色系统问题，所获信息不全面时，能够评价具有模糊因素的事物或现象	外延明确，内涵不明确

对比模糊综合评价与灰色综合评价，再结合本文研究中的评价指标量化的
不确定性，并为保证研究的客观性，减少主观因素的影响，选择将这两种评价
方式相结合，使两者优势互补，共同对新区公共交通规划做出评价。

1. 灰色—模糊综合评价模型

该评价模型综合了两种模型的优势，彼此优势互补，用于本文评价，其详
细步骤如下。

（1）搜集并整理评价指标数据，并对其做好定量化处理。

（2）确定最优指标集与初始矩阵。在实际测算中，选择指标定量刻画评价
对象的特征，从数据信息的内部结构上分析评价对象与其影响因素之间的关
系。这种依照一定顺序排列的数量指标，被称为关联分析的母序列。通常选择
评价对象中各因素的最优值构成母序列的最优指标集，用$\{x_t^{(0)}\}, t=1,2,\cdots,n$表
示评价对象的各指标值构成的子序列。无量纲化后的主因素的单个子因素，用
$\{x_t^{(0)}(i)\}, t=1,2,\cdots,n; i=1,2,\cdots,m$来表示。

（3）计算灰色关联度。

对原始数据矩阵进行初值化或均值化变换，再测算同一观测时刻各子序列
因素与主序列因素间的绝对差值（△）及其极值，具体测算公式如下：

$$\Delta_t(i,0) = \left| x_t^{(1)}(i) - x_t^{(1)}(0) \right|$$

$$\Delta_{max} = \max_t \max_i \left| x_t^{(1)}(i) - x_t^{(1)}(0) \right|$$

$$\Delta_{min} = \min_t \min_i \left| x_t^{(1)}(i) - x_t^{(1)}(0) \right| \tag{4-35}$$

式（4-33）中：$\{x_t^{(0)}(i)\}, t = 1, 2, \cdots, n; i = 1, 2, \cdots, m$。

然后，测算各子序列因素与主序列因素间的关联度，测算公式如下：

$$r_{i,0} = \frac{1}{n} \sum_{t=1}^{n} \frac{\Delta_{min} + k\Delta_{max}}{\Delta_i(i,0) + k\Delta_{max}} \qquad （4-36）$$

式（4-36）中：$i = 1, 2, \cdots m; k \in (0.1, 1)$。

由此发现，关联度的取值范围处于 0.1 ~ 1 之间。在该范围内，数值越大，代表子序列因素与母序列因素越接近，反之亦然。

（4）关联度转化为权重值。对关联度进行归一化处理，得权重集如下：

$$A = \{a_1, a_2, \cdots, a_m\} \qquad （4-37）$$

式（4-37）中：$a_i = r(i,0) / \sum_{i=1}^{m} r(i,0), i = 1, 2, \cdots m$。

（5）进行模糊综合评价设有因素集 $Q = \{q_1, q_2, \cdots, q_m\}$，评语集 $P = \{p_1, p_2, \cdots, p_l\}$，依照各因素观测值，选择对评价对象进行单因素评价，得到评价集如下：

$$R = \begin{Bmatrix} r_{11} & r_{12} & \cdots & r_{1l} \\ r_{21} & r_{22} & \cdots & r_{2i} \\ \cdots & \cdots & & \cdots \\ r_{m1} & r_{m2} & \cdots & r_{ml} \end{Bmatrix} \qquad （4-38）$$

由权重集 A 和评价集 R 得到模糊综合评价向量：$S = A \cdot R = (S_1, S_2, \cdots, S_l)$。式（4-38）中，"·"表示算子符号，它的运算与所考虑的因素个数息息相关，具体分为两种情况。一是当考虑的因素较少，即不超过 4 个，且权重值和隶属度差距小时，应依照合成运算规则来运算；二是当考虑的因素多于 4 个，且单因素评价中获取的隶属度相对较大时，应按照普通矩阵乘法运算。根据本文研究需要，应该选择矩阵乘法运算。

2. 评价指标的无量纲化

该运算的本质是将指标实际值转化为指标评价值。按照性质不同，评价指标能够分为定量指标与定性指标。前者能够通过相关的统计资料收集整理得到或是由计算得出；后者的量化过程较为复杂，关键在于如何减少主观因素的影响。下文重点介绍无量纲化的基本步骤。

（1）定量评价指标的无量纲化。由于各评价指标的含义不同，使其在计量单位、量级等方面存在差异，而这些差异直接影响最终的评价结果，因此为了减少这种差异与影响，对其进行无量纲化处理。

无量纲化处理的方法分为直线型无量纲化、曲线型无量纲化和折线型无量纲化。通过对三种方法的优势与不足进行统计整理与分析，选用直线型方法。该方法是在将指标实际值转为指标评价值时，假定两者表现为一定的线性关系，那么指标评价值会随指标实际值的变动而发生变化。

本文选用的评价指标包括越小越好的成本型和越大越好的效益型。

若以 $u_i(i=1,2,3,4)$ 代表评价指标集，对评价指标集 $U_i \in U$，设其论域为 $d_i = [m_i, M_i]$，其中 m_i 和 M_i 分别代表评价指标 u_i 的最小、最大值，定义 $r_i = ud_i(x_i), i = (1,2 \cdots n)$ 为决策者对评价指标 u_i 的隶属值 x_i 的无量纲化值（满意度）且 $r_i \in [0,1]$，其中 $ud_i(x_i)$ 是定义在论域 d_i 上的指标的标准函数。

依照评价指标的类型，本文选用以下两种无量纲化标准函数。

①成本型指标无量纲化的标准函数 $(u_i \in U_1)$ 如下：

$$r_i = ud_i(x_i) = \begin{cases} 0 & x_i \leq m_i \\ \dfrac{M_i - x_i}{M_i - m_i} & x_i \in m_i \\ 1 & x_i \geq M_i \end{cases} \tag{4-39}$$

②效益型指标无量纲化的标准函数 $(u_i \in U_2)$ 如下：

$$r_i = ud_i(x_i) = \begin{cases} 0 & x_i \leq m_i \\ \dfrac{x_i - m_i}{M_i - x_i} & x_i \in d_i \\ 1 & x_i \geq M_i \end{cases} \tag{4-40}$$

（2）定性指标的无量纲化。关于那些无法明确计算的定性指标的量化问题，国内外相关领域的学者均做了许多更为细致的研究，并探析出多元化的成果，如 Delphi 法、AHP 法等都属于定性指标量化的方法。然而，鉴于研究问题的多样性与复杂性，在实际研究中常常结合多种方法综合应用。从实用性层面，本文选用评价等级隶属度的方法来确定。

该方法的基本原理为，设 u_i 为评价指标，u_i 相对于评价指标集 $A=$（好、较好、一般、较差、差）的隶属度向量 r_i 为 $(r_{i1}, r_{i2}, r_{i3}, r_{i4}, r_{i5})$。此处的隶属度向量选择专家打分法，并利用集值统计方法来确定。在实际应用中，可选用模糊数学中确定隶属函数的方法。设 $B = (B_1, B_2, B_3, B_4, B_5)^T$，$B_j$ 表示第 j 级评价相对应的尺度，借助尺度集能够将模糊变量的隶属向量综合为一个标量。

$$V = r_i \cdot B \tag{4-41}$$

式（4-41）为定性评价指标在给定尺度 B 下的量化值。其中，标准尺度一般为 $B = (1, 0.8, 0.6, 0.4, 0)^T$。

第五章 国内陆、水、航交通系统低碳化的创新发展

第一节 铁路交通系统的低碳化

一、铁路系统能够调整我国结构性节能减排

交通运输行业节能减排的根本出路在于优化结构，铁路作为绿色交通工具，应在可持续发展的综合交通运输体系中承担更大的责任。

（一）铁路运输能耗相对较低，碳排放相对较少

中国铁路在运输量大幅度增长的情况下，单位能耗大幅下降。2005 年之后，铁路客运量、货运量平均每年增加量分别为 1 亿人、2 亿吨，而铁路能耗量由 583.3 万吨下降至 2008 年的 568.9 万吨。京津城际 CRH3 型"和谐号"动车组单程人均耗电量只有 1.5 千瓦·时，其单位能耗仅为波音 747 飞机的 3%、私人汽车的 1/5。铁路电气化能够有效减少整个交通运输的石油消耗量，提高能源利用率，降低碳排放水平。

铁路运输每人每公里二氧化碳排放量分别为航空运输的 1/6、公路运输的 1/20 ～ 1/3。铁路建设土地占用量仅为 4 车道高速公路的一半，完成单位运输量所占土地面积仅为公路的 1/10。在货物运输中，卡车的有害气体排放量是铁路内燃机车的 50 倍。基于以上数据能够清晰地认识到，应该最大限度地增加电气化铁路占比，除了能够降低碳排放，还能够使单位土地资源得到充分利用，减少土地占用率以及有害气体排放，以更快的速度实现交通方式的绿色发展。

（二）铁路在综合交通运输体系中发挥着重要作用

交通运输业在为国家经济发展做出贡献的同时，不可否认的是其结构失调，不仅出现了以过度消耗石油资源为代价，过度追求经济效益的问题，还存在着以公路运输方式去运送长距离大宗煤炭的失调现象，造成巨大的能源浪费和大量的碳排放。据《中国铁路行业市场前瞻与投资战略规划分析报告》，集中化、单元化和大宗货物运输重载化是当前国内外铁路运输的发展方向。重载单元列车率先在煤炭运输方面得到使用，之后使用范围逐渐扩大到其他散装货物，这在提高运载率、减少能耗和降低污染物排放等方面取得了显著的效果。

为了解决当前全球面临的能源短缺以及环境污染不断严重的问题，无论是发达国家还是发展中国家都在积极作为，采取一系列的经济、政治等措施来推动铁路发展，不断建设和完善高速铁路和城市轨道交通系统。中国铁路从国土面积的角度来看，分别为德国的 1/3、日本的 1/9、英国的 1/8、印度的 1/3；从人口的角度来看，分别为美国的 1/13、法国的 1/8、德国的 1/8、日本的 1/4；从人均乘车次数的角度来看，分别为日本的 1/130、德国的 1/25、英国的 1/20，不及印度的 1/6。因此，铁路在综合运输体系中应承担更大的责任。铁路以低能耗、低污染、低排放为特征的低碳发展模式已成为加快建设资源节约型、环境友好型社会的主导力量。铁路节能减排技术及措施包括铁路基础设施、机车车辆和运营管理方面。

二、基于低碳理念的铁路基础设施建设

（一）提高电气化铁路运营里程

1. 我国牵引动力结构改革

铁路部门的能耗分为两部分：一是供不同类型的运输工具在完成相应的运送任务的一系列活动中的直接能耗，就是通常说的列车牵引能耗；二是为了保证列车能够顺利运行所建的站、段、所等建筑能耗和设备能耗，统称非牵引能耗。铁路列车牵引能耗占整个铁路运输行业能耗的 89% 左右，是铁路主要耗能领域。

铁路牵引机分为电力机车、内燃机车和蒸汽机车。过去我国铁路一直用蒸汽机作为铁路的驱动力。直至 20 世纪 80 年代之后，在相关政策的支持与引导下内燃、电力机车被广泛应用，铁路的驱动力得以改变。据相关资料统计，蒸汽机车、内燃机车以及电力机车的终端能源利用效率分别处于 6% ~ 9%、25% ~ 26%、30% ~ 32%。

从 1980 年以来，铁路牵引方式的变化大大降低了机车总能耗，运输综合能耗从 1980 年到现在下降了很多。当前，我国铁路牵引动力已转变为以内燃和电力为主，煤炭作为牵引用能所占比例已不足 3%，蒸汽机车正逐渐退出历史舞台。

2. 电气化铁路的节能减排优势

采用电力牵引的铁路称为电气化铁路。作为电气化铁路牵引动力的电力机车必须从外部电源和牵引供电系统获得电能，电能在经过一定转换之后输送至牵引电动机，使其保持正常旋转状态，并以此来驱动机车车轮运转，从而牵引列车使其正常运行。电力的产生途径多种多样，可以依靠化石能源获得电力，也可以依靠水能、风能等获得。正是这种多样化的发电方式为机车提供了充足驱动力，同时提高了能源利用效率，进而实现节能减排。

据国外统计，旅客列车每万人公里的耗能量，电力机车是蒸汽机车的 12%，是内燃机车的 60%；货物列车每万吨公里的耗能量，电力机车是蒸汽机车的 13%，是内燃机车的 50%。日本在 1960—1975 年的 15 年间列车数量增加了 50%，而燃料消耗降低了 50%。苏联在 1960—1980 年的 20 年中铁路劳动生产率提高了两倍，而煤炭却节约了 20 多亿吨。我国石阳段过去使用蒸汽机车牵引时，上下行平均每万吨公里耗煤 190 千克，而改用电力机牵引后，上下行每万吨公里耗电折合标准煤 49 千克，仅为蒸汽机的 26%。

3. 大力发展电气化铁路

1879 年，德国柏林开办世界贸易博览会，西门子和哈尔斯克公司展示了世界第一条电气化铁路。20 世纪六七十年代，电气化铁路在世界各国得到广泛而快速的发展。20 世纪 70 年代后期，西欧、苏联、东欧及日本的铁路主干线基本已经实现电气化且逐步规划成铁路网。

我国电气化铁路的发展开始于 20 世纪 50 年代。1958 年，我国首条电气化铁路即宝成线的宝鸡—凤州段开始建设，并在两年后建设完成。1961 年 8 月 15 日，该条线路正式开始运行，自此我国开始迈入电气化铁路时代。电气化铁路建设之初的思路是在山区建设以克服爬坡的困难，在平原地区仍然采用蒸汽及内燃牵引。因此，电气化铁路建设发展较慢，1961—1975 年仅建成 697 千米。1985 年，明确了以电力作为铁路的主要牵引力的新目标，自此主要繁忙干线逐渐实现电气化发展。

进入"十四五"期间，在建设节约型社会的背景下，铁路作为节能型交通工具节能减排效益显著，得到了广泛的实践。根据《中长期铁路网调整规划》，全国铁路营业里程达到 12 万千米以上的路网结构与布局方案。电气化铁路发展使铁路能源利用率得到提高，碳排放量下降，我国《节能减排"十四五"规划》提出大力发展电气化铁路，进一步提高铁路运输能力。

（二）提高电气化铁路节能减排水平

1. 牵引变电所节能减排

牵引变电所的能耗分为两部分：其一，它自身所形成的能量损耗，这主要是指牵引变压器所引起的电能损失；其二，电气化铁路供电具有其自身的独特性。而正是这种特殊性不仅导致了电力系统中的电能损失，还会对电力系统中的设备产生不可忽视的影响，特别是电气化铁路产生的负序电流、谐波电流以及牵引负荷的低功率因素带来的电能损耗。

（1）节能减排。①合理选择牵引变压器。变压器类型与容量大小的不一致会使其在电能损耗方面存在不同，而恰当的类型可以令牵引变压器的电能损耗降至最小。在牵引变电所中，应使用节能型牵引变压器，也就是让牵引变压器的空载损耗与短路损耗的比值处于 1/5 ~ 1/6 的范围，乃至更小，同时也要确保这两种损耗自身的数值比较小，即效率超过 99%。除此之外，选择使用高容量利用率、高过载能力、低阻抗电压的牵引变压器也格外重要。

②降低负序电流造成的损失。在减少进入电力系统负序分量方面，选择使用牵引变电所换接相序这一举措能够取得非常明显的效果。

③降低谐波及低功率因素造成的损失。在牵引变电所牵引侧布设并联电容补偿装置，不仅能够降低牵引负荷谐波的影响，还可以提高牵引负荷功率因素。其中，要将滤掉 3 次谐波电流作为选择装置参数时的参考。

④牵引网电压补偿。为了能够提高牵引网电压水平，可以采用诸多方法，如对牵引网供电臂的长度加以控制、增加馈线截面、增加布设加强导线、选择串联电容补偿装置等。

（2）案例。白银西牵引变电所位于包兰线兰干段，负责朱家窑至窦家沟段 60.8 千米的供电任务。在白银西牵引变电所进行的试验表明，当牵引变电所不投入电容补偿装置时，电力机车牵引负荷平均功率因数为 0.74 左右；在投入一组固定电容补偿装置时，因电容补偿回路产生补偿作用，功率因数仅为 0.65 左右；当两组固定电容均投入运行，功率因素会更低。

利用真空开关分组投切电容器，安全隐患较多，开关分合时容易产生过电压，且受真空开关寿命影响，不宜大范围推广。夏官营牵引变电所磁饱和电抗器补偿方式，无功补偿调节范围缩小，响应速度慢，补偿功率因素效果不理想。经过方案比较，兰州铁路局白银西牵引变电所采用先进的无功动态补偿技术，研制牵引变电所直挂式无功动态自动补偿装置，提高牵引供电系统功率因素。

2.接触网节能技术

牵引供电系统由两部分构成，分别为牵引变电所和牵引接触网。其中，在电能损失方面，后者是该系统的主要构成部分。正因如此，实现后者的节能成为电气化铁路的主要任务之一。为了能够降低接触电网的电能损失，通常选用以下举措。

（1）对供电臂长度加以控制。供电臂的长度不仅会影响其末端最低电压水平的高低，而且如果其长度过长，还会导致牵引接触网电能损失不断增多，所以需要对其长度加以控制。

（2）增加布设加强导线，增加牵引变压器的容量。

（3）当电气化铁路有较大的迂回区间时，应设置捷径线。

（4）在具备条件的情况下，接触电网应尽可能采用双边供电模式。

（5）当通信线路预防干扰条件达到规定标准时，该电气化区段中的牵引接触网应选择直接供电方式。

（6）为了尽可能地减小牵引接触网的电阻，对其结构布局、材质、导线及截面要做出最好的选择。

（7）若是由于负荷要求需要对接触悬挂进行分段选取不同截面，那么在单区段应从近电器点开始，按照从大到小的顺序选取不同截面的导线；在双线区段，则应将大截面导线均匀布设在靠近电源端的上、下行线路接触悬挂内。

（8）在双线区段，选取上、下行线路接触网在供电臂末端并联供电，这样能够最大限度地降低接触电网的电能损失。

（9）在接触网上设置并联补偿装置，可提高功率因素，减少电能损失。

（10）列车制动能量的回收与利用。我国客运专线动车组具有再生制动功能，动车组在制动时牵引电动机，可作为发动机将制动能量转换为电能反馈于接触网，供临近行使的列车利用，但这取决于列车运行密度和再生制动电能的传输距离。

（三）铁路、站场、办公场所低碳措施

为了能够达到节能减排的目标，铁路枢纽、车站等大型建筑选择了两种技术方法，分别为被动式节能技术和主动式节能技术。一方面，前者主要通过非机械电气设备干预手段来达到切实减少建筑能耗的目标。在实际建设中，主要通过建筑设计来科学合理地布设建筑朝向、遮阳设备，同时合理运用保温隔热技术以及设计能够自然通风的开口等，最大限度地减少采暖、空调、通风等能耗。另一方面，后者是借助主动式技术来优化升级设备系统、选择使用高效设备来达到节能的目标。其中，主动式技术主要依托机械设备干预手段向建筑物供应采暖、空调、通风等舒适空间控制的建筑设备工程技术。

1. 高效、低耗的功能空间

这样的空间能够极大地减少枢纽在能源方面的消耗，特别是传统的不可再生能源，进而减少碳排放量，以实现低碳发展。

低碳型高铁枢纽最重要的目标之一是使各种交通方式得到顺利的转换，以实现交通换乘效率的不断提高。所以，火车出站厅、车站停车场以及公共与轨道交通等设施要互相配合、扬其所长，共同推动出行者在各种交通方式间实现"零换乘"。

2. 合理的空间尺寸

在建设高铁枢纽时，要确保其内部空间大小适宜、尺度合适，这是因为合理的空间是减少能耗的重要途径。虽然广阔的空间能够在视觉与心理上让出行者产生宽敞舒适的感受，但也会造成更多的能耗，与低碳型高铁枢纽的设计标准不相适应。

空间规模的大小与出行者的需求息息相关。火车站更多的是一种功能性的建筑体，为出行者提供充裕的空间，而对客流量多少的预测是影响车站规模及内部空间尺寸的重要因素，所以现代交通枢纽的设计要以客流量的准确预测作为基础。

3. 高效的交通空间

高铁枢纽内部交通组织实现立体化的交通网络布局。要实现这个布局，可以广泛利用各种基础设施，如增加车站进出口数量，出站及换乘合理使用空间及垂直交通。商业区主要开发使用内部大空间，并开发少量的地下商业，其绝大部分的消费人群为出行的旅客。

交通效率的提高在一定程度上是以旅客不断减少其在客运枢纽内部所停留的时间为前提条件的。此外，高铁枢纽所承载的功能与其所发挥的作用，使其在内部空间的可达性方面有了更高的要求。

虽然一系列技术、经济及管理策略的实施在一定程度上能够减少高铁枢纽的存在对环境造成的损害，但高能耗、高排放依然是其显著特征。此时，需要探究更加有效的措施来减缓上述损害。例如，可以制定并完善更加高效能的能源利用策略，亦可以通过合理科学的设计布置通风口以增强通风效果等。这些措施能够减少建筑物在使用过程中产生的有害气体的排放量。

4. 明确的空间形态

空间形状会影响人的直观感受。如果空间形状为横向矩形，此时人更多感受到的是展示、迎接；如果矩形由横向转化为纵向，则给人的是一种方向感；如果是不规则形状，如曲面形更多传达的是生动活泼、不呆板。

5. 有效的信息传递

现代规模较大的高铁枢纽常常集客运站、换乘、商业等功能于一身，这使人们所接受到的信息量大量增多。在这样的现实情况下，要善于利用先进的科学信息技术，帮助出行者快速确定出行目标，缩短其在站内寻找相关设施的时间。高铁枢纽内部涉及通信、计算机以及控制技术等专业化的信息系统。借助以上的信息系统，能够更加全面且快速地传递信息，让出行者能够更快捷高效地到达目的地。

（四）新能源、新技术的应用

1. 光电玻璃幕墙系统

光电玻璃幕墙系统是综合采用了光电板系统和玻璃幕墙系统的一种新型玻璃幕墙，它可以综合利用太阳能、热能、电能。一方面，这种幕墙系统通过太阳能光伏发电系统将太阳能转换为电能。另一方面，通过吸热水管将太阳能转换为热能。这种幕墙系统既可以运用智能玻璃系统的技术，根据室外环境的变化而进行自我调节，同时也可以通过对太阳能的利用而降低能耗。

北京南站的屋顶就采用了光电玻璃幕墙。北京南站屋顶光电系统铺设面积约 6 700 平方米，为整个采光带的 50% 左右，总发电功率为 350 千瓦。在高铁枢纽建筑上运用新型的玻璃幕墙系统对创造更为舒适的候车环境、节约能源方面都起着重要的作用，是未来高铁枢纽建筑发展的方向之一。

2. 智能温度调控系统

随着社会的进步，人们对室内环境的要求日益增高，尤其是对于高铁枢纽这类体量巨大、空间复杂的建筑而言，如何为出行的旅客创造适宜的室内温度是一个技术难题。舒适的室内温度控制必须依靠建筑设计与计算机控制系统的最佳配合，利用遮阳、通风、采暖及制冷进行系统性的智能控制。通过先进的技术形成建筑的生态界面，并通过智能调控系统控制各个部分，包括屋顶及玻璃幕墙的通风采光和遮阳系统的关闭或开启，对室内的明暗程度、温度高低进行调节。这些调节参数都可以通过计算机系统进行预设，使建筑能对外界环境做出自身的反应，而不需要随时进行人工操控。瑞典的斯德哥尔摩中央火车站通过一个"体温供暖"系统收集旅客的热量以及设备多余的热量，通过通风设备提供给周边的办公楼使用，仅这一项措施就可以节省近 10 万元的天然气采暖开支。

3. 太阳能光伏技术

北京南站是国内最大规模利用太阳能光伏设备的建筑。在站房屋面上布设太阳能光伏电池与建筑一体化组件，系统输出交流 220/380V 标准电压，在两个点与站房低压配电系统并网。白天，将太阳能电池组件获得的电能经过一定流程的处理后直接汇流给低压配电母线，供给负载使用；夜间，所使用的电量不多，太阳能电池组件便不再运转，由城市电网供电。按照我国目前的生产状况，每年可减少二氧化碳排放量 190 吨以上。

三、铁路机车低碳措施分析

通常来说，铁路车辆节能技术主要由车体结构轻量化和车体形状流线化组成。前者可以通过采用合理的结构优化设计和使用新材料来完成。与传统列车相比，高速列车行驶速度得到了极大的提高，这意味着列车车体外形要设计成流线型，只有这样才能够最大限度地减小空气阻力，减少能耗，使列车始终保持稳定的运行。另外，为了能够进一步地减少能耗和减轻轮轨作用力，车体要选用轻量化结构设计。

（一）车体结构轻量化

列车在高速运行时，所需要的牵引功率与列车的重量呈线性关系，即列车重量越轻，需要的功率越少。因此，减轻列车对牵引功率的需求是实现节能减排、高速运行的重要措施，同时也是降低轴重、减少轮轨动态作用力的需要。同时，为保证安全，轻量化后车辆还必须具有良好的性能、足够的刚度和强度。

1. 车体结构轻量化设计

车体结构轻量化设计是在保证兼顾车体强度和刚度的基础上，充分利用强度理论和优化设计方法，把车体设计为充分利用材料强度的简型整体承载结构。经验证明，通过结构优化，金属结构重量可至少减轻 10%，日本 0 系列车耐候钢车体钢结构自重仅 10.5 吨，而我国 25 型客车耐候钢车体钢结构自重为 13.1 ～ 13.2 吨。由于车体需要承受客货的重量和各种设备重量，以及列车在运行过程中的纵向、横向、垂向和扭转等载荷，所以车体需要足够的强度和刚度。铁道车辆车载承重分为三种：其一，底架承载结构，即载荷全部由底架来承担的车体结构。其二，侧壁承载结构，即全部载荷由侧、端壁及底架共同来承担的车体结构。这两种结构广泛应用于货车车体。其三，筒形承载结构，主要应用于现代客车车体。该结构由很多轻便的纵向梁和横向梁组成封闭的环状骨架，并在外面焊接金属包板后形成承载结构，其中金属包板承担剪切载荷和拉伸载荷，骨架承担压缩载荷和弯曲载荷。其最大的特点是将底架、侧壁、端壁及车顶牢固地组成一个整体，成为开口或闭口的箱形结构，使车体的各个部分均能承受载荷。这样，既提升了车体承载的能力，又使车体自身重量下降。此外，还减少了能耗，降低了运维成本。

目前，我国铁路工厂和研究设计单位应用计算机进行设计和理论分析计算工作已经相当普及，合理的结构优化设计必将有效减轻车体自重，特别是高速列车车体结构的重量。

2. 采用新材料及先进的制造工艺

车体采用轻量化材料可以大幅度地降低车体自重，降低列车运行阻力与牵引功率，同时能够起到节约能源、加强环保的作用，还可以使沿线路基振动的频率下降，不仅能够减轻噪声，还有利于改善列车的行车品质。

世界各主要发达国家在开发高速列车时，都在新材料的选择上进行了大量工作，以达到减轻车辆自重的目的。高速列车采用的车体材料有耐候钢、不锈钢和铝合金等金属材料，玻璃钢、泡沫聚氨酯、合成纤维布等聚合材料以及光导纤维、超导材料等，以下简单介绍几种。

（1）耐候钢和不锈钢。用普通碳素钢设计车体时，往往考虑腐蚀后的强度，留有腐蚀余量，因此在设计车体结构时考虑较大的安全系数，使车体自重增加。使用耐候钢和不锈钢可以不考虑或减少考虑腐蚀预留量，从而达到减重的目的。

自 20 世纪 50 年代开始试验、试制不锈钢车辆以来，先后有半不锈钢（底架用普通钢，侧墙、端墙、车顶外板及其骨架用不锈钢）、全不锈钢车辆和轻型不锈钢车辆问世。不锈钢车体的优化设计不仅达到了高速运行的要求，还满足了安全性、舒适性、车辆自重轻和经济性的要求。

（2）铝合金。该种材料早在 20 世纪上半叶便应用于车体制造，最初开始于地铁和市郊列车，后来在普通列车的制造中发挥了巨大作用。早期的铝合金车体结构类似于碳钢车体的拼焊结构，采用小型化型材，与钢结构车体相比，增加了工艺制造难度。进入 20 世纪 90 年代后，由于全长的多品种异型截面以及大截面空腹铝合金挤压型材的出现，铝合金已成为生产动车组的主导材料，

第二节　水运交通系统的低碳化

一、水运基础设施的主要低碳措施

大力发展水路运输是我国交通运输行业结构性节能减排的重要内容。根据《"十四五"交通运输发展规划》《公路水路交通节能中长期规划纲要》和《公路水路交通运输节能减排"十四五"规划》，我国水运基础设施节能减排措施如下。

（一）水运基础设施的升级与优化

1. 推进港口结构升级

为了能够更好地完成沿海港口结构的调整与升级，可采取如下措施。

（1）优化港口布局。首先，要明确主要港口的中心定位。不断加强和完善大型综合性港区的系统性建设，肯定港口为综合运输体系所作的贡献，并继续发挥其强大的优势与枢纽作用，增强其腹地经济的带动与辐射能力。

其次，加快新港区开发速度。依照国家相关政策，结合当前已有港口以及其他相关的产业布局，综合考虑，统筹规划、因地制宜地推动新港区的开发。

最后，结合实际发展状况来完善煤炭、外贸进口原油等港口的设计布局，以此来增强港口的服务能力。

（2）推进主要货类运输系统码头建设。货类运输系统并非单独的一个系统，而是由多个子系统共同构成的。

首先，在煤炭运输系统建设方面，要结合以水运为运送方式的煤炭总量，推动装船码头建设与完善，增强其保障水平；完善煤炭公用接卸码头基础设施建设，根据相关政策与设计规划布局文件，加快相对应的码头建设，提高其接卸水平。

其次，在外贸进口原油运输系统建设方面，根据炼油厂扩能与设计布局，并将原油管道建设等纳入考量范围，来扩大原油接卸码头的建设规模，提高码头接卸水平。

再次，在外贸进口铁矿石运输系统建设方面，持续加强环渤海以及长三角地区在铁矿石接卸方面的能力；考虑钢铁基地的分布图，完善铁矿石码头相关设施的建设；提高新增码头的接卸能力。

最后，在集装箱运输系统建设方面，充分利用当前已有的设施设备，发挥其强大的运输能力，合理把控线港集装箱码头的建设进度，同时配备支线港等设施，不断推进内贸集装箱运输体系的完善。

通过上述举措增强码头通过能力。

（3）加强港口公共基础设施建设。着重推进各地区主要港口以及新建港口的深水航道和防波堤建设，以保证其运行的稳定性与安全性。提高主要集装箱港区疏港高速公路等相关配套设施的建设进度，不断完善大型综合性港区建立客运与货运相分离的集疏运公路体系的构建，加快长三角、珠三角地区港口内河集疏运体系建设。深入完善陆岛交通运输相关设施配备，提高滚装运输适应性，增强陆岛码头服务质量。

（4）促进港口结构调整。通过引进先进管理技术以及专业人才来规划并建设具有专业能力的码头和整合港区作业货类，使港口不断向专业化与规模化的方向转变。同时，及时采取相应的措施推动老港区的优化升级，除了要提升已有设施的利用率与生产力，也要及时关注港区各项功能的优化，维护好港城关系。此外，通过一些经济手段与优惠政策大力推动公用码头的发展，鼓励企业将其自用码头向社会提供一定的服务，并提高港口的公共服务水平。

（5）加快内河港口规模化专业化建设。加快完善长江中上游航运中心建设，同时也要对内河港口港区的发展加大投入，使其逐步达到规模化、专业化，并建设完成一批专业化泊位。除此之外，内河主要港口铁路、公路等的建设也相当关键，对发展港口物流、丰富港口功能，发挥其对城市经济的带动和辐射作用至关重要。

2. 提升航道等级

在"规划指导、项目牵引、加强管理、有序推进"理念的指导下，对长江干线全域的航道采用先进的技术与管理手段来对其开展综合治理，尽快使其通航条件达到完备的状态。确定该航道治理的核心内容，不断采取有针对性的措施来加强对长江口河段航道的治理，使该干线航道经过治理之后呈现出全新的面貌。

（1）上游：在水富至宜宾段进行三级航道建设，并将其延长至云南水富；结合三峡今后的发展计划，因地制宜地对三峡水库库尾航道开展治理；对三峡至葛洲坝两坝间乐天溪、莲沱等航道进行系统治理并加大投入完善相关配套设施，同时将该治理活动与水库调度相结合，并引进先进的技术管理方法，助力两坝间通航条件的改善。

（2）中游：考虑到中游地区的水流流势以及夏季多雨时节的防洪，将治理的关键放在荆江河段（宜昌至城陵矶段），对沙市、窑监、藕池口等妨碍通行的航道加大整改力度，并将荆江河段航道等级提升至一级标准，航道水深提升至 3.5 米；同时，在城陵矶至武汉河段的界牌水道二期、赤壁至潘家湾等河段航道开展整顿活动，重新确定通航标准，航道水深提升至 3.7 米。

（3）下游：对南京以下 12.5 米深水航道进行重点整治，基于"整体考虑、自下而上、分段推进"的治理理念，率先对福姜沙、通州沙、白茆沙水道加大整改力度，使南通以下航道水深能够达到 12.5 米；同时对仪征、和畅洲、口岸直等水道航道展开治理，并对其之后的工程不断进行完善，且增加维护相关投入，争取使南京以下 12.5 米深水航道尽早开通；对武汉至南京河段妨碍航行的航道的治理多加关注，力争达到预期效果，即武汉至安庆段航道水深提升至 4.5 米，安庆至芜湖段航道水深提升至 6.0 米，芜湖至南京段航道水深提升至 7.5 米。

（二）加快以高等级航道为重点的内河航道建设

推进西江航运干线扩能工程的施行，结合现实情况重新调整航段通航标准，提高船闸工程的建设进度以及通航能力，不断跟进各枢纽过船设施建设的进度，并及时监督与反馈。实施京杭运河苏南段和浙江段三级航道建设工程，根据南水北调东线工程的实际情况，全面开展济宁至东平湖段三级航道建设工程，持续开展船闸扩能工程。提高苏申外港线、长湖申线等长江三角洲高等级航道建设进度，完成珠江三角洲高等级航道网的建设并定期对其进行完善与补充。着力保证嘉陵江、乌江等高等级航道建设质量与建设速度。长江干线与西江航运干线、京杭运河和珠江三角洲高等级航道网全面或基本符合规划要求，长江三角洲高等级航道网有将近 3/5 符合规划要求。

在涡河、沱浍河、三峡库区支流等地开展航道建设工程，加大人、财、物等的投入，用于大力扶持老少边穷地区，完善这些地区的基础设施建设。持续深化黑龙江等界河航道的建设与完善，着力支持澜沧江—湄公河等水运通道建设，提高建设国际水运通道的速度。

（三）加强航道养护管理

大力提升航道养护水准，确保内河水运能够平稳且安全地运行。针对不同的航道类型，采用不同的养护方法。对所有航道做好分类整理，有针对性地为各类航道提供养护策略，对于长江干线等高等级航道而言，由于是整个航运的核心，因此将其作为养护工作的重中之重，着力增强航道养护和应急保通能力，严格对其进行养护与管理，制定相关技术标准和规章制度，持续确保航道养护工作朝着规范化和制度化的方向发展。及时反馈航道养护设施、设备能力建设的进度，并根据实际情况不断调整，做好养护船舶升级创新与改造。增加航道养护的人、财、物等投入，设置并提供基本保持不变的资金渠道，以确保日常维护的顺利进行。不断推进航道养护机制改革，着力探究航道管理机构专业化管理与市场机制所带来的双重影响，提升航道养护效率和水准。鼓励数字航道、航标遥测遥控等新技术的使用，用科技改变养护工作，大力推进航道养护朝着现代化的方向发展。对航道养护技术进行深入的探索，以提高航道设施的服务水平。

二、水运基础设施节能减排

（一）港口工程节能减排措施

1. 港区集中供热

通过采用热电联产、集中供热技术，能够减少能源消耗，降低污染物排放，提高经济效益，同时也顺应了国家、行业有关节能减排的要求。秦皇岛港为降低能源消耗、减少排放，针对用热负荷较高的东港区，实施东港区供热整合工程。该工程尽可能地发挥了周边企业所产生的余热，以增加布设集中换热站和分散热力站的方式，用大容量、高效率的供热系统代替过去的低效率、小容量的分散供热系统，停用各类小型锅炉24台、烟囱15根，实现了热力站工艺流程全自动控制和远程监控，保证了供热稳定、可靠，最大限度地实现了节能降耗。平均每年能够降低的能耗换算为标准煤大约13600吨，能够帮助港口的生产综合单耗减少约0.54吨标煤／万吨吞吐量；在二氧化硫、烟尘、氮氧化物的减少量方面，三种排放物分别约为71.6吨、8.9吨、106吨，帮助秦皇岛市实际减少二氧化硫量0.12%，约占整个秦皇岛港实际减少量的67.2%，成为港口行业变革传统供热方式、进行能源梯级利用、提升能源利用率、节约能源使用、减少污染物排放的典型案例。

2. 空气源热泵技术

空气源热泵热水机组是利用设备内的吸热介质（冷媒）从空气中采集热能的一种装置。机组内装置一种吸热介质——冷媒，当它处于液化状态时，其温度不超过零下20℃，这样的温度显然与外界环境温度有着非常显著的差异，所以冷媒能够吸收外界环境的热能，并在蒸发器中蒸发汽化，借助热泵机组中压缩机的运转增加冷媒的温度，再使用冷凝器将冷媒转至液化状态。同时，整个转化过程伴随着诸多热量的产生，而这些热量会传送至水箱中的储备水，从而促使水温上升，完成热水制备。综上所述，与过去通过燃烧能源来加热获取热水相比，空气源热泵利用清洁可再生能源，无燃烧外排物，是一种低能耗的环保产品。

3. 无功动态补偿和滤波装置的应用

调整升级港区电网设计，主动选择成熟的管理手段与技术手段来解决高次谐波带来的附加损耗问题，不断提升港区电网供电质量，降低电能在传送中的耗损。当前，我国绝大多数的港口采用大功率电力装卸设备。提高电能的利用率不仅有助于港口企业和水运行业节约资源，减少能源浪费，而且能够在一定程度上减少相关企业与行业的运营成本，实现经济效益与社会效益的双丰收。为了达到上述目标，可以采取一系列可行性较强的措施，如降低港口使用的电价、无功补偿、谐波抑制技术等，这些举措在减少港口能源损耗、提升其电网功率等方面发挥着至关重要的作用。

广州港集团是国内港口提高电网功率因数、治理谐波的成功范例。广东中远船务公司年耗电约 6 500 万千瓦·时，属于交通运输行业重点用能单位。广东中远船务公司在对黄埔、东莞两个厂区电网进行全面、系统测试的基础上，找出企业电网中存在的问题，科学运用动态无功补偿及谐波治理技术进行整治，提高了电网质量和电能利用效率。公司通过实施该项目，每年可节约电 40万千瓦·时，减少二氧化碳排放量近 400 吨（按 0.96 千克／千瓦·时换算）。如果在中远船务集团系统内推广，以 2009 年用电量 3.6 亿千瓦·时计算，年节约电 220 万千瓦·时左右，减少二氧化碳排放量 2 100 吨。

（二）航标节能减排

航标能耗主要是航标灯器的直接能耗以及航标维护过程中的间接能耗。

1. 直接能耗

（1）航标能源。在航标的能源使用问题上，我国交通运输部海事局早在 20世纪 70 年代就已经开始研制清洁能源系统，逐步替代了 60 年代在航标上使用的柴油发电机等非环保能源。太阳能供电系统在反复使用、改进后得到广泛的应用。因天气的不确定性导致单一的太阳能用电负荷不平衡的地区或冰区浮标因结构无法安装太阳能供电系统的情况下，采用风光互补、波力发电、海水电池、高性能锂电池等新型环保能源系统。

（2）航标灯器。以往，灯桩和灯浮标上使用的是钨丝灯，能耗高、寿命短，光通过透镜后亮度下降，使夜间很难识别。为改变这一局面，我国交通运输部海事局在灯桩、灯浮标、导标上应用了具有耗能低、光强大、寿命长、故障率低等特点的新型 LED 灯器，其设计使用寿命可达 10 年以上。LED 点光源灯器的出现，一方面，比一般的 LED 灯器减少了约 40% 的能源耗损，达到了减少航标能源耗损的目标；另一方面，增加了电池的使用时间，同时提升了灯器使用的安全性，进一步使航标的巡视期限增长，推动节能减排目标的实现。

2. 航标养护节能减排

（1）加强航标维护、管理的信息化建设。航标遥控遥测并非是单一的技术载体，而是融合了无线通信、GPS 定位、传感测控、航道电子图以及计算机网络等多种技术并对其进行综合运用。该技术借助图形化人机交互界面来监控、巡视并跟踪航标设备的运转情况，同时向各航标监测终端传达遥控指令，来追查、掌握航标的运行情况，以达到对浮标位置、航标灯、电源和太阳能极板等设施参数进行遥控遥测和失常报警的目标。

航标管理和维护借助技术手段来实现。它依靠远程监控，并结合航标运行的实际情况，对航标设备实施全面性、系统性而又不乏针对性的维护和检测维修，降低设备巡检频率，增加巡检期限，以减少航标设备的维护成本，逐步从定期巡检向状态巡标、故障巡标的方向发展。基于快速、及时、准确的航标设备故障报警，能够快速采取相应措施应对设备故障，以减少设备维修时间，并达到节能减排的目的。

（2）加强冰冻期航标管理。绝大多数的北方海区港口会在冬天出现冰冻现象，在这种情况下，要组织冬季换标，也就是在冬天到来前，用冰标代替之前的常规灯浮标。这种新型冰标除了能够有效发挥航标在冰冻期的助航作用外，其自身的故障率也较低，极大地降低了航标应急恢复的频率，在节能减排方面取得了显著的效果。

此外，为了能够使冰冻期内航标失常率得以下降，增强航标助航效果，要提早归纳整理之前冰冻期航标的配布经验与教训，并根据船舶交通流的实际状况，合理制订本年度冰冻期航标配布计划。在保证船舶通航安全的前提下，尽量减少春冬季换标作业数量，从而达到节能减排的目的。

（3）加大研发力度，促进新型涂装材料及高分子材料在航标上的应用。在航标材质方面，用新型高分子材料代替传统的钢质航标。与传统航标相比，这种新型航标不仅使用的材料质地轻，方便运输与安装，而且色彩鲜艳亮丽，更易被发现，易引起航行者的注意，同时坚实耐用，不用维护等。在浮标方面，长效油漆的使用极大地增强了其耐腐蚀、抗海生物吸附等性能，从而增加了浮标的使用时间与维护周期，节省了人、财、物的投入，大大减少了维护成本；浮标质量有了更大的提高，并大幅降低了有机锡给海水带来的污染。在冰冻港口使用绿色高效涂装材料或高分子非钢质浮标，能够降低污染物排放量，减少海洋环境污染现象的发生；在非冰冻港口应用绿色高效涂装材料或安置高分子非钢质浮标，除了能够增加航标的维护周期与使用时间，还能够大大降低航标作业船舶的劳动量，最终达到节能减排的目标。

3. 港口设施设备节能减排

（1）集装箱码头 RTG 的能耗问题。轮胎式集装箱门式起重机，是集装箱专业化码头堆场的主力设备。据统计，目前世界上在用的 6 500 台专业化集装箱门式起重机中，轮胎式集装箱门式起重机占 90% 以上。该类设备并不是在某一码头长期固定使用，而是频繁地更换码头进行转场。正因如此，柴油发电机组成为其动力源，经由热能、机械能等多次转换，最终成为电能。这在一定程度上表明其在能量转换方面不尽人意，不仅效率不高，而且设备能源消耗量多。RTG 柴油发电机组单位电量费用比电网供电高 3 倍，而且柴油机气体排放、噪声、废油水泄漏均会产生较大的污染。

（2）RTG "油改电" 技术。轮胎式集装箱门式起重机在箱区进行工作时，定向往复移动这一环节的能源消耗量约展总量的 90% 以上。通过改变在箱区间的供电方式，从使用柴油改为使用电网电源，可以大幅度降低能耗成本，减少柴油消耗，从而减少污染。目前，RTG "油改电" 技术有三种供电方式，即电缆卷筒、高架滑触线和刚性滑触线。

青岛港采用基于刚性滑触线供电的 RTG "油改电" 技术，经过改造之后的 RTG 具有较大的变化，在换场时将柴油发电机组作为动力源，工作时选择市电。这样的改造极大地减少了柴油发电机组的作业时间，同时也大大降低了二氧化碳、二氧化硫等污染物的排放量。依照青岛港 RTG 年消耗 7 500 吨柴油计算，改造后每年可减少二氧化碳 2.1 万吨、二氧化硫 59 吨的尾气排放。

（3）RTG 锂电池供电节能技术。锂电池是当前国家广泛宣传并鼓励使用的新能源，率先在电动车领域普遍使用，并取得显著效果。锂电池供电的 RTG 能够达到机构运行的峰值功率需求与稳态运行的功率需求，同时可以有效接收设备的势能回馈。当 RTG 处于待机状态时，锂电池可以供应较低的电能以支撑 RTG 辅助设备长时间地运转（如照明、空调等）。锂电池供电 RTG 不仅保留了常规 RTG 的机动性和原有使用特点，还大幅度降低了 RTG 的维修任务量和维修成本，基本使大柴油机组在污染排放方面达到清零的目标，这主要得益于大功率柴油发电机组的取消。

上海港与振华港共同研发改造的锂电池供电 RTG，通过测试表明在不降低现有 RTG 的各项技术指标的情况下，可大幅降低柴油发电机组的功率配备，从传统的 440～480 千瓦降低到 50 千瓦，节油率达 65% 以上。

三、船舶其他设施设备节能减排对策措施

（一）提高副机运行效率

船舶副机不仅是船舶的重要能源消耗设备，还是船舶的重要安全设备，它负责全船电力系统的供应，以维持船舶设备的正常运转，是船舶的关键设备之一。因此，加强副机管理、提高副机效率、降低燃油消耗对提高船舶机务管理工作效率具有十分重要的意义。

提高副机运行效率，降低燃油消耗的核心：①加强燃油质量管理，提高发动机燃烧效率；②认真做好副机日常管理工作，确保设备正常运转；③淘汰、改造老旧机器，提高副机性能和经济性；④船舶航行期间开单台副机，减少燃油消耗量，节约燃油成本。中海发展股份有限公司货轮公司经过几年的实际运行验证已取得了良好的节能效果和经济效益。

（二）油轮货油加温管理系统的应用

在货油运输中，货油凝点的高低决定了是否需要在卸货前进行加温。某些原油、燃料油或润滑油的倾点较高，必须进行必要的加温才能卸货。例如，大庆原油倾点为 32℃，装船时 32℃～38℃，在卸货前要达到 40℃～45℃以上才能进行卸货。根据大量实船数据统计分析得知：对油轮货油加温的时间长短直接影响到锅炉燃油消耗量的多少。若加温过早，将会使卸货时油温过高而造成燃料的浪费；若加温过晚，则会导致货油温度达不到所需要温度而无法卸货或卸货时间延长的问题，影响油轮的正常营运和经济性。因此，如何科学、合理地确定货油加温的时间是实现节能减耗的关键。

大连远洋运输公司针对三种类型双壳体油轮 24 种货油运输过程中油舱货油加热、保温的过程进行分析研究，建立了油轮货油油舱加热、保温过程数学模型，并开发了相应的计算软件，编制了实用操作手册。该管理系统目前已在大连远洋运输公司 2 艘 68000 DWT、3 艘 72000 DWT 和 3 艘 159000 DWT 船上使用，年节约 4 500 吨燃油。

（三）施工船舶节能减排技术

1. 绞吸船管线变径施工节能减排方法

中交天津航道局有限公司以绞吸船输送系统匹配原理为根本出发点，通过管线调整合理改变工况，解决不同吹距、不同土质、不同船舶设备条件下的输送系统泥泵、泵机、管线匹配问题，提高疏浚生产率，节能减排，有效降低系统压力及增加安全系数。主要实施内容包括绞吸式挖泥船输送工况分析方法研究，输送系统匹配特性研究，不同土质、不同管径临界流速计算，绞吸船变径施工工艺流程的建立。

2. 新型导管可调船桨装置改造与应用

中港疏浚有限公司同上海交通大学船舶与海洋设计研究所，针对航浚4 009轮耙吸挖泥船为代表的老旧船舶推力下降问题，联合进行新型导流罩的研发与应用的研究，力争使30年以上的老船重新焕发活力，达到降耗增效，实现低碳经济的目标。

3. 挖泥船精确与高效疏浚控制节能减排方法

中交天津航道局有限公司对全电驱配置的大型挖泥船疏浚设备机进行智能化集成监测与控制，对整船装机功率进行分配和管理，通过构建大型船智能化疏浚集成控制系统框架模型、疏浚控制系统（DCS）硬件系统开发、软件模型研究、基于疏浚效率的船舶电站功率管理开发研究、疏浚轨迹与三维土质剖面显示系统开发研究、自动控制系统开发研究，创新了疏浚工艺，达到节能减排的目的。

第三节　公路交通系统的低碳化

一、公路基础设施节能减排

（一）加强公路网络化建设

公路是综合运输体系的基础网络，与铁路、内河等共同担负起了中长途运输服务，同时直接为用户提供最普遍、最广泛的中短途陆路运输服务。因此，应加强主动衔接，加快推动建设公路与铁路、机场等一体化规划设计的综合客运枢纽，建设公路与铁路、港口等一体化规划设计的现代物流园区，同时依托综合交通枢纽，加强公路、铁路等与城市公交、私人交通的有机衔接，提供人性化、高效化的客货输运系统，推动实现"客运零距离换乘"和"货运无缝衔接"。提高国家各级公路网建设质量与速度，着力整治断头路等现象，除了要不断提升路网通行水平和效率，保证公路网向社会提供服务外，还要积极探索开发其经济效益；根据实际情况调整公路站场规划，着力构建以公路运输枢纽为核心，兼顾一般性汽车客货运站，规划科学、结构合适并同其他运输方式紧密相连的公路站场服务体系。

1. 完善公路网规划

基于"统筹规划、条块结合、分级负责、联合建设"的规划原则，依照相关的政策制度，系统地布局、建设并完善公路网规划，逐渐构建成层级分明、功效完善、权责统一的干线公路网络系统，以国家高速公路建设为核心，推进国省道改造，持续加强并完善农村公路建设，推进国家公路运输枢纽等专项建设。贯彻实施新发展规划，着重完善西部地区与老少边穷地区的交通基础设施建设。尽快完成能够满足综合运输体系发展标准且结构科学的公路交通网络，使各区域、城乡公路连接通畅、协同发展。

2. 加快形成高速公路网

加快各级高速公路建设速度，对新增路线加强建设质量与速度的监管，着力提升高速公路的通行能力；不断对疏港高速公路和大中城市绕城高速公路等进行合理的规划、建设与完善。期望通过以上举措提升高速公路的网络化水平以及安全性，从而推动综合运输体系的全面系统的发展。

3. 加快公路运输站场建设

不断提高国家公路运输枢纽站场的建设质量与建设速度，提高公路客、货运输站场完成率。着力推进综合客运枢纽的建设，该枢纽能够实现各种交通方式"零距离换乘"，推动各级公路客运站的建设与维护，以便加强各区域间以及城乡之间的经济文化交流与沟通。

（二）全面提升路网技术等级和路面等级

推动高等级公路建设，优化升级国省干线公路，提高其通行能力。对未铺装路面及时投入建设，以提升铺装覆盖率，对公路路面进行常态化监管与维护，保证路面的平整性与舒适度。

1. 强化国省道改造

依据相关政策与文件，投入一定的人、财、物对国省道进行优化升级，不断提高技术等级和服务水平。着重保证国省县道二级及以上公路的建设，不断提高其占比，其中力争国道占比超 70%。根据国家公路网的规划，将国道网作为建设的核心内容，不断提高国道对县级及以上行政节点的连接和覆盖。对一些危桥及时发现，及时出具设计文件进行改造，严格遵循建筑施工技术规范的标准开展安保工程。

2. 继续推进农村公路建设

基于"扩大成果、完善设施、提升能力、统筹城乡"的原则，着力改善农村交通基础设施建设，为其创造更加方便的出行条件。一是在全国各地全力铺设沥青（水泥）路，使农民群众的出行需求得到保障；二是加强完善农村公路基础设施建设，对安全评定等级难以达到要求的桥梁及时做好改建等，同时保证农村公路的质量与安全，并提高其抗灾能力；三是对农村公路网进行整体的规划与布局，对不满足要求的道路及时进行改造，不断提升农村公路的网络化水平和服务能力。

3. 推进公路科学养护

制定并完善国省道养护的相关政策及制度，使公路养护工作有制度约束。完善相关的养护评价体系、养护内容以及养护标准，同时引入技术手段进行相关路况检测，推动维护工作高效开展并推进路况评价及养护决策朝着信息化和制度化的方向发展。定期对公路进行大中修养护。加强巡检，及时发现存在问题的公路段，并采取相关措施加以维护，保证公路安全。积极举办公路养护示范工程创建活动，并对示范工程的相关人员给予一定物质上的奖励，以提高各部门对养护工作的积极性。

做好预防性养护。制定预防性养护的政策、技术标准。加大人、财、物的投入，以支持对预防性养护新设备、新材料、新技术和新工艺的探究，基于低碳、环保理念，进行绿色养护，尽快构建完整的技术标准体系。

二、公路建设过程中采用绿色环保措施

（一）基本概念及原理

1. 温拌沥青混合料概述

温拌沥青混合料是指相对于热拌沥青混合料，通过不同技术手段，拌合温度降低 30℃～60℃，且路用性能不降低的沥青混合料。温拌技术的关键在于运用一些物理或化学方法，提高沥青混合材料在施工时的可操作性。此外，所使用的物理或化学添加剂不能够影响路面使用性能。

2. 分类

基于相关的工作原理，温拌沥青混合料技术大致划分为三类：①沥青发泡技术，即采用发泡设备或使用亲水材料（如沸石）等，诱导沥青发泡，用发泡产生的沥青膜结构达到低温情况下对集料的覆盖与裹挟，从而使沥青混合料操作温度下降；②胶结料降黏剂，即在沥青胶结料生产或沥青混合料拌合时放置一种熔点低的有机降黏剂，用来适当改变沥青胶结料的流变性能，以使沥青混合料在拌合、摊铺、压实等施工过程中保持较低温度；③表面活性剂，其特征为较少的表面活性添加剂（0.5%～1%沥青胶结料）、水与热沥青处于拌合状态时共同发挥作用，依托拌合的巨大分散能力使三者互相交织在一起。表面活性剂富集于残留微量水和沥青的界面，三者之间彼此共同作用，临时在胶结料内部产生较为稳定的结构性水膜。鉴于温度的高低并不会对水膜的润滑作用产生任何影响，所以当温度降低时，水膜润滑的作用可以最大限度地对消沥青黏度不断变大的影响，最终达到温拌效果。

3. 特点

温拌沥青混合料的特点：①降低施工温度，减少沥青老化程度，降低高温对施工设备的影响；②减少排放与能源消耗。根据相关研究，当混合料的拌合温度减低30℃时，每吨沥青混合材料可节约燃料油2.4千克，节能30%左右，并减少30%的二氧化碳排放量和40%的粉尘排放量。温拌沥青混合料应用技术在修建城市道路，薄层罩面，低温和高寒、高海拔地区施工，隧道沥青路面等领域优势明显。

（二）水泥混凝土路面材料再生利用

水泥混凝土是土木工程中使用量巨大的人造材料。混凝土为沙子、卵石与碎石等天然资源的最大消费者，矿石资源的大量消费对人类的生存环境构成重大威胁。与此同时，水泥混凝土板块产生大量的建造垃圾。将废弃混凝土经过技术处理加工为可利用的骨料，不仅为砂石料紧缺问题提供一个合理的解决方法，还对废弃混凝土进行了回收与利用，保护了生态环境。

旧水泥混凝土路面利用方法分为再生利用和原路利用。再生利用分为现场再生利用和回收再生利用。现场再生利用的方法有水泥混凝土路面碎石化技术、水泥混凝土路面冲击压实技术和水泥混凝土路面打裂压稳技术。回收再生利用，主要是将旧水泥混凝土块填入专业破碎机，破碎成一定粒径的碎石，如作为水泥稳定碎石材料进行利用，或作为石片浆砌利用。原路利用主要是指利用旧水泥混凝土路面作为基层，在上面加铺其他结构层的方法。

（三）主动除冰雪沥青路面

在世界范围内，路面冰雪问题普遍存在，一方面影响交通安全，另一方面冰雪道路严重制约了道路的通行能力及交通运输效率。面对路面积雪容易冻冰的现象，各国政府历来都很关注，并为此进行了一系列的探索工作，探索出了多种清除方法：表面积雪除冰的技术，主要分为主动除冰技术和被动除冰技术。我国大部分地区属冰雪地区，路面积雪结冰问题较为常见，我国冬季通常采用撒布融雪剂、机械除雪和喷洒热水等方式清除路面冰雪，属于被动除冰雪技术。此类除冰雪方式，存在融雪剂撒布量难以精确控制、造成路面破损等弊端，不仅造成材料的浪费，还会产生环境污染、影响道路通行等问题。

弹性路面除冰技术具有施工简单、使用性能优良并能消耗相当数量的弹性固体废弃物的优点，可以有效缓解我国的环境压力，节约资源，具有良好的社会经济价值和应用前景。

该项技术属于主动除冰技术，利用弹性材料所具有的高弹特性使路面在载荷的作用下产生自应力，改变冰雪与路面表面的黏结状态，使路面表面的积冰或积雪受力不均匀，产生较大的变形，进而破碎剥离。这样不仅可以有效利用废旧弹性材料，实现资源的有效再利用，而且弹性路面还有较好的高温稳定性和低温柔韧性，在道路抗滑和降噪方面也具有明显优势。

弹性路面除冰技术在除冰雪过程中不仅对环境没有任何破坏，而且通过对废旧弹性材料的使用还可以有效减少废旧材料在堆放或处理过程中对土壤、大气和水等造成的污染，是一种环保节能的先进融冰雪工艺。虽然该技术初期投资高，但是综合考虑减少融雪剂使用的费用、减少路面冻融损坏维修费用、间接机械除雪和人工除雪对路面造成的损伤的维修费用、较少交通事故造成的间接经济损失等，采用此项技术的总体经济性较好。同时，因其具有清洁、高效、节能等特点，将成为我国可再生能源利用重点推广技术。

三、其他绿色环保措施探究

（一）生态保护

高速公路作为现代文明的标志之一，公路交通的生态环境保护问题越来越受到人们的重视。例如，长达 97.75 千米的"思茅—小勐养高速公路"（思小高速公路），在建设过程中始终以"建设一条人与自然和谐发展的生态环保高速公路"作为整个工程的总目标，以"保护自然、回归自然、融入自然、享受自然"作为工程的建设理念，在整体设计上引入了"宁桥勿填、宁隧勿挖"的思想，尽量减少开挖，保护了周边环境。为了尽可能减少对生态环境的破坏，优化设计方案，工程投资在原来的基础上增加了 9.5 亿元，桥梁数量增加了 298 座，隧道增加了 28 条，桥隧总长占全线总长的 26.4%。在野象谷路段，桥隧里程占到公路里程的 70% 以上，桥隧比例在世界公路建设史上已属少见。引进了精细化无缝隙管理理念，隧道开挖采用了"零开挖进洞"，使 10 万平方米植被得到了有效保护，全线施工、监理单位租用沿线已有住房作为驻地，少占新地约 3 万平方米。

思小高速公路建设结合地形和景观特点，在沿线设置了多处停车点、观景台和服务区，同时结合民族文化特色和项目的地域特色，巧妙地设计了傣族公主帽形状的隧道洞门、傣族民居特色的服务区建筑。

（二）进行噪声污染控制

汽车数量的快速增长在方便市民出行的同时，也不可避免地带来了交通噪声的问题。为了降低该问题带来的负面影响，除了能够使用声屏障或保证路面平整度这些措施之外，还可以选择使用低噪声路面。

低噪声路面可分为排水沥青路面和橡胶沥青路面。橡胶沥青路面已在前文介绍，本部分对排水沥青路面进行简要概述。该路面又名透水沥青路面，指的是其在压实之后，会有约 20% 的空隙率，这些空隙可以在混合料内部构成排水通道的新型沥青混凝土面层，它的本质就是单一粒径碎石按照嵌挤原理构成骨架—空隙结构的开级配沥青混合料。该路面大多选择大空隙沥青混合料作为表层，使降水进入排水层，同时经过层内把汇集的雨水横向排出，因而解除了产生不利影响的路表水膜，极大地增加了雨天出行的安全性与可靠性。此外，该路面上的诸多空隙也能够大大减轻交通噪声带来的影响，因此也被称为低噪声沥青路面。

永武高速公路上有长达 22.4 千米，全国最长的排水沥青路面实体工程。该路面的神奇之处在于采用了高黏度沥青进行铺筑，使路面的孔隙增大，雨水可以直接透过路面进入下面的排水层，再排出路外。据了解，具有大孔隙特征的排水沥青路面铺装因为具有抗滑性能高、噪声低、抑制水雾、防止水漂、减轻眩光等突出优点，排水路面"治水用疏不用堵"，避免了雨水积存在路面上，而且该路面可以减少行车噪声 3～8 dB，驾车更为舒适。

（三）采取节水与水污染防治

1.使用透水路面

雨水在整个大气循环系统与水循环系统中发挥着非常关键的作用。如果绝大多数道路都建设为不透水的密实铺面，那么就可能会出现雨水大量流失的现象，从而使大气循环系统以及水循环系统难以保持平衡状态，进而带来诸多生态环境问题。在这样的情况下，可以选用透水性铺面，它从面层到基层全部选用的是透水性材料，这样的构造能够使雨水渗入地下。

2.桥面径流污水处理

随着我国高速公路的快速发展，公路建设及营运对饮用水水源的保护及影响问题日益受到社会各界的广泛关注，跨越饮用水水源等敏感水体的公路越来越多。例如，永武高速公路设计出一套多级防护的桥面径流收集处理装置，集成高速公路监控、通信系统并开发了高速公路水环境安全预警监测系统，完成了永武高速公路柘林湖路段将近60千米、全国目前里程最长的水环境安全保障实体示范工程。永武高速公路桥面两侧布满了收集水的管道，桥面径流经过这些管道要经过一个水检测装置，该装置会自动对水质进行检测：如果水被化学物质污染过就会被排到污水池中，工作人员会及时将这些污水清走；如果水检测合格，就会被排到净水池中，但这些水还不能直接排入湖中，还要经过两层专门的净水处理，检测合格后才能排入湖中。此外，桥面上装有监控系统，可以随时监测桥上的各种应急情况，发生车辆事故或者车载液体泄漏会自动向后台报警。

第四节　航空交通系统的低碳化

一、航空基础设施的主要低碳措施

（一）机场地面能耗及碳排放特点分析

机场所涉及的各种设施设备以及空间无时无刻不在消耗能源，而且所消耗的能源量是非常巨大的，机场的能耗品种分为电能、天然气、燃煤和燃油等，其中电能的消耗量最大。站在机场分区的角度，飞行区、航站区、工作区以及生活区的能源消耗量存在着显著的差异。航站区是耗费能源量最多的区域，这主要是因为该区域常常有相当数量的旅客停留，同时还要支持各种设备运转，如主要耗能的中央空调与照明设施，以及诸多传送设备、室内空调、弱电设备等。与航站区相比，另外三区的能耗占比并不高。

为了能够减少机场的能耗，可以采取被动式节能设计和主动式节能设计。前者的应用范围集中在新建与改扩建的机场，在最开始对机场进行相关的设计时便可结合机场所处地区的自然环境来引入自然通风和自然采光等。后者可在各类机场广泛应用。

（二）机场被动式节能

1. 建筑材料节能

节能建材是一种用于降低建筑物能耗的材料，主要包括节能窗、外墙保温系统材料以及室内墙砖贴面环保材料。使用这些材料的建筑物，可以达到"冬暖夏凉"的效果，既节能又舒适。

新建机场可通过节能材料的应用达到节能减排的效果，已建机场可将建筑物进行节能改造。建筑材料节能作为目前我国机场节能减排的主要措施之一，涉及外墙和屋面保温、隔热材料及节能型门窗技术的应用。

咸阳机场 T2 航站楼玻璃幕墙改造前使用遮阳帘仅能起到遮光的作用，不能阻止热量进入，夏季空调用电量大。为此，该机场在 T2 航站楼南侧、东侧、西侧及连廊部分太阳可直射的玻璃幕墙区域安装了强生 SV30 隔热膜。项目实施后，4300 平方米玻璃幕墙均贴了阻隔率为 66% 的隔热膜，每个制冷季可节约空调用电 21.1 万千瓦·时。

2. 自然通风利用

自然通风是当前在建筑行业广泛使用的技术，它在改善建筑内部热环境、减少空调能耗方面发挥着不可小觑的作用。这种方式的最终目标是代替空调制冷系统。当室外处于低温低湿状态时，自然通风能够在不耗损其他能源的条件下使室内气温有所下降，并能够抽走湿气，让人感到舒畅。即便室外处于高温高湿状态，需要消耗一定的能源才能够降低温度与湿度，它也能够借助自然通风运送经过处理后的新风，从而节约去风机能耗，并且不会产生噪声。此外，自然通风能够向室内输送新鲜、清爽的空气，有助于人的身心健康。

3. 自然采光与遮阳的应用

在机场所有设施的能耗中，照明占比较高，所以依托建筑设计来探索建筑借助自然光照明成为节省能耗的重要技术手段。自然采光就是借助建筑设计方法，将自然光线引进航站楼内，并且要防止以眩光或是太阳光直射的形式出现。采用何种自然采光方式需要结合航站楼的建设结构来确定，通常有天窗、侧窗、导光管法和平面境反射等方式。

另外，航站楼内在考虑到的自然采光的同时，也要考虑到遮阳同样重要，尤其是夏季一些炎热的地区。当前使用最广泛的是可控遮阳，也就是说，夏季使用遮阳，其他季节打开遮阳。这不仅有效化解了遮阳与采光问题，还能够极大地减少电能的使用，从而降低能耗。

4. 新能源的利用

太阳能、风能等清洁可再生能源是机场践行节约能源、减少污染物排放的重要途径。虹桥机场扩建工程货运站主站房太阳能光伏发电站工程设计装机容量为 2 848 千瓦，年平均上网电量约 277 万千瓦·时，与相同发电量的火电厂相比，每年可为电网节约标准煤约 987 吨（火电煤耗按 2007 年全国平均值 357 克 / 千瓦·时计），具有明显节约能源的效果。

（三）机场主动式节能

机场主动节能的途径各式各样，覆盖的节能范围较广，但主要是空调和照明设备节能。

1. 楼宇自控系统的应用

机场集空调、照明以及诸多其他系统于一身，这些设备与系统都集成在楼宇自控系统的管理平台上，依托计算机系统来管制彼此联系的设施，发扬设备整体的长处并提高其能力，提升设备利用率，调整设备的运转状况与时间，以此增加设备的使用时间、减少能耗，减少维护人员的工作量，从而减少设备的运行费用。例如，机场楼宇自控系统对其主要监控设备，即空调与照明系统的管控手段为，依托调整空调机组的媒介水的流量来管控空调机组的送风湿度，进而实现管控公共区域现场温度；借助现场光照度阈值比对设定值来管控照明系统的开关。

2. 空调系统节能

结合空调系统的工作性质，在对其进行设计及选择设备型号时应该考虑其最大负荷，但是在现实情况中空调负荷并不是固定不变的，而是受到诸多因素的影响而发生不同的变化，甚至最小时连设计负荷的 1/10 都达不到，这就产生了极大的能源浪费。所以，空调系统怎样在低负荷下达到高效节能运转以及在设计中进行节能设备选择成为实现空调节约能源、减少能耗的重点。结合机场航站楼的实际情况，选择以下方式进行空调节能。

（1）合理选择冷热源。空调能耗由空调冷热源、空调机组及末端设备、水或空气输送系统三部分组成。其中，冷热源能耗约占总能耗的50%，成为空调节能的重中之重。基于国家能源政策，宣传并推广电制冷机组，不鼓励使用燃煤锅炉的产品。此外，要不断探求新能源设备，如太阳能空调与燃气空调（直燃机），并引入其他清洁能源的使用，如地源热泵等。此外，采用热电冷联产系统，实现能源的梯级利用和高效利用。

（2）冰蓄冷系统和冷水蓄冷系统。这两种系统都是能够实现空调节能的技术。其中，前者主要是借助最高与最低电价的差值，把用电高峰期的空调负荷转移至低电价夜晚，以节省运行成本。前者的运用使得主机总耗能基本不变，能够节省运行成本，但不能节约能源。而后者由于使用了新型的冰剥离法，降低了剥离能耗，不仅节省运行成本，而且节约能源。

（3）合适的空调送风方式、置换通风、变风量系统。航站楼由于内部空间广阔，在对其进行送风的同时，也要保证楼内拥有适宜的温度和湿度，这种情况下，适合实施置换通风。换句话说，将清新的冷空气从底部慢慢送入，使其缓慢扩散，当遇到热源时就会被加热，从而凭借自然对流向楼内上空升起，最终将余热与污染物带离。

3. 照明节能

机场照明由航站楼照明、站坪照明和场道助航灯光系统三部分构成。而航站楼照明由三部分构成：一是办公室照明。一般指房间内的照明，这部分楼宇自控系统难以控制。二是公共区域照明。通常指走廊、过道这些公共地方的照明。三是泛光照明。这一部分的存在主要是为了增加建筑的美感。

（1）合理设置照明效果。航站楼照明将主要照明与辅助照明相结合，不仅能够大大增强照明效果，还能够节约能源以及运行成本。根据楼内各区域所需要亮度的差异，通过管控照明工具，如改变照射方向或改变灯光强度等，最终满足不同区域的照明需要。

（2）选择高效的节能灯具。LED节能灯越来越受到人们的广泛关注。LED灯光系统被应用于各种场所，机场也不例外。除了能够在航站楼的照明系统使用之外，还适用于助航灯光系统和站坪灯光系统中。

（3）加强航站楼灯具的维护和管理。这一措施需要与楼宇内的自动控制系统结合使用，分区管控开灯的时间与数量，对部分区域的照明设备实施自停启控制，同时允许在确保机场能够正常运行的基础上，掌握好相关业务量与时间的关系，科学恰当地管控照明系统与相关业务系统的开关时间。

二、其他绿色环保措施

（一）噪声污染控制

做好机场噪声的控制需要考虑诸多因素，除了涉及降噪技术，还受到机场建设、城市规划、经济条件等的影响。同时，缓解机场噪声的影响不能仅仅依靠机场一方的努力，而是需要协同政府部门、人民群众等共同配合，联合解决。在对机场进行选址布局时，增强与地方政府之间的沟通，与地方政府相互配合，在合法合理的范围内进行用地及建设规划，对一些噪声敏感的建筑实行限制手段，如住宅、学校以及医院等，不适合建设在机场周边。运用先进的技术手段开展降噪活动，对噪声较大的机场实行常态化监控，并及时监督其做好整改。

（二）加强航空垃圾和机场污水处理

建立并完善航空垃圾收集系统，对这些垃圾实行分类处理。不断推动航空垃圾无害化处理设施建设与完善，避免垃圾渗滤液对水资源产生不利影响。严格遵循飞机除冰等化学品的排放处理标准。着力推进机场污水处理管网和配套设施的建设与完善，并对其实施常态化管控，严格遵循相关标准。鼓励使用节水设备，及时对机场老旧管网等进行巡检与维修，着力提高机场用水效率。

（三）机场绿化

我国很多机场都很重视周围环境的绿化工作，如合肥新机场广场可算是一个大花园，春有鲜花，夏有阴凉，冬天也可看到绿意盎然的植被。据机场有关人员介绍，新机场植被以法梧、银杏、香樟、红叶石楠、法国冬青、桂花为主，保留并拓宽了航站楼前原来的水面。从进入机场大门开始，这些植被次第分布在机场的各条大道和公共区域，颜色丰富，层次多样，确保了四季常绿、三季有花。

三、航空运输装备采取的低碳措施

（一）航空生物燃料

1. 交通用生物燃料发展的必要性

生物燃料是从有机质中提取的液体和气体燃料。为了减少对石油的依赖，为了给交通运输行业不断加强的去碳化努力做出贡献，生物燃料提供了一种向低碳、非石油燃料过渡的方式，通常只需要对现有车辆和配送基础设施做少量改变。虽然提高车辆效率是交通运输行业迄今为止减少二氧化碳排放最有效的低成本方法，但生物燃料在取代适用于飞机、海洋船舶和其他无法电气化的重型交通模式的液体化石燃料方面发挥着重大作用。

2. 交通用生物燃料发展现状

生物燃料的生产始于19世纪，人们从玉米中提取乙醇。直到20世纪40年代，生物燃料才被证实为可行的交通运输燃料，但下滑的化石燃料价格阻止了其进一步发展。对交通运输用生物燃料的商业生产兴趣在20世纪70年代中期再次出现，当时巴西开始用甘蔗生产乙醇，接着美国用玉米生产乙醇。

最近，交通运输行业的二氧化碳减排已成为生物燃料发展的重要驱动因素，尤其是在OECD国家。如今，生物燃料约占全球道路运输燃料总量的3%（按能量基础计算），这一份额在某些国家要高很多。生物燃料可在减少交通运输行业二氧化碳排放和增强能源安全方面发挥重要作用。

航空生物燃油是目前航空业为数不多的可替代燃料之一，对航空公司面临的石油资源枯竭、应对全球气候变化、实现可持续发展有着重要意义。美国率先在军用飞机上进行了航空燃料试验。

目前，国际上已经有多起利用生物燃油进行航空飞行的成功范例。虽然这些新能源在航空运输中的使用大多处于试验阶段，尚未进入大规模使用，但是却预示着航空运输界生物燃油时代的到来。

（二）主要国家和地区生物燃料发展的政策

欧盟依据《可再生能源指令》规定，生物燃料必须提供35%的温室气体减排。到2017年，这一门槛将提高到50%。

在美国，环境保护署（EPA）负责可再生燃料标准II计划。该计划为可再生燃料建立了具体的年度数量要求，到2022年会增加到360亿加仑。这些监管要求适用于在美国使用的可再生燃料的国内外生产商和进口商。根据与所取代的石油燃料进行对比的生命周期评价（包括间接土地用途变更），先进生物燃料和纤维素生物燃料必须展示它们有能力满足分别把温室气体减少50%和60%的最低标准。瑞士《联邦矿物油法案》规定，生物燃料要享受税收优惠必须实现40%的温室气体减排。此外，原料不得种植在最近刚砍伐的林地上或维持生物多样性的土地上。生物燃料生产商还必须遵守原料生产和生物燃料转化所在国的标准。

（三）生物燃料发展愿景

生物燃料路线图的基础是国际能源署《能源技术展望 2010（ETP 2010）》中的蓝图情景，该情景阐明了到 2050 年把温室气体排放减半的经济有效的策略。蓝图情景设想，能够把生物燃料在交通运输能源总量中的占比从如今的 2% 增加到 2050 年的 27%，从而为减排做出巨大贡献。根据相关资料统计，未来十年 OECD 国家对这种新型能源的需求量最大，然而预计到 2030 年，非 OECD 国家对这种新型能源的需求将会达到全球总需求的 60%，到 2050 年约占 70%，而中国、印度和拉丁美洲的需求最旺盛。

为了能够尽早地达到上述愿景，大部分常规生物燃料技术在转化效率、成本以及总体可持续性等方面都要进行有针对性的改善。同时，要加大对这种新型能源的宣传与推广力度，并加大相关投入以进行更深入的研究，也要在经济上或是政策上给予相关企业支持。

第六章　低碳交通先进技术与创新实践

第一节　低碳交通的节能技术

一、基于低碳的绿色驾驶技术

车辆驾驶技术与燃料消耗息息相关。当驾驶条件与驾驶车辆型号一致时，驾驶员对车辆操作存在的差异性，导致其在油耗方面存在着 20%～40% 的差距，甚至可能会更大。所以，汽车驾驶有相当大的节能潜力。绿色驾驶技术是指通过良好的驾驶习惯来减少使用过程中的燃油消耗，以最少的燃油消耗、污染物排放与碳排放，实现最经济、最高效的出行。绿色驾驶技术可行性强，并且没有任何其他投入，下文将对该技术进行简要介绍。

1. 发动机启动与预热

启动冷发动机时要对其进行预热，选择合适的举措使其温度能够尽快达到适宜起步的温度。如果不采取预热这一步骤，发动机要达到起步的正常温度，则会多消耗约 33% 的能源。预热方式多种多样，可以借助热水、蒸汽、电加热以及红外辐射等预热方式，待发动机水温升到 40℃ 以上时再起步行车最为经济。预热时，应避免大油门和反复踩加速踏板。启动后应保持平稳运转，不要猛踩加速踏板。

2. 轻踏缓抬与平稳起步

在运用加速踏板时，始终秉持轻踏、缓抬的原则，一旦踩得过猛或加"空油"，那么就会使加速装置与省油装置提早开始发挥作用，提早开始消耗能源，从而使能耗增多。如果抬脚过快，会使发动机转速在非常短的时间内迅速下降，而发动机所具有的牵阻作用，会对消一些行驶惯性，这同样使能耗增多。

显然，与其他情况相比，汽车平稳起步和均匀加速所消耗的燃料更少。为了能够在起步与提速方面更节省能耗，在车辆起步时要选用低挡，平稳加油。不可胡乱踩踏油门，避免产生能源空耗，同时确保离合器适时配合，踩踏油门有节制。这样不仅能够节约油料，还可以降低机件磨损。

3. 保持良好的发动机温度

发动机温度的高低与油料是否节省息息相关。无论是温度过高，还是温度过低，这两种状态都会使油料消耗量有所增加。当对发动机注入冷却水时，其工作水温要在80℃～90℃，加注防冻液的发动机为95℃～105℃，风冷发动机为120℃，这时汽车油耗最低。当车辆长时间大负荷高速行驶，发动机超过最佳温度上限5℃以上时，就需要停车或小负荷、低速行驶，让发动机温度慢慢降到正常区域。

4. 合理选用挡位及换挡

在起步时，应根据载重量和道路情况合理选用挡位。汽车在同一道路条件下以同一车速行驶时，使用的挡位越低，汽车油耗越大。汽车起步后应快速换入高挡，不宜用低挡长时间行驶。一旦在行驶过程中察觉到动力不够充分时，要立即减挡，而不是选用加大油门来缓解这一问题，那样只会增加能耗。

5. 合理控制车速

汽车在相同的道路上行驶，如果车速不相同，那么油耗也必然会不同。汽车每个挡位都有其能耗量的最低车速，即经济车速。当车速大于或小于经济车速时，都会带来相应油耗增加。由于每辆车都具有其自身的特殊性，因而各车之间的经济车速会有不同；即便是车型一致，但其经济车速也会因行驶路况与车况的不同而有所差异。通常来讲，路况好、装载量少时，其经济车速高。

6. 安全滑行

借助坡道滑行，换言之，就是在坡度较小且安全的前提下，能够依托下坡道进行恰当滑行，这在一定程度上能够节省油料。在车辆行驶过程中，要结合减速或停车的实际情况，如发现前方有路障、路口、人行横道、转弯、会车等，通过准确目测距离，尽量少用或不用制动，有预见地提前放松加速踏板，充分利用车辆的惯性和发动机的制动作用，通过滑行达到减速或停车的目的。

7. 正确制动和停车

制动与停车次数与油耗量的多少呈正相关关系，即频次越多，油耗量越大。所以，在驾驶车辆时，在确保安全的基础上，尽量降低制动与停车频次。停车要根据不同的气象条件，选择停车位置，停车到位，避免停在上坡、积水、结冰或松软的路面。夏季停车，尽量停在阴凉处，如果条件不允许的话，那么就尽量使油箱侧避免阳光直射。冬季停车要注意车辆保温，露天尽可能将车停在有阳光的地方，且车头面向阳光。当停车超过 1 分钟时，尽可能使发动机熄火。当车辆经过高速或爬长坡行驶后，发动机最好在怠速运转 30 秒左右后再熄火。

此外，出行路线与时间尽可能选择车流量少的路段以及非出行高峰的时间，降低起步、停车以及变更车道的频次，避免不必要的掉头和倒车。私家车使用者应当相互搭乘，尽量减少短距离行车；少开空调，减少车辆不必要的负载，平缓加油，保证轮胎正常气压，合理换挡，注意燃油的品质，避免长时间怠速，不盲目使用耗电设备，高速行驶时关闭窗户，定期保养车辆，做好车辆的维护检查等，这些都是绿色驾驶技术的重要组成部分。

二、应用车用替代燃料

当前，城市空气污染源中约有 70% 来自汽车的废气排放。车辆发动机的主要燃料是汽油和柴油，车辆在使用汽油和柴油的过程中所排放的尾气严重污染城市环境，所排放的温室气体对全球气候变化产生了影响。随着石油危机、城市环境问题的日益突出和全球气候变化问题越来越受到人们的重视，世界各国普遍关注车用燃料的替代问题，许多污染小、碳排放量低、经济可行并且能够保障持续供应的车用替代燃料被开发利用。车用替代燃料强调的是石油的替代性。目前，车用替代燃料主要由石油副产品和非化石能源得来，包括液化石油气、天然气、煤基燃料、氢气以及生物质燃料和电力等。根据 IPCC 第四次评估报告，发展车用替代燃料是减少交通领域温室气体排放的重要措施之一。

（一）液化石油气

液化石油气的主要成分是丙烷和丁烷，是石油开采和精制过程中的伴生物，常温、常压下呈气态，加压或冷却后很容易液化，液化后的体积约为气态的 1/250。液化石油气可以全部燃烧，无粉尘，污染少。此外，液化石油气还具有发热量高、方便运输、压力稳定、储存方式简单、供应灵活等特点，并且其控制装置在技术上也比较成熟，具有实用、经济性好的特点。它是便于车辆使用的清洁燃料，适于我国国情，有利于推广。目前，液化石油气汽车分为只使用液化石油气和同时使用液化石油气和汽油（或柴油）两种。

（二）天然气

天然气以甲烷为主要成分，主要存在于油田、气田、煤层和页岩层。天然气在地球上的储量仅次于煤炭，是各种代用燃料中最早且被广泛使用的一种。天然气是一种清洁能源，燃烧不会带来废渣、废水，燃烧时产生的二氧化碳少于煤炭、石油等其他化石燃料，造成的温室效应较低，可减少酸雨的形成，有助于改善环境质量。

用于汽车内燃机的天然气有压缩天然气、液化天然气、吸附天然气或水合物等。天然气作为一种洁净燃料被应用于交通领域，至今已分别在汽油和柴油机上开发了多种技术。目前，世界上在用的天然气汽车已超过 200 万辆。

（三）氢气

氢气可以直接用于内燃机，可以作为各种燃料电池的燃料来驱动车辆。氢是清洁能源，将其用于汽车，除了不产生废弃物之外，当汽车处于低温状态时能够较快启动，还可以减小发动机的腐蚀概率，增加其使用时间。此外，因为氢可以与空气均匀混合，所以能省去汽化器的使用，进而优化汽车的构造。如果在汽油中注入 4% 的氢气，就能够节省约 40% 的汽油，并且不用对汽油发动机进行大的改造。

质子交换膜燃料电池的最优燃料是氢气，该电池能够在温和条件下非常高效地把氢的化学能转为电能，实现零排放。在该电池实用化之前，将氢气作为内燃机车辆的燃料，是实现车辆零排放的方式。与汽油相比，氢气作为燃料，在过剩空气中燃烧得更完全，并且可使用更高的压缩比，因此氢气比汽油具有更高的热效率。除此之外，氢气对空气有更强的适应性，即使启动和刹车的次数过多，其燃烧也是比较充分的。当氢气用于内燃机车辆时，不会排放一氧化碳、温室气体等污染物，它在空气中燃烧产生少量一氧化氮，能够经过调整空气 / 燃料比，将其降低至最小值，所以以氢气作为燃料的质子交换膜燃料电池汽车能够达到零排放的目标。

氢气不是一次能源，而是属于二次能源，是经过一定的流程借助其他能源制取的。氢能是公认的清洁、低碳能源，氢经过燃烧产生水和少量的氮氧化物，没有其他废弃物，对自然环境几乎没有危害。在大自然中，氢主要以其化合物（如水和碳氢化合物）的形式存在，氢在大自然中的分布十分广泛，水、石油、煤炭、天然气、动植物体内等都含有氢。氢的主体是以化合物水的形式存在，而地球表面将近 70% 被水覆盖，氢燃烧后的产物也是水，因此氢气永远不会用完。用氢代替化石燃料不仅可以极大地降低污染物排放，还可以缓解温室效应。当前，世界上氢的年产量约为 3 600 万吨，并以每年大于 8% 的速率增长。

　　氢可以通过一定方法从氢的化合物中提取出来，其提取方法有多种。从生产氢的原料来看，能够将提取氢的方法分为非再生氢和再生氢两种。前者主要通过消耗化石燃料来得到，如石油制氢、煤制氢等。后者则通过水或可再生物质提取，如电解水制氢、微生物制氢、光催化分解水制氢、生物质制氢等方法。尽管前者的应用范围较为广泛，但随着科学技术的发展，非再生氢将会逐渐被再生氢取代。目前，可再生电力如太阳能、水能、风能、生物质能发电都可以被用于大规模制氢。太阳能利用技术的成熟，为人们提供了新的制氢方式，即借助阳光分解水来制取氢气。将水中放入催化剂，经过阳光照射，催化剂能够引起光化学反应，将水分解成氢和氧。当更可行的催化剂出现，只需要在汽车、飞机等油箱中加满水，再放入光水解催化剂，经过阳光照射，水便可以持续分解出氢，为发动机提供能源。此外，植物进行光合作用时，会有微生物存在，它们能够释放氢，借助氢化酶诱发电子，与水中的氢离子相结合，从而生成氢气。目前，关于这种微生物的培养正在不断探索，以期能够尽快适应新能源的开发。

　　中国、美国、日本、加拿大、欧盟等都在氢能方面做出了相应的发展规划。当前，中国在氢能领域进行了诸多研究并取得显著成效，被认为是最先在氢燃料电池和氢能汽车产业化方面有一番作为的国家。相信未来中国能够成为在氢能技术等方面遥遥领先的国家之一。

　　（四）生物质能源

　　生物质指的是借助光合作用来形成的各式各样的有机体，不仅涵盖了各种动植物，还包含了各类微生物。生物质能就是太阳能以化学能形式贮存在生物质中的能量形式。换句话说，它是将生物质作为载体的一种能量。有机物中只有矿物燃料不属于生物质能，其他所有产生于动植物的能源物质都属于生物质能，主要包括木材、森林与农业废弃物、水生植物等。生物质能本质上都是从绿色植物的光合作用中产生的，它能够经过一定的流程转化为常规的固态、液态和气态燃料，属于可再生能源。生物质的硫与氮的含量不高，所以其在燃烧过程中只能产生少量的硫化物和氮氧化物，从而排放的污染物较少。当生物质作为燃料燃烧时，它所排放的二氧化碳量与其形成时所需要的二氧化碳量大致相同，所以从这个角度来说，它实现了二氧化碳的零排放，能够有效地缓解温室效应。生物质能是继煤炭、石油和天然气之后的第四大能源。生物学家研究发现，地球每年通过光合作用产生的生物质将近 1 730 亿吨，而这些生物质所能够提供的能量是全世界能耗总量的 10 ～ 20 倍。然而遗憾的是，该能源的利用率并不充分，还不到 3%。

按照来源不同，生物质可分为林业资源、农业资源、生活污水和工业有机废水、城市固体废弃物、畜禽粪便五大类。现代生物质能的利用是经过生物质的厌氧发酵制取甲烷，用热解法生成燃料气、生物油和生物炭，用生物质制造乙醇和甲醇燃料，并借助生物工程技术培育能源植物，发展能源农场等。当前，国外的生物质能已经达到规模化与产业化经营，美国、瑞典和奥地利已将生物质转化为高品位能源并对其进行充分利用，已分别占其一次能源消耗量的4%、16% 和 10%。美国生物质能发电的总装机容量已超过 10 000 兆瓦，单机容量达 10 兆瓦～ 25 兆瓦。美国纽约建造的垃圾处理站，选择使用湿法处理垃圾，回收沼气进行发电，并生产肥料。美国开发出利用纤维素废料生产酒精的技术，建设了 1 兆瓦的稻壳发电示范工程，年产酒精 2 500 吨。巴西对乙醇燃料进行了开发应用，当前乙醇燃料占该国汽车燃料消费量的一半以上。

生物能源，尤其是生物燃料如燃料乙醇和生物柴油，可以将农产品下脚料作为生产原料，不但可以直接替代车用燃油，而且可以减少污染物和碳排放。据不完全统计，中国各级政府核准的生物质发电项目累计超过 170 个，总装机容量超过 460 万千瓦，其中已经并网发电的项目超过 50 个，发电总装机容量已超过 200 万千瓦。

三、新能源车辆的上市

（一）新能源汽车全寿命周期碳排放分析

1. 纯电动汽车

纯电动汽车是指以车载电源为动力，用电机驱动车轮行驶的汽车。这种汽车无须再用内燃机作为发动装置，其基本结构简单，在行驶时基本不会有二氧化碳排放，对环境危害很小，同时其噪声小、高能效、容易维修。这种汽车所消耗的电能来源广泛，永不枯竭，不仅可以依托化石能源得到，还能够从水能、风能、太阳能、热能等可再生能源那里获取。电池是纯电动汽车各部件中的重中之重，它有多种类型，如铅酸电池、铁镍电池、氢镍电池、锂电池等。当前，蓄电池单位重量能够储存的能量不多，行驶距离不长；充满高储量的电池所需时间长、费用高，使用场所有限制。中国的铅酸蓄电池类的纯电动汽车技术发展较为成熟，其他大部分依然处在起步阶段。

相较于传统汽车，电动汽车对国家电力能源生产结构的依靠性会更强，甚至在同一个国家的不同地区也有本质的区别。中国煤矿平均每开采 1 吨煤，大约排放 6 立方米的二氧化碳。

虽然纯电动汽车不存在燃油费用，但是从全寿命周期的角度来看，它的总成本要比燃油汽车高，并且经过相关研究发现，较高的购置成本和电池成本是造成其高成本的重要原因。另外，基础设施（如公共充电设备等）不完善、不配套也会导致纯电动汽车的使用不够便利。因此，要提高纯电动汽车的经济性，最重要的是解决电池费用居高不下的问题，相关部门可以通过加大该领域人、财、物的投入，鼓励企业等机构研发出成本低、质量好且耐用的电池，来减少纯电动汽车的生产成本，以减少整个行业的市场价格以及在设计使用时间内的电池成本。只有这样，才可以较快地促进并规范纯电动汽车市场的发展。

2. 混合动力汽车

这类汽车的动力源不是单一的，而是存在两个以上而且彼此能够协调工作的动力源。这类汽车最核心的部分就是混合动力系统，按照动力系统的结构不同，它能够分为串联式、并联式以及混联式。该类汽车不会对当前已有的汽车生产技术以及交通基础设施带来较大的调整。并且，与传统汽车相比，它能够节省 30% ～ 40% 的燃料。

济南市混合动力公共交通汽车投入运营检测结果表明，混合动力汽车比普通汽车每百公里节约 13.5 升油，节油率高达 30%。混合动力汽车在运行过程中与传统燃料汽车相比，二氧化碳排放量总体可以降低 30%。在混合动力汽车技术方面，中国相关的研究与发展比较迅速，有些类型车辆的技术已相当成熟，但仍然不可避免的会出现一些问题，比如这类汽车的效率依然比较低，还要使用较多的汽油或柴油。此外，在电池、电动机、内燃机以及整车能量管理等技术方面，还有一些难题需要克服。随着汽车电池技术不断突破，混合动力汽车将向纯电动汽车方向发展。

任何事物的发展都不是一蹴而就的，都需要过渡期。在朝着纯电动汽车发展的过渡阶段，插电式混合动力汽车发挥着主体作用，它集常规混合电力汽车与纯电动汽车的优势于一体，可以最大限度地利用电能，从而减少对化石燃料的使用，进而减少碳排放量，是过渡阶段实用性较强且较为环保的车辆。也正因如此，它成为电动汽车领域的研发和推广热点。

3. 燃料电池汽车

该类型汽车的动力是燃料电池，基本原理是把燃料中蕴含的化学能直接转化为电能，并用电能驱动汽车行驶。按照燃料类型的不同，该类型汽车分为氢燃料电池车和生物（粮食和非粮食）燃料车。它与上文中提到的两类电动车最大的区别在于，它并不涉及燃料燃烧，而是借助电化学的方法，使氢和氧相互结合，从而直接产生电和热，基本不会带来污染物排放。此外，该类型汽车的动力源易于获得，无论是氢燃料还是生物燃料都广泛存在。

当前，诸多制氢的技术方案，按照碳排放量由高到低排序为，以化石燃料为主的能源通过水电解获得氢气、甲醇重整和汽油重整获得氢气、煤制氢、天然气制氢。如果技术方案相同，则液氢方案的碳排放高于气氢方案。天然气是燃料电池汽车的制氢能源，它比较经济，利用效率高，不会对环境产生较大影响且制氢技术比较多元化等，是当前条件下燃料电池汽车制氢能源的最佳选择。若以太阳能、风能等清洁的可再生能源作为制氢过程中的能源，则碳排放量会极大地减少。

（二）新能源汽车技术发展路径分析

机动车数量的不断增加以及化石燃料的迅速减少，为新能源汽车的发展提供了契机。由于各种新能源汽车技术起始时间存在差异，其所处的发展阶段必然不同，有的技术处于起步阶段，有的技术已经较为成熟，同时每种技术在减少污染物排放方面存在着较大的差异性。鉴于此，要根据各城市经济、低碳交通的发展目标以及各类能源拥有的实际情况制定新燃料汽车的发展规划。

若电动车（纯电动车与混合电动车）的驱动力为煤电，则站在全寿命周期的角度，在中国目前的煤电结构下，它所带来的污染物排放并不少于传统汽车。当前，我国基本上都是用煤来发电的，这种现实情况很难在短时间内发生大的变化，所以从本质上来讲，电动车的应用并没有真正实现节能减排。如果电动车所使用的电能通过水能等获得，再利用这些电能来生产氢，那么氢发动机汽车和纯电动车在使用期间所产生的污染物和碳排放便会很少。在机动车尾气已经成为中国许多城市最主要的大气污染物来源的情况下，当电厂远离城市中心的时候，电动车是非常有利于改善城市大气环境质量的。所以，从长期来看，纯电动汽车可以作为新能源汽车未来的发展方向，但从中期和短期来看，它不太适合作为发展的核心，这主要是因为它在技术与减排方面还面临着许多问题与挑战，需要不断地探索并解决，以尽快步入成熟阶段。

站在全寿命周期的角度，将天然气作为汽车的能源是最佳选择。一方面，天然气属于清洁能源，能够有效地减少污染物的排放；另一方面，与其相关的技术发展相对完备。然而，天然气的发展也面临着一些挑战。其一，虽然与石油相比，天然气总量富足，但人均量不高；其二，天然气虽是清洁能源，却也是不可再生能源，总有枯竭之时，具有有限性。综上所述，天然气是中短期内汽车燃料的首选。

液化石油气是石油开采或加工的附加产品，它供给的稳定性较差，不够经济实惠，同时在减少碳排放方面也并不突出，所以将石油气作为汽车燃料仅仅是短时间内的权宜之计。

醇醚是以煤电为主的能源，由生物质生产，是以煤炭为原料生产得到的。站在全寿命周期的角度，醇醚汽车本质上没有减少碳排放。另外，当前生物液体燃料的发展存在着如何获取原材料的问题，如果是选择通过植物获取乙醇，那么就要考虑到，这种方法不仅会消耗相当多的能源，增加碳排放，还会消耗很多水资源，而当前世界人民都面临着水资源短缺的问题。因此，醇醚不适合作为汽车的使用能源。

虽然从全寿命周期的角度来看，混合电动车目前并不能显著降低碳排放，但作为一种向纯电动汽车的过渡，是中短期内一种较好的技术选择。

因此，新能源汽车的发展路径应当是多种新能源汽车技术并进，逐步向纯电动汽车方向发展。

第二节　绿色低碳道路网络技术分析

一、慢行交通网络设计的基本原则

慢行交通主要是指步行和自行车交通，它是一种可持续发展的绿色低碳交通，不仅可以缓解交通拥堵，降低环境污染和温室气体排放，还可以促进资源合理利用。慢行交通设计的基本原则如下。

（一）安全第一

相对于机动车来说，步行者和骑自行车者都是交通弱势群体，他们的交通安全不应寄托在机动车驾驶员等交通参与者的道德水准上，城市政府必须提供安全的工程技术设施和管理措施，确保步行者和骑车人的交通安全和应有的路权，从而在步行者与骑车人遵守交通规则的基础上安全出行。

（二）公正有序

在道路空间的分配上，合理划分各种交通方式的使用空间，公正对待约占交通出行一半的步行者和骑车人，路权分配不能过于向机动车交通倾斜。不断完善交通工程设施和交通法规，使之更趋于合理，取消诸如道路路侧所规划的停车位等不利于步行者与骑车人行驶安全的设施，构建和谐的交通秩序，保障交通安全，提高道路交通效率。

（三）便捷舒适

慢行道路是城市整体空间的一部分，要重视城市道路景观和生态环境的构建与维护，推广并选择使用生态型设施，积极制定相应的措施加强对慢行交通的引导与管理，增加透明度，确保慢行道路交通的环境质量和服务水平，提高城市生态文明水平。保障慢行道路交通弱势群体的出行权利，提供具有安全保障的、适合残疾人独自出行的出行条件，防止违法停车占用慢行道路。

（四）环境协调

慢行道路要实现慢行交通环境与生态环境的密切结合，与城市功能的高度融合。

二、步行交通系统

一个城市是否文明发达，不是以高架桥是否足够多、机动车道是否足够宽阔为标准，也不是以楼宇是否林立和购物中心是否具有一定规模等为标准，而是看这所城市是否具有独特的历史文化底蕴、优美的生态环境以及适合人们步行休闲、娱乐、生活的城市空间。"步行交通系统是城市和谐的标志，是城市文明水平和科学程度的反映，是城市'两型'社会建设和以人为本原则的具体体现。"

站在宏观的角度，步行交通是整个城市交通系统中不可缺少的一部分。要结合城市生态环境以及自身的经济发展选择合适的步行空间结构，使城市交通的生态性、系统性与网络化设计和谐共存。同时，步行交通要重视同其他交通方式的转换与疏散设计，积极探索步行城市的发展模式。此外，要合理规划步行分区，从整体性、系统性的角度构建城市步行空间网络，从而使其与生态低碳城市建设并进。

站在中观的角度，步行系统是基于空间和土地利用，以城市设计理论作为指导，深入探究步行交通系统与车行系统、绿地系统、城市功能与环境用地之间的关系，重点在于步行与其他交通方式的接驳换乘。中观层面的步行系统由以下六个子系统组成：

一是对外交通枢纽步行交通系统。该系统要先做好内部，能够使行人安全顺利地进行交通行为，然后要提供相应的服务，使出行者能够迅速、方便地寻找到公共交通与轨道交通的停车点，同时展现出城市独特的风貌。

二是城市中心步行交通系统。在考虑中心商业区的交通情况、停车、道路宽度以及居民意愿等外部环境的前提下，寻求步行交通系统的建设路径，以现代设计理念作为指导，最大可能地营造以人为本、为人服务的休闲娱乐空间。此外，该系统在构建时还要考虑交通转化这一重要因素，特别要关注步行交通与机动车和非机动车交通的相接。

三是居住区步行交通系统。该系统与居住区的其他要素，如道路交通、停车场、居民意愿、绿化景观等，存在于同一综合体中。因此，该系统在构建之时，应该将这些要素纳入考量范围，正确处理两者关系，以实现互利共赢、和谐发展。住宅开发的时候就应预留多个出口，消除居住区周边围墙或用视线通透的绿篱代替。保障区域内建筑功能的多样性，减少建筑退线，不同功能的建筑退线应限定在以下范围：零售店面为1米，写字楼和商业为3米，住宅和公寓为5米。新小区采用人车分流的方法，如区分车行道与人行道，实现人流和车流分开；旧小区完善交通基础设施，如规划立体停车库、车库出入口、布设人少并与城市道路相连的区域，同时做好生态环境维护，营造宜人舒适的空间。

四是商务中心步行交通系统。以整体性、系统化的思维全面布局规划该系统的建设。着力推动公共交通的完善，注重该系统与其他交通设施的无缝衔接。大城市要根据地铁和地下停车场的规划尽可能地实现地下连接换乘。在空中层面，要与建筑结合，充分利用空间优势，改善步行环境，提高城市品质。

五是体育、会展、博览中心步行交通系统。该系统中所涉及的场地通行出入口同城市道路以及公共交通车站间，要设置适当的步行交通，并布设显著的标识，确保出行者能够安全疏散，降低大量人流影响城市交通正常运行的概率。

六是步行带系统。城市步行带主要由滨水步行带、林荫步行带等构成。该系统在进行布局规划时，不仅要满足人们的出行需求，还要将防洪（潮）、景观及休闲等纳入考量范围。该系统布局分为以下两类：

第一，滨水道路和水之间设置防汛墙，步行道和车行道在同一层面，做到

"靠水不见水"。

第二，滨水步行道用绿化带与车行道隔开，并处在不同层面（一般防洪堤顶部及内侧设步行道和亲水平台），绿化带和步行道下方布设停车场。以上布局能够将水面作为公共空间渗透城市，不仅能够美化环境，供人欣赏，还能够展现城市特色。

站在微观的角度，步行系统需要对空间环境品质、步行系统与建筑的协调性、环境景观设计和营造等方面有更高的要求。在增加舒适性的基础上，步行空间的设计要以人为本。从步行道在城市具体的设计方法，到城市步行设施具体技术，再到局部节点交通的连接及步行空间景观设计等都要体现人性化设计。微观层面的步行系统主要包括人行道、过街、街道转角等步行设施，以及地面铺装、步行遮挡、标识系统、交通设施、绿化与景观、公共艺术品、广告设置等步行环境。

人行道由通行区域和缓冲区域两部分组成。通行区域是专供行人步行的区域，行人在通行区域步行时应避免障碍物和其他任何形式的干扰。缓冲区域是指通行区域与车行道之间的绿化带、设施带和非机动车停车带，使人远离车流，少受干扰和污染。人行道不仅要同城市步行空间相适应，还要加强其与其他交通方式的相接，合理设置人行道宽度，并根据各公共交通的站点进行节点设计，最大限度地为人们提供具有多元化功能的空间，以满足人们休息、娱乐、交往等的需要。

三、自行车交通系统

20 世纪 80 年代，自行车是中国城市居民的主要交通工具，但现在中国的许多城市已不再有骑自行车的安全、便捷的环境。近年来，因为自行车便捷、低廉、低碳、绿色环保，有利于缓解交通，并使城市居民能够到达包括公共交通车站在内的各个目的地，国外许多城市正致力于将自行车作为城市居民生活的组成部分。城市应当通过提供自行车车道、确保自行车停放安全等措施来鼓励居民使用自行车出行。

该系统由诸多自行车道共同构成。它的布局设计，除了要注意对机动车与非机动车进行明确分流，还要减少出行者的骑行时间与体力耗费，将那些直接、连续同时与关键慢行节点相连的街道作为城市自行车路网的主要框架。为了能够更好地将道路骑行路权区分开来，该路网要合理划分功能分级，至少分为廊道、通道、休闲道三级。

自行车廊道是整个自行车道路网的核心部分。该廊道并非只允许自行车行驶，而是让自行车优先行驶。该廊道应该是连续贯通的，并且道路之间的距离应该在 2～4 千米，从而构成格状网络，严禁时速或噪声超标的助动车驶入，为自行车提供优先、安全、便捷的通行空间。

自行车通道既包括干路上的自行车道，也包括其余支路上的自行车道。由单独设置的非机动车道路、城市道路两侧的非机动车道、人非混行道路共同组成一个能保证自行车连续交通的网络。在主、次干道和交通量较大的城市支路应当采用机动车和非机动车分离的三块板形式，在主、次干道两侧布置独立的非机动车道，以高大乔木为主的绿化隔离带、隔离墩和护栏等形式将机动车与自行车实行物理隔离。以上这些举措均是为了能够使自行车的行驶环境更加独立，使其不受机动车行驶的影响，以确保自行车行驶的方便、快捷、安全。

自行车休闲道应该布设在人流量与车流量较少且环境优美、景色宜人的区域，如河流、非商业步行街、公园等周围，同时要与住宅区相近，远离机动车道。该休闲道的选取和布置要注意连续性、趣味性以及环境的舒适性，以满足居民的自行车休闲健身需求。

第三节　绿色低碳道路建设技术分析

一、排水性沥青路面

排水性沥青路面，也称多孔隙沥青路面、开级配磨耗层，又可以称为低噪声路面，它实际上是用孔隙多的沥青混凝土来代替传统的沥青混凝土，粗集料多采用单一粒径碎石，孔隙率达 18%～25%，铺筑厚度为 4～5 厘米的排水性路面结构，设计沥青用量为 4.5% 左右的间断级配沥青混凝土，通常用在旧路面罩面或新建路面表层。这种路面最早出现在欧洲，20 世纪 60 年代初期德国率先开始使用，经过二十多年发展成熟，被用于许多国家或地区且取得了显著效果。日本非常多的道路都选择使用排水性沥青路面结构以降低道路噪声，并于 1998 年开始执行《排水性铺装技术指南》，该指南在定义、配合比设计方法、材料要求、施工工艺等方面对排水性沥青路面进行了详细规定。奥地利也制定了多孔排水性沥青路面设计规范。排水性沥青路面适用于公路、城市道路、桥面铺设、停车场、景观道路、建筑外附属道路、广场、人行道等的新建与改建，但应避免用于经常被各种各样的杂物污染或掩埋的道路。排水性沥青路面一般由排水面层、基层、垫层等多层结构组成。

1. 排水性沥青路面的主要特点

（1）安全性高。这种路面排水速度快，不容易出现积水现象，能增大轮胎与路面的摩擦力，避免水漂事故的出现，同时还能降低溅水和喷雾出现的概率，增强雨天行车的能见度。据日本相关调查结果显示，修建了这种路面后，雨天发生事故的概率比修建之前减少将近 80%。此外，这种路面比较粗糙，为漫反射提供了适宜的条件，这不仅在白天能够避免阳光直射，在夜晚还可以缓解对向车灯的眩目。

（2）降噪效果好。这种路面的连通孔隙缩小了轮胎与路面间的空气压缩，极大地减轻了因此带来的噪声。密级配沥青混合料带来的噪声通常都在 1 600～2 000 Hz，趋近人类最敏感的频率 2 500 Hz。而排水性沥青混合料带来的噪声在 630～800 Hz，其噪声的尖锐度较低。在欧洲，这种路面的应用不仅为了增加路面的安全性，还为了降低交通噪声。西班牙测得排水性路面比普通密级配路面通常要降低噪声约 4 dB；英国测得降低噪声 4～15 dB；我国测得降低噪声约 3 dB。在日本，排水性沥青路面与普通沥青路面相比，对小汽车、重载汽车能够降低的区间或数值分别为 5～8 dB、3 dB；法国则分别为 4 dB、7 dB。尽管每个国家测量噪声的方法存在差异，导致测得的这种路面降低噪声的结果有明显区别，但这种路面对降噪所带来的显著效果是有目共睹的，它一般应用于城市道路、周围有居民区的大交通量路段。

（3）抗滑性好。这种路面比较粗糙，所以车辆无论是在干燥路面上以中、低车速行驶时，还是在潮湿路面上以高速行驶时，其抗滑性都比较好，这大大增加了车辆行驶的安全性。

（4）强度和耐久性好。西班牙的研究表明，只要设计方法得当，就具有很好的结构强度。排水性沥青路面可以使用纤维、聚合物、橡胶等一种或几种结合的改性沥青，使用年限可以达到 10～14 年。

通过排水性沥青路面与普通沥青路面和 SMA 路面的各种性能指标的对比分析（表 6-1）可知，排水性沥青路面不仅在抗滑、降噪方面具有显著效果，还在雨天能够大大增加车辆行驶的安全性，有良好的视距并且其抗车辙性能也比较突出，施工成本低，经济性好，是一种绿色低碳的路面形式。

表6-1　三种路面类型的各种性能指标对比

项　目	沥青路面 AC	排水性沥青路面 PA	SMA 路面
孔隙率 %	3 ～ 6	> 18	3 ～ 4
抗车辙变形	*	**	***
抗磨损	*	**	**
抗滑性能	*	***	**
降噪效果	*	***	**
雨天视距效果	*	***	**
雨天行车安全性	*	***	**
路面降温效果	*	***	*
施工难易程度	*	**	**
施工成本	*	*	***
混合料密度/（克/米³）	**	*	**
混合料单价/（元/吨）	**	**	***
混合料需要量/（千克/米²）	***	*	**
混合料材料价格/（元/米²）	**	*	***

2. 排水性沥青路面的技术关键

《公路沥青路面施工技术规范》（JTGF40-2004）针对普通沥青路面提出了设计要求，但没有对排水性沥青路面的设计要求提出详细的技术规范。实践中，排水性沥青路面有以下几个方面的技术关键特别值得注意。

（1）混合料的高孔隙性。当路面的孔隙越多时，排水效果越好，从而其在抗滑和降噪方面所产生的作用就越大，因此确保这种路面具有足够多的孔隙是非常重要且必须的。结合路面工程的实际施工经验，排水性路面的孔隙率通常要在 18% 以上，同时为了避免这些孔隙被微小物质堵塞，混合料最初的孔隙率通常要保证达到 25%。

（2）混合料足够的水稳定性。为排水而要求路面孔隙率大，这与普通沥青路面要求防止渗水以求得耐久性刚好相反。由于雨水等对混合料体的浸透，并经过路面结构内部流出，这些水会带来非常大的危害，即严重侵蚀路面，从而引起混合料的脱落，进而导致路面松散被破坏。因此，为确保水稳定性，应使用与集料有强黏附性的沥青。在年降雨量大于 500 毫米的多雨地区，浸水飞散损失比不低于 85%；在年降雨量小于 500 毫米的少雨地区，浸水飞散损失比不低于 80%。

（3）混合料足够的抗松散性。排水性沥青混合料大多是由粗集料构成，细集料很少。由于粗颗粒之间是通过点来接触的，并不能产生密实的嵌锁，因此强度会大大降低。这表明孔隙率越高，强度越低，但是排水性路面的强度必须要达到一定标准时，才有承受高速行车的能力。由于混合料具有较大的孔隙率，比较容易受到太阳光、空气等各类要素的影响，进而加快老化速度。为了避免上述现象，包裹集料的沥青薄膜应该有足够的厚度，并且为确保混合料的稳定性，要将集料强力地黏着，这就要求混合料有超强的包裹力、黏附性。因此，应采用耐候性强、能形成厚薄膜的高黏度（高韧度、高抗拉强度）的改性沥青。一般温度地区混合料标准飞散损失不应大于 15%，积雪冰冻地区混合料的冰冻飞散损失比不低于 75%。

二、透水路面

城市地表生态失衡、环境污染的情形已经引起人们的广泛关注。合理使用通透的土壤表面，最大限度地维持原有的自然状态已成为城市可持续发展的焦点问题。虽然中国有 67% 的城市供水不足，其中 110 座严重缺水，但每当城市遭受暴雨袭击，城市道路很快就变成了河流，道路上淹没车辆、淹死人的报道已经不是什么新闻了。造成这些情形的原因虽然很多，但我国城市路面不透水是重要原因。

透水路面是指路面各层均具有较大孔隙率，雨水可以通过面层、基层，直至路基而渗入地下的路面。从 20 世纪 60 年代起，德国就开始开发各种雨水渗透材料，并制定了一系列规章制度，提出了一项要把城市 80% 的地面改为透水地面的计划。英国已将改造硬化地面为透水路面列为关系到城市可持续发展命运的大事。美国佛罗里达州的法规规定雨水需要就地滞留并让其回流到地下水系统中去。日本于 20 世纪 70 年代后期为解决"因抽取地下水而引起地基沉降"等问题，提出了"雨水地下还原政策"，着手开发透水性铺装，并于 2007 年发布了《透水路面指南》。我国也颁布了《透水路面砖和透水路面板（GB/T 25993-2010）》标准，并于 2011 年 10 月 1 日起实施，北京市、上海市、沈阳市、苏州市等城市也已经发布了关于透水路面的政策法规和技术规程。

（一）透水路面的功能

透水路面是一种环保型、生态型的道路系统，主要有以下几方面的功能。

（1）调节城市气候。透水路面所拥有的孔隙或缝隙能够为铺设的路面提供足够的空间，使其拥有呼吸功能，从而为大气与土壤间的水蒸气交换提供了通道，其在吸热和储热功能方面接近于自然植被所覆盖的地面，可以调节城市空间的温度和湿度，缓解城市热岛效应。透水路面地面冬暖夏凉，雨季透水，冬季化雪，增加了城市居民生活的舒适度。

（2）净化水质。美国的研究表明，透水路面表面的污染物溶解于雨水中后，渗入基层和土壤层，从而减轻了排入自然水体中的营养物和有毒有害物质的累积。此外，基层结构和土壤具有过滤作用，能够将污染物留存，之后经过其自身拥有的生态系统净化，对留存的污染物进行降解，从而减轻了流入水体中的径流污染物浓度。国内有关研究表明，透水草皮砖对雨水径流中以重铬酸钾为氧化剂测定的水的化学需氧量（COD）和总氮（TN）削减效果较好，其最佳削减率分别达到了57.1%和28.5%；而透水砖路面对雨水径流中总磷（TP）削减效果较好，其最佳削减效果为94.6%。

（3）维护生态平衡。透水路面对雨水有很好的渗透作用，透水性路基具有"蓄水池"功能，雨水渗入地下，可补充地下水资源，增大土壤和地表的相对湿度，有利于地表植物的生长。此外，如果不降雨时，该路面的孔隙能够成为连接土壤与空气的通道，极大地发挥透水换气的作用，从而使土壤中的生物由于有空气和水分的存在而大大改善生存条件。因此，透水路面具有生态调节功能。

（二）透水路面的结构

城市道路透水性路面根据面层、垫层及基层选用材料的不同，一般可以分为全透水路面和半透水路面。后者的面层是透水材料，基层也是透水性好的级配碎（砾）石等，在基层处布设盲沟，经由横向出水管将雨水排入渗透井，渗透井中的雨水直接渗透到地下，过量的雨水排入城市雨水管道系统；垫层是不透水材料，土基上方一般会增加布设非透水型防渗土工布。雨水依次渗透面层、基层后，沿着不透水垫层的顶面通过横向出水管将水排出路基之外，路基也不会受到路面渗水的影响。全透水路面除了面层、基层选择使用透水材料之外，垫层也选择透水的砂垫层等，土基上方一般布设透水型土工网格布用来增加承载力。雨水顺着面层、基层、垫层渗入，最终至路基中。

半透水路面整体强度较高，可用于较高等级路面；全透水路面强度稍低，可用于低等级路面，如人行道、步行街和公园硬地、广场、小区道路、住宅区行车道、停车场路面等。

透水路面的铺装材料类型多种多样，如陶瓷透水砖、砂基透水砖、透水混凝土、透水沥青、透水草皮砖、环保透水砖、生态砂以及聚氨酯碎石等。透水路面可以是铺地砖草皮拼接型路面或缝隙透水的混凝土路面砖（板）路面，也就是将不透水的地砖与地砖之间通过专门设计留出一定的缝隙，在缝隙中填充泥土，让草生长在泥土上；或在缝隙中填充碎石或粗沙，来达到渗透雨水的效果。此外，鹅卵石或碎石路面也常用于公园、住宅周边、人行道边等难以绿化的露土地面。

（三）透水路面的使用环境

（1）地质环境。若路基为透水的沙性土，则可以根据需要选择全透水路面结构或半透水路面结构，将雨水渗透至地下；如果路基土是不透水的粉土、饱和度较高的黏土，则可以将路床底一定深度内的土基做换填处理，详细深度数据能够结合材料的渗透系数、最小冻深、降雨强度等测算得到。此外，也可以在土基上布设不透水层，使面层渗透的雨水收集至排水管道并排至道路以外。

（2）气候环境。降雨强度较小的地区，可以根据需要选择孔隙率较小的面层材料建设适宜的透水路面，将雨水渗透至地下。降雨强度较大的地区宜选孔隙率较大的面层材料建设适宜的透水路面；对全透水路面，还应通过在基层处设置排水管和渗透井，横向设置溢流管。当降雨量较小时，水直接渗透到地下而不影响其承载力；当降雨量很大、雨水排出速度慢导致积满整个蓄水基层和渗透井时，水位超出内部布设的溢流管管口，雨水能够经过溢流管排出路外，保证雨水能够顺利下渗，路面不致出现积水现象。此外，应根据环境温度对透水路面性能的影响，选用合适的铺装材料。

（3）交通环境。透水路面一般不适用于交通量大、重载交通多的城市路面。选择透水路面面层材料时也应考虑交通特征，在停车场、交叉口、收费站等车辆较多、车速较低的地方，不宜选用流变性明显的沥青类材料，以防出现车辙等病害；对路面平整度要求较高的非机动车道，不宜选用各种透水砖做面层材料。

三、温拌沥青混合料路面

沥青路面因其行车舒适、噪声小、易养护、使用性能好等特点，被广泛地应用于道路建设中。传统的沥青混合料为热拌沥青混合料，其路面结构强度高，水稳定性和温度稳定性好，但环境污染重、沥青老化严重、能耗大、温室气体排放高；冷拌沥青混合料（常温）路用性能差，难以满足高等级公路施工要求；温拌沥青混合料（WMA）较好地克服了热拌沥青混合料和冷拌沥青混合料的缺点。温拌沥青混合料是指采用物理或化学的方法，在相对较低温度下降低沥青的黏度，使拌合及施工温度处于热拌与冷拌沥青混合料之间，其性能达到热拌沥青混合料标准的绿色低碳型沥青混合料。

温拌沥青混合料于 1996 年在德国投入现场试验，2000 年开始受到欧盟、美国、俄罗斯、日本、澳大利亚和南非等地的广泛关注。伴随着能源短缺以及环境污染问题的愈发严重，各国普遍采取措施缓解这些问题，政府、高校、企业等主体对温拌沥青技术的研究、开发以及应用推广非常迅速。当前，世界上已拥有了数十种温拌方法和添加剂，其中有十多种已经被广泛接受并取得显著效果，同时获得了市场价值。我国于 2005 年开始进行温拌技术的研究和应用，现在温拌沥青技术已经广泛适用于高速公路、城市道路和城市快速道路薄层铺装、低温季节和高海拔地区施工以及桥面超薄层、隧道铺面等路面类型的铺设，相当一部分省市出台了关于温拌沥青混合料的产品技术标准。温拌沥青混合料正逐渐发展为我国主要的筑路材料，并逐渐与再生技术、橡胶沥青技术等相结合，在全国范围内得到广泛应用。

（一）温拌沥青混合料的特点

该混合料的拌合与压实温度低，同等条件下温拌沥青混合料能够达到热拌沥青混合料的性能，部分指标还有较大程度的提高，还可以减少最佳沥青用量。与热拌沥青混合料相比，温拌沥青混合料有如下技术特点。

（1）减少污染物排放量。温拌沥青混合料较低的拌合及摊铺温度，大量减少了烟雾、粉尘及其他有害气体排放。研究显示，温拌沥青混合料与热拌沥青混合料相比，二氧化碳、一氧化碳、氮氧化物、二氧化硫、烟尘、沥青烟、苯可溶物、苯并芘排放量分别下降了 61.5%、12.2%、73.5%、74.6%、53.8%、90.2%、97%、80.2%，这就极大地减少了沥青混合料在生产、施工过程中对环境的污染以及对工人造成的潜在伤害。

（2）降低能源消耗量。该混合料拌合温度与传统的热拌沥青混合料相比下降了 15℃～30℃，能源消耗减少了 30% 左右。

（3）提高生产和施工的便利性。该混合料在生产时温度会下降，同时其对钢铁制成的生产设备的能源损耗也随之下降，能够增加设备的使用时间。另外，该混合料在存储时温度会降低，能够允许沥青的运输距离更长，有助于市场的开拓。当温度不高时，沥青混合料的流动性会得到提高，这使铺筑和压实的工序进行得较为顺利，通常选择压路机静压方式便能够满足沥青路面压实度的要求，大大弱化了振动压路机在使用过程中对桥梁和沿线建筑结构产生的影响。该混合料所蕴含的有毒污染物较少，其排放也较少，在拌合、摊铺和碾压这些工序实施的过程中温度较低，因此使沥青混凝土在隧道路面中的施工更加顺利与方便。

（4）延长施工季节。温拌沥青混合料有较好的保温性能，即使在寒冷的天气里，照样可以使用温拌沥青混合料铺筑路面，避免了施工机械、人员等的浪费和影响施工期，从而提高了施工单位的施工效率。

（二）常用温拌技术对沥青混合料的影响与适用性

根据温拌沥青混合料的降温机理大体可以将目前的温拌技术分为三类，分别是表面活性技术、沥青发泡技术、沥青降黏技术。

沥青发泡温拌技术的基本原理是在混合料拌合时或者沥青喷入拌合锅之前喷入水，诱发沥青发泡形成沥青膜，来实现低温条件下对集料的覆盖，降低沥青混合料的操作温度。该类技术的代表主要有德国 Eurovia 公司生产的 Aspha-Min 温拌剂、美国 PQ 公司生产的 Advera 合成沸石、南非 Jenkings 开发的 LEAB 技术、英国 Shell 公司和挪威 Kolo-Veidekke 公司共同研发的 WMA-Foam 温拌技术、法国 Fairco 公司开发的低能量沥青（LEA）技术、美国 ASTEC 公司开发的 Double Barrel Green 机械发泡技术等。Aspha-Min 温拌技术是在沥青混合料中掺入混合料质量的 0.3% 的沸石，与典型的热拌沥青混合料相比，这种做法能够使其生产温度降低 12℃，施工温度减少 30℃。Aspha-Min 温拌沥青混合料可以降低孔隙率，提高沥青混合料的压实性能，并不能使沥青混合料的车辙深度加深，但当拌合与压实温度有所下降时，车辙的深度会随之加大。Aspha-Min 温拌沥青混合料对沥青混合料的高温稳定性影响不显著；当拌合与压实温度比较低时，也许会带来集料不完全干燥，其残存的水分也许会导致沥青混合料的水损害。Aspha-Min 温拌沥青混合料的结合料来源较广，不管是沥青还是聚合物改性结合料以及回收沥青都能够使用。LEAB 温拌技术的拌合温度应不超过 100℃，所用沥青结合料要选择以泡沫的形式加入，这种温拌沥青混合料的孔隙率可达到 4% 的要求，疲劳寿命与热拌沥青混合料基本相当，但是其抗剪强度相对较小。WMA-Foam 温拌技术可以使沥青混合料在温度较低（100℃左右）的条件下拌合均匀，且能够在温度为 80℃～90℃时进行摊铺和碾压的工序。WMA-Foam 温拌技术的核心是要确定适宜的软、硬沥青类型以及两者的使用比例，来达到混合料对应的路用性能标准。同时，当处于第一阶段时，要确保集料是保持干燥状态的，避免水分存留在集料表面，如果有必要，则可以掺入抗剥落剂来提高抗水损害能力。Double Barrel Green 机械发泡技术生产的代表温度为 135℃，施工温度能够减少至 115℃，混合料的孔隙率、压实度等全部可以达到其规定标准，抗车辙性能与热拌沥青混合料接近；但水稳定性不太理想，需要进行特殊的抗剥落措施处理；抗疲劳性能降低，疲劳寿命低于热拌沥青混合料。当前，这种技术仅仅适用于滚筒式拌合楼，这是由于其移动性比较差，比较适宜温拌沥青混合料进行持续不断的生产。

沥青降黏温拌技术是通过添加费托蜡、蒙旦蜡、脂肪酸氨基化合物等添加剂来达到降低沥青胶结料的高温黏度，但不降低其低温黏度，从而降低沥青混合料的拌合及压实温度。沥青降黏温拌技术最具代表性的是德国 Sasol-Wax 公司生产的 Sasobit 温拌剂等。Sasobit 的掺量通常为沥青的 3% ～ 4%，可以降低沥青混合料拌合温度 20℃～ 30℃。德国推荐的 Sasobit 掺量为沥青质量的 2.5%，美国推荐掺量为 1% ～ 1.5%。在沥青中掺加 2.5% 的 Sasohit 后，推荐的最低拌合温度是 129℃，最低碾压温度为 110℃。加入 Sasohit 后的温拌沥青混合料能提高沥青的高温、老化性能和压实性能，但是水损害风险增加，容易出现沥青剥落现象，如果加入抗剥落剂也可以提高其抗水损害能力。此外，过低的拌合及碾压温度将增加车辙病害发生的可能性。

各种温拌技术的降温效果、高温性能、抗水损害性能、低温抗裂性能平分秋色。所以，在进行温拌沥青混合料的选择时，需要根据当地的地理环境、气候条件特点，以及使用目的、路面结构、设备等因素综合权衡，以便充分发挥各种温拌技术的优势，避开其不足。

（三）橡胶沥青路面

橡胶沥青是将废旧轮胎磨成橡胶粉粒加入沥青中，同时添加一定的添加剂，并在高温条件下搅拌均匀而得到的一种改性沥青胶结材料。1941 年，美国橡胶回收公司推出了干拌 Ramflex TM（脱硫橡胶颗粒）。20 世纪 60 年代，瑞典研制出了掺加橡胶颗粒的沥青混凝土的 Rubit TM（干法生产工艺），美国 C.H.McDonald 开发出湿拌法生产工艺生产了 Overflex TM。自从 60 年代之后，世界上许多国家如美国、瑞典、日本等陆续对橡胶沥青和橡胶粉沥青混凝土的应用进行了深入的研究，并取得一定的成绩。按照橡胶粉的加入方法，目前橡胶沥青的生产分为湿法工艺和干法工艺两大类。干法工艺是指将粗颗粒的废轮胎橡胶粉作为填料直接投入集料中，再喷入热沥青拌制成橡胶沥青混凝土；湿法工艺基本原理为将废轮胎橡胶粉率先加入基质沥青中来对其拌合改性。美国是橡胶沥青用量最大的国家，也是经验最丰富的国家，已经形成了比较完整的规范体系。法国在排水性沥青路面中大量采用橡胶沥青作为黏结料，瑞典、日本等将废旧轮胎橡胶颗粒用在防冻路面，南非超过 3/5 的道路沥青使用橡胶沥青。我国在 2004 年就已经开始引进橡胶沥青，2008 年编制了《废胎胶粉沥青及混合料设计施工技术指南》，出版了《橡胶沥青及混凝土应用成套技术》，中国橡胶沥青道路施工面积正在逐年增加。

1. 橡胶沥青路面的特点

（1）降低噪声。橡胶沥青混合料具有较好的降低噪声效果，法国 1984年对城市道路的试验研究表明，橡胶沥青路面在没有载重车时可以降低噪声 3～5 dB；澳大利亚、荷兰铺筑的橡胶沥青试验路，噪声降低了 2.5～3 dB；美国经过多年的观测，橡胶沥青路面噪声平均降低约 4 dB。现在，越来越多的国家和地区采用橡胶沥青路面来降低交通噪声。

（2）有利于解决废旧轮胎污染问题。废旧轮胎是国际公认的"黑色污染"，随着中国进入汽车社会，废旧轮胎的产生量正以每年两位数的速度增长。橡胶沥青材料的应用，可以将废旧的轮胎再次回收利用，从而有利于解决废旧轮胎的污染问题，节约自然资源，改善人类的生存环境。

（3）改善了行驶安全性和舒适性。橡胶沥青路面减少雨天行车溅水、改善视野，极大地改善了路面车辆行驶的安全性与舒适性。这主要是因为橡胶路面的柔韧性比较好，有较强的防滑性，能够减轻路面局部不够平坦而带来的车辆的震动，同时可以增加轮胎与地面之间的摩擦力，提高其附着性能，减少制动距离，进而提高车辆行驶过程中的舒适感和安全性。橡胶中的炭黑能够使路面黑色长期保存，与标线的对比度高，提高了道路的安全性。

2. 橡胶沥青路面施工时应注意的问题

（1）在制备橡胶沥青时，不仅要确保橡胶粉得到充分溶胀，还要防止橡胶粉出现严重的脱硫和降解现象，要把握好这两者的平衡点。

（2）橡胶沥青在施工过程中，应将温度掌控在适宜的范围内，一旦温度过低，橡胶沥青混合料的黏度变大，会对路面施工带来影响；温度过高，既浪费燃料，也会导致橡胶沥青老化。

（3）橡胶沥青生产及施工工艺较为严格，会散发刺鼻气味，不可以长时间存储放置。所以，在使用橡胶沥青时，应该结合路面结构、气候及交通量等现实条件来选择并确定出合适的设计、生产与施工。只有这样，才能将橡胶沥青的优点发挥得淋漓尽致，增强道路使用性能。

（4）根据美国各州的相关研究与应用发现，其大部分选用的是湿法工艺，集料的级配选择使用间断级配与开级配，通常不选用密实级配混合料；橡胶粉的掺量大约是沥青质量的 5% ～ 25%；橡胶沥青的应用类型分为热拌沥青混合料、稀浆封层和应力吸收层等。

第四节　国内外低碳交通创新实践

国外许多交通实践都体现了绿色低碳交通的理念。一些国家和地区已经制定了完整的步行交通规划和建设规则，进行了科学而且精心的设计，采取了相应的配套政策，同时鼓励政府部门、企业和非政府组织与公众积极参与，取得了显著成效。丹麦的哥本哈根从 1962 年起就开始完善步行交通系统，通过制定政策来保持交通流量稳定，减少进入城市的干道，减少穿越城市中心的交通，减少城市中心的机动车停车空间，所有公共空间的计划都以无汽车进入为目的，从城市中心街道、中心广场到偏僻的地段以及社区广场都设置了具有轻松悠闲条件的步行优先街道。经过多年的建设，哥本哈根已成为步行者的天堂，并因此带动了城市发展进程的方方面面。欧洲一直鼓励人们步行，1988 年欧洲议会通过了《欧洲步行者权利宪章》。1999 年，韩国首尔开始实施《易于步行的首尔规划》，向小汽车说"不"，昔日的高架桥、机动车交通干道又恢复到原来的清溪川。首尔城市交通从以小汽车为本转变到以人为本的经历，证明重要的、难以做到的不是规划设计方案，而是树立绿色低碳交通的理念和实施的勇气。按照英国 1998 年交通政策白皮书所提出的优化步行环境系统的建议，应当给步行者重新分配道路空间，拓宽人行道和步行街；为行人提供更多直接、方便的步行路线；改善步行道养护，保持路面干净；在行人需要过马路的地方，设立更多的人行横道；减少步行者等待交通信号的时间，在交通要道给予行人时间分配上的优先考虑；消除那些阻碍人们步行的不利交通因素；在学校附近、生活区和指定的国道上采用交通抑制措施。

1995 年，《北京宣言中国城市交通发展战略》提出："交通的目的是实现人和物的移动，而不是车辆的移动。"明确了人在交通中的重要地位和步行在交通中的优先地位。住房和城乡建设部、国家发展和改革委员会、财政部出台了

《关于加强城市步行和自行车交通系统建设的指导意见》，提出将城市步行和自行车交通系统的完善情况作为申报"国家园林城市""中国人居环境奖"等奖项的必要条件。交通运输部印发了《加快推进绿色循环低碳交通运输发展指导意见》，提出以"试点示范和专项行动"为主要推进方式，实现交通运输绿色发展、循环发展、低碳发展，到 2020 年基本建成绿色循环低碳交通运输体系。

一、哥本哈根的 TOD 模式

哥本哈根（Copenhagen）是丹麦王国的首都，北欧最大的城市，也是丹麦政治、经济、文化、交通中心。哥本哈根是世界上最早发展步行街的城市之一，现在的哥本哈根老城区已经形成了一个完整的步行网络。哥本哈根也是一座"自行车城"，自行车基础设施完善，约有 60% 的市民每天都使用自行车。骑车族覆盖了各个年龄层，覆盖了下至普通市民上至政治家和皇室成员的各个群体。哥本哈根不仅步行和自行车交通网络发达，还是公共交通引导城市发展（TOD）的典范。哥本哈根的 TOD 模式充分体现在其"手指形态规划"方面。

（一）TOD 产生的背景

自英国早期工业革命以来，西方国家的城市化进程不断加快。例如，英格兰和威尔士，仅 20 世纪 30 年代中期，每年城市占用的耕地面积就达 14.8 万公顷，占两地总耕地面积的 0.16%。随着城市人口数量的激增，城市规模的急剧扩张，也给城市带来了一系列棘手的问题，促使人们思考如何建设、规划和发展城市。

TOD 理论最初起源于美国。随着汽车工业的迅速发展，在"后现代主义"的城市规划和设计理念指导下，形成了以小汽车为导向的城市发展模式，城市空间大规模低密度蔓延，人们可达范围越来越广，也越来越离不开小汽车。城市交通拥堵、环境污染和高成本、低效率的病态运行模式不断地引起人们的反思。"新城市主义"积极主张城市土地利用和公共交通系统结合，使城市形态向高密度、功能复合方向发展。TOD 模式也正是在这种背景下应运而生的。一般认为，TOD 的概念是由新城市主义代表人物之一的美国著名建筑师、规划师彼得·卡尔索尔普在 1992 年发表的《未来美国大都市：生态·社区·美国梦》中率先提及。

TOD 的典型特征包括土地混合开发、高密度建设和宜人的空间设计三方面。土地混合开发使过去比较简单的土地开发模式发生了变化，TOD 区域的开发不仅涉及高密度住宅、商业、办公用地，还会对服务业、娱乐和体育等公共设施进行相应的开发与建设，使之建设成为一个多功能、充满活力的 TOD 社区。土地混合开发可以平衡居住和就业，为居民提供便捷的出行和服务，减少出行次数，降低出行距离，促进非机动车方式出行。高密度建设能够促进公共交通方式的选择，可以使车站的步行范围内有足够的公共交通客流量，大大地提高公共交通的使用效率，使城市的公共交通体系形成良性运行。宜人的空间设计、舒适的公共空间、建筑尺度的多样性与公共交通车站之间舒适的步行空间，有利于提高公共交通的吸引力。TOD 模式所形成的用地紧凑、功能均衡、环境宜人的城市布局，从根本上为实现土地集约使用以及绿色、低碳、公平的居民出行创造了条件。

（二）"手指形态规划"简述

哥本哈根的"手指形态规划"最初在 1947 年由规划者们首次提出，"是当时的规划者们根据对哥本哈根市及周围相邻地区未来一段时间人口和社会经济发展趋势的预测判断，以哥本哈根市以及欧洲其他大城市的历史演变经验为参考，以首都哥本哈根城为中心，以由哥本哈根城向外放射状形成的铁路网为基础，所提出的一份关于哥本哈根市未来发展远景的规划建议"。从规划原则上看，"手指形态规划"可以被概括为以下几点：①停止"老城蔓延"，建设新型郊区；②少占"良田"，改造"荒原"，营建"宜居环境"；③依托铁路干线，形成"手指城市"；④保留绿色空间，在各个"手指"之间，保留和营造包括农田、河流及荒地等自然类型以及人工公园、绿地等楔形绿色开放区域，并且尽可能地使其延伸至中心城区内。按照"手指形态规划"，哥本哈根的城市核心区（手掌部分）的规划重点是完善城市公共交通服务以满足城市发展需要；核心区外围区域（手指部分）将为城市扩展和建设新城提供空间，规划重点也是要完善基础设施建设，提高公共交通服务水平；指形地区周边的绿地区域不转变为城市区域，不进行城市设施的建设和开发；其他区域将用于补充城市发展所需空间以及城市群之间的建设。

哥本哈根在随后六十多年的城市发展进程中，将"手指形态规划"作为区域所有规划的"指南针"，并没有因政治形势变化和小汽车的兴盛等障碍而中断，而是随着城市、区域经济和社会发展的需要，规划区域的不断扩大，"手指形态规划"不仅得到了不断扩展和完善，而且得到了完整有效的实施，成功地保持了中心城区的强大，生态环境也得到了最大限度的保护。哥本哈根现在已经正式将"手指形态规划"变成了一个具有法定地位的区域发展战略规划，对哥本哈根市及周围地区的发展、建设起着重要的指导与规范作用。

（三）TOD 引导城市发展

城市用地布局对居民交通需求起着决定作用，而交通需求模式一旦固化，将反过来影响城市用地布局的进一步发展。"手指形态规划"从一开始就确定了哥本哈根所选择的是公共交通引导城市发展（TOD）的模式。按照"手指形态规划"规划，哥本哈根城市的发展是以由中心市区向外放射状布局的轨道交通线为轴线，其沿途的土地开发与轨道交通的建设结合在一起；以沿线分布的轨道交通车站为中心，将大部分的公共建筑和高密度的住宅区聚集于轨道交通车站的周边，形成具有完备商业服务、良好文化教育和有效办公机构体系的城镇。通过频繁、便捷、畅通的轨道交通形式将这些城镇与中心市区连接起来，从而形成以轨道交通线为"手指"、轨道交通站点或附近城镇为"珍珠"、以中心市区为"掌心"的城市布局模式。由轨道交通与公路交通组成的交通网，使"手指"与"掌心"，"手指"与"手指"，"珍珠"与"珍珠"之间的联系十分密切，不仅缩短了出行距离，还极大地提高了市民选用自行车和轨道交通相衔接的交通方式的可能性。此外，在市中心，公共交通系统与较为完备的行人和自行车设施互相结合，共同维系且提高了中世纪风貌的市中心的交通功能。虽然哥本哈根经济发展快、人民生活水平富足，有较高的收入，但其人均汽车拥有率不高，当地的市民更加倾向于选择公共交通、步行和自行车出行。

"手指形态规划"充分地体现了 TOD 的基本特征，将轨道交通网络及公共交通作为城市交通的骨干，实现了交通与土地利用的有效结合，发挥了轨道交通在引导城市空间结构方面的作用。因为哥本哈根"手指形态规划"从一开始就不是针对某一条走廊或某一个小区进行的规划，而是对整个城市形态发展进行的规划，TOD 发展模式在整个哥本哈根的区域层面上得到实施，所以就能够最大限度地发挥规模效应，化为整合的优势，进而在整个区域内，使无论是用地形态又或是出行特点都能够得到一定程度的变化。这不仅增强了土地的利用率，还节约了相当一部分基础设施的投资，同时保护了走廊间绿楔。这一举措同样推动了城市生态环境的营造与维持。"手指形态规划"为城市交通的可持续发展提供了可供借鉴的经验。

哥本哈根的 TOD 模式可以顺利实施并且取得显著成效的主要原因在于将公共交通系统的建设与土地的开发互相结合。前者可以为沿线区域提供快捷、高效的服务，而后者为公共交通的发展创造了条件，使其成为可能，同时为前者提供充足的客流。首先，城市发展和再发展的优先区域确定在临近轨道交通站点和主要的公共汽车终点站的地方，城市规划要求全部的开发要聚集于轨道交通车站周围。在建或规划区域轨道交通车站 1 000 平方米的范围内集中进行城市建设，最好是建在 500 米范围内，而且新建面积超过 1500 平方米的大型办公楼项目必须在公共交通站点 600 米步行距离范围以内。哥本哈根政府将绝大多数计划未来开发的地块布置在高密度建成区，因为"手指形态规划"使车站周围可以开发利用的土地很充足，可以支持哥本哈根之后几年内各类城市土地使用。现阶段，区域内每年要新建 3 000 栋建筑，最新修订的规划要求所有这些建筑要聚集在公共交通车站周围。轨道交通车站周围的建筑物密度不断提高，开发密度补贴政策的出台极大地促进了商业的发展。其次，通过改善城市公共空间环境、建设并完善步行交通和自行车交通网络、建设完成先进的城市公共自行车系统，以及能够满足常规公共交通的衔接服务，市民能够由各区域更加方便地到达轨道交通车站。目前，新城与中心城区的向心通勤中，公共交通所占比例约为 70%。例如，西南方向的新城哈城，该城的用地开发以轨道交通车站为中心向外成轴线辐射，轴线的两侧汇集了许多的公共设施和商业设施，新城中心区构建了步行、自行车和地面常规公共交通运输体系，不允许小汽车通行。总体来说，"手指形态规划"的 TOD 模式，使轨道交通与用地开发彼此作用，提高了轨道交通出行的便捷性。这增强了市民在车站周边工作或居住的意愿，进而极大地增加了轨道交通的通勤客流，而这些通勤客流又不可避免地推动了沿线的商业开发，工作、居住和商业同处于一个区域内的混合开发模式能够为轨道交通乘客提供更多的服务，从而进一步促进了沿线的土地开发。在哥本哈根，轨道交通系统率先发挥了其引导城市发展的巨大作用，而沿线土地开发大致完成后，它又成为重要的出行工具，从而实现沿线的出行需要。

二、波特兰的绿色低碳综合交通体系

波特兰（Portland）城市面积为 376.5 平方千米（与中国上饶市辖区面积相当），2012 年市区人口为 60 万人（与中国咸宁、四平、德州、朝阳、白山、松原等城市的市辖区人口相当），人口密度为 1 689 人／平方千米（与中国秦皇岛、鹰潭等城市的市辖区人口密度相当）。波特兰是美国俄勒冈州人口最多的城市，也是太平洋西北地区人口排名第三的城市。波特兰都市地区的面积达 17 310 平方千米，人口为 228 万人。20 世纪 60 年代，该城市被交通堵塞、环境恶劣、社会文化颓废等问题所困扰。1992 年，该城市率先进行了生态城市计划，借助调整优化能源利用结构和合理规划城乡空间结构等举措，重新确定了城市发展方向，从而作为全世界生态城市建设的典范，被美国环保局评定为"全美生活品质最佳城市"。波特兰市在推动生态城市建设的过程当中，强调各种生态设计，强调循环经济项目和资源回收利用项目，坚持以人为本的原则，并基于此原则进行交通规划，全面贯彻落实可持续发展理念，被誉为"杰出的规划之都"。波特兰如此优秀的发展模式得到广泛借鉴，其中许多较为先进与普适性较强的经验得到广泛传播，特别是其大力发展公共交通与慢行交通系统的举措，极大地降低了市民交通出行对小汽车的依赖性。波特兰市区内骑自行车上下班的人约占总通勤人口的 3.5%，为美国大城市之冠，已经被很多地方当作成功的典范，有"玫瑰之城"的美称。

（一）波特兰的交通规划

长期以来，波特兰在城市规划层面采取了包括限制城市用地扩张、人口密集化战略、加强城市公共交通体系建设等一系列的措施，来提升城市的空间品质，缓解交通堵塞和环境污染等问题。站在交通的角度，波特兰在鼓励自行车出行方面做得非常出色，2001 年被提名为"北美最佳自行车出行城市"。事实上，该城市的交通也经历了从高速公路主导朝着绿色低碳交通方向发展的转型过程。自 20 世纪 70 年代中期之后，俄勒冈州立法要求每个城市和县必须划定城市增加的边界来维护农田和森林的可持续发展，从以高速公路系统的发展为核心转变为以轻轨系统为发展核心。波特兰交通运输局研究发现，大规模地增加道路与停车场的建设容易导致住宅区被分隔开来，致使城市蔓延。如果在市中心增加道路与停车场不仅会带来严重的出行拥挤问题，而且汽车会排放更多的废气，从而加重城市环境的污染。所以，该城市对城市空间优化与绿色交通发展开展了深入的研究与探析，明确了大力发展公共轨道交通与慢行交通相结合的交通发展方式。波特兰的交通系统规划是在《区域 2040 增长概念》和《区域交通规划》的框架下进行编制的。《区域 2040 增长概念》中明确了长期区域发展增长和优先发展的空间模式，确定了未来都市区空间由以中心城市、区域中心（主要为周边次级城市）、镇中心、枢纽车站周边地区、重要干路走廊等为组成部分的主要发展带构成，同时明晰了大力推进慢行交通系统和公共交通系统的建设与完善，降低市民对小汽车的依赖程度，以尽早推动这种空间增长模式的成熟。到 2040 年，约 2/3 的就业岗位和 2/5 的住户将集中于有轻轨和公共汽车服务的走廊上。按照《区域交通规划》中的要求，波特兰形成了以市中为核心，依托轨道交通与周围区域中心相连的交通骨架。1996 年，波特兰开始实施《自行车总体规划》。规划要求：新开发项目应当配备完善的自行车停车设施；保证出行者与自行车有安全、方便出入的场所设施；主、次干道沿线配备自行车道和人行道，地方支路沿线布设人行道；行人和公共交通体系要方便衔接；确保足够的土地利用类型和密度来保证公共交通的快速发展。《自行车总体规划》实施不到 5 年，波特兰的自行车道就增加了 1.05 倍；在不到 10 年的时间里，自行车的通勤比例就增加了 2.5 倍。1996 年，波特兰还实施了《步行总体规划》，已经制定了 16 个步行区域，这些区域内，步行出行是不二选择。步行区域的主要特点有三个，分别是混合土地利用、合适的密度以及高效的交通节点，在提高通行效率的同时，极大地缓解了交通压力。此外，作为交通发展的重中之重，公共交通已然成为包含轻轨与常规公共交通等诸多方式在内的综合交通系统。

波特兰的交通规划主要基于该地区交通需求的预测及对弱势群体的关照。当地政府集中多方群体的参与，特别是当前难以拥有高质量交通相关服务的弱势群体；从规划启动到规划完成的全过程，当地政府选用了各式各样的参与方式，如小组讨论、公众听证、规划师汇报等，为广大市民建言献策提供平台。在最大限度保证社会公平的基础上，合理分派交通资源与资金来实现社会效益最大化。集合各参与群体的发展诉求，波特兰进行了第一个交通系统规划，为各方群体提供了交通选择的机会。20 世纪 70 年代后，波特兰政府改变了以往请外来专家规划城市的方法，由本地的居民提出目标，共同制订规划内容。

（二）波特兰的绿色低碳交通发展

波特兰在发展绿色低碳交通方面采取了一系列的举措：将交通投资由小汽车逐渐转向公共交通；限制私人汽车进入城区；将沿河的高速公路改建为轻轨铁路，将隔离城市与河流的高速公路改建为沿江公园；宣传并推广非机动车与机动车共同使用道路；建立并完善方便快捷的自行车网络，率先维护自行车使用者的相关权益；建设并完善安全、便捷、连续贯通的步行网络，限制新的停车用地开发或改造部分已有的停车用地，积极建造包含轻轨、常规公共交通等诸多方式在内的综合性、系统性的公共交通服务体系，提供实时公共交通信息服务，在城市中心建设公共交通优先走廊和免费公共交通区等，试图通过推进步行、自行车和公共交通的发展来达到限制私人汽车使用的目的。

1972 年，波特兰明确在重点区域构建公共交通优先走廊，极大地提高了该区域公共交通、步行与自行车交通的可达性。该走廊布设了 3 条单项车道，分别用于巴士、轻轨、社会车辆。如果公共交通乘客的出行时间在 2 小时内，那么便能够免费换乘其他公共交通方式，市中心区也设有轻轨和有轨电车免费区。

1973 年，波特兰市着手推动轻轨系统的发展，结合 TOD 的开发模式，用其来进行城市空间优化和中心区复兴。波特兰市政府出台相关规定，居住区与混合土地利用区内，新铺设的地方性道路之间的距离不应大于 160 米，如果选择尽端式道路，其长度不能大于 60 米，通过构建高密度、小尺度的路网模式来改善步行和自行车交通的出行质量，波特兰街区的大小大约是 61 米 × 61 米。为了促进公共交通车站周围高密度混合土地利用开发的速度，增加车站周围公共交通的吸引力，波特兰采取了一个特别的 TOD 财政支持项目。该项目的关键内容为经过相关部门许可，部分联邦交通资金能够用来购买 TOD 开发所需要的土地，再将这些土地低价发卖给相应的开发商，以此填补因高密度混合用地开发导致的额外成本升高。

2001 年，波特兰建成了一条有轨电车线路，之后又使用最新技术对该线路进行延长，其线路的规划、建设、车辆设计等情况反映了关于有轨电车的最新研究成果。有轨电车线路单向长度为 5.3 千米，共设 18 对车站，平均站间距约为 500 米，远期规划高峰小时发车频率为 10 分钟 / 列，非高峰小时发车频率为 15 分钟 / 列，客运能力为 2 520 人 / 小时。波特兰市政府确定有轨电车发展所要达到的最终效果为，最大限度地满足人口与就业持续增长的需求；减少由于上述增长导致的出行堵塞以及出行时间增加问题的发生，同时将当前已有的桥梁容量限制纳入考量范围；大幅提高公共交通机动化水平，减轻对小汽车的依赖；着力提高公共交通服务水平，保证能够达到土地利用和开发的目标。

后来，波特兰开通了一条长达 1 000 米的双向线往复式空中缆车，该缆车连接俄勒冈州健康与科学大学（Oregon Health and Science University）和南海滨区（South Waterfront），是美国继罗斯福岛空中缆车后的第二条通勤性质的缆车系统。由于俄勒冈州健康与科学大学已经没有可以扩展的空间，因此需要迁到其他的地方。在山坡上校园的下方 1.2 千米处，26 公顷的新发展用地位于南海滨区，两地之间是一片历史街区、一个被保护的公园和交通要道。要将新建校区与原校区连接起来的同时，又不影响原有城区环境，空中缆车被认为是最高效的方法。空中缆车速度为 35 千米 / 时，乘客量单程人次可达 3 700 人，单程时间为 3 分钟。

（三）波特兰多种交通方式的衔接

波特兰的综合交通体系是将步行交通定位为短距离出行优先，自行车交通在综合交通体系中成了关键角色。除了注重步行、自行车、公共交通、小汽车等各种交通方式子系统布局建设外，更要注重提高各种交通方式之间的连接整合能力。公共交通与小汽车、步行、自行车交通在时空上的衔接大大增加了出行方式的多样性。通过经济补贴以及政策倾斜宣传，来推动越来越多的人出行选择公共交通、步行与自行车。

三、库里蒂巴的一体化公共交通体系

库里蒂巴（Curitiba）是巴西东南部巴拉纳州首府，为巴西第七大城市，也是巴西国内生产总值最高的城市之一，是"巴西生态之都"。几十年前，库里蒂巴同样面临着城市化、机动化加速所带来的各种问题：街道拥堵、空气污染严重、社区毫无生气，但库里蒂巴通过二十多年的努力，使城市环境与社会重新焕发生机。如今，库里蒂巴市区街道两旁林立着各种各样、不同类型的树木，有的树龄甚至超过 200 年。遍布在城市各个街道的库里蒂巴市树——巴拉那松，繁荣茂盛，为街道提供绿荫，点缀着市内的公园，布满城郊山野。1990年以来，库里蒂巴先后被联合国选为"最适合人类居住的城市""公共交通示范性城市"。库里蒂巴的汽车普及率很高，约 50%，但城市没有交通拥挤现象，甚至也没有"高峰堵车"现象。库里蒂巴是快速公共交通系统（BRT）的发源地，设计完美的一体化公共交通网络使这个城市 75% 的人上下班乘坐公共交通工具，虽然最近几十年来城市人口增加了好几倍，但交通流量却是逐年下降的，交通油耗仅仅为同等规模城市的 1/4，产生的污染也比同等规模城市低许多。

（一）库里蒂巴发展一体化公共交通系统的背景

该系统的核心是快速公共交通系统，其他公共交通为快速公共交通系统提供驳运或补充。快速公共交通系统是由专用行车道、专用车辆、车站与交通枢纽、专用线路、收费系统和运营保障系统等有机结合的完整高效的、方便乘客的公共交通系统。快速公共交通系统比普通公共汽（电）车运营速度更快，可靠性更高，也更舒适、更安全，是一种类似于一个使用橡胶轮胎车辆的轻轨交通系统，保持了轨道交通的特性，但与轨道交通相比，其造价低廉，运营费用也低，操作更具灵活性。

快速公共交通系统的有关概念可追溯到 20 世纪 30 年代。1937 年，美国芝加哥市提出设想，规划将西部三条轨道快速交通线路改为快速公共交通系统专线，在高速公路上行驶。1959 年，圣路易斯市计划建设一条长达 86 英里的快速公共交通系统，其中 42 英里采用高架公共交通专用道。1966 年，圣路易斯实施了道路中央隔离的公共交通车道。1970 年，美国密尔沃基市规划建设快速

公共交通系统。该市交通规划案中包括运行于高速公路上的一条 171 千米长的快速公共交通线路和一条 13 千米长的东西向公共交通线。但遗憾的是，在该城市开始实行"地面上的地铁"计划时，快速公共交通的完整系统特性未能真正实现。

1960 年起，该城市人口数量快速增长，年增长率约为 4%，这就使出行需求激增、交通堵塞、贫困人员增多、失业率提高、环境污染加重等一系列问题相继出现。1940 年的城市规划不再适用于当前阶段。因此，1964 年出台了新的城市发展规划，并对其不断进行深化与完善，为之后的 30 年提供指导。该规划将交通系统规划与土地利用规划纳入考量范围，在很大程度上反映了 TOD 原则。1971 年被推选为市长的盖莫·勒那更是将城市贫困问题和交通拥塞问题捆绑在一起处理，他没有按照常规的方式修建新道路，而是将当前已有的路面进行改良并完善，在减少项目建设的初期投资与运营费用的基础上，建立高速运转的交通系统。库里蒂巴于 1972 年开始规划快速公共交通系统，并于 1973 年开始建成了第一条长度为 20 千米的南北轴线线路，1974 年开始使用，线路起、终点站用 45 千米长的驳运线与快速线联通。1978 年，又建成一条长约 9 千米的东南轴线线路。由于穿越市区的公共交通服务比较薄弱，因此库里蒂巴开始提出建设一体化公共交通系统。1979 年，区际的交通服务率先开始建设。初期是一条长为 44 千米的环线，由中间的枢纽站将三条快速公共交通轴线相连接。1980 年，中间枢纽站及终点站达到 9 个，乘客能够快速换乘快速线、驳运线及区际线。1991 年，5 条快速公共交通线路建设完成，之后在南部加设两条联络线将两条轴线连接起来，公共交通专用道总长度达到 72 千米。快速公共交通线路网络在不断得到完善的同时，枢纽站随之增多，与枢纽站衔接的接驳公共交通线网持续壮大。库里蒂巴城市的发展是沿公共交通走廊合理布局的，公共汽车专用道极大地提高了其行驶速度，其他常规的公共汽车连接了周围其他区域与快速公共交通走廊，从而成为覆盖整个城市的系统性一体化公共交通网络系统。这种公共交通模式成为世界各国学习借鉴的典范。

（二）库里蒂巴一体化公共交通的特点

库里蒂巴一体化公共交通系统将各种公共汽车线路在物理上和运营上统一为一个网络。物理结合指的是将各种公共汽车线路由诸多换乘站相连，乘客能够在各线路间便捷地换乘；运营结合指的是精心安排发车时间，以便更好地衔接不同的线路，采用较为固定的收费系统，使乘客能够免费换乘，而没有距离的限制与约束。该系统的特征有如下几点。

1. 线路覆盖面广

该系统由快速线、支线和区间线组成。快速线上运行的大容量的公共汽车即快速公共交通系统承担着骨架公共交通的作用，支线车是从主干道到相邻居民区上的速度稍低、容量小些的车辆，区间线是连通各主干道的线路。除此之外，还包括了环线、大站快车线、常规的整合放射线、市中心环线等各种公共交通线路，以及大校巴、医巴、残巴（为残疾人特别是残疾学生专用）等各色车辆。由拥有各类服务功能的线路构成的一体化公共交通系统，各线路功能等级划分清楚，不同线路的车辆都具有自己独特的色彩，便于人们识别和换乘。

2. 封闭式的一体化车站

在该系统中布设了三类车站，分别为圆筒式车站、公共交通枢纽站以及传统车站。圆筒式公共汽车站具有显著的标示性，站与站之间的距离为500～1 000 米。以地铁站为参考，该车站同样采取封闭式管理，站内进行刷卡或购票等，车站内特别安装了电动无障碍升降装置，为老年人与残疾人提供更加贴心的服务，快速公共交通车辆在每个站台停靠时间为15～19 秒。此外，该车站能够享受同站同台免费换乘的优惠政策，能够使快速公共交通系统内部线路间以及与其他线路之间相互衔接，实现"零"换乘，可以到达城市的任何区域。同时，将公用电话亭、邮局、报刊亭及小型零售商店与候车亭一同布置，为乘客提供更大的方便。公共交通枢纽站的规模如果比较大，面积在1 500～1 800 平方米，那么它的位置大多是在一体化公共交通网络的轴线上。它有两种类型，分别为中转式和终端式。前者的主要功能是给各种线路供应相对应的分隔的上下车站台，并通过地下通道将这些站台相连，为乘客提供更加便捷的换乘服务。后者所处的位置通常在交通轴线道路末端，周围有相当完善的大型基础设施用以承接城市周边区域与市中心间更庞大的交通量。枢纽站的典型结构是双向各有一个站台，快速线、区间线和支线公共汽车停靠在站台，乘客能够进行同向或对向换乘。直达线从平行公共交通专用道的单行线到达换乘站，驶入车站另一侧的辅道，停靠在圆筒式站台。

3. 以人为本的交通设施

该系统是一个非常完整的、多元化的网络与服务体系，它是综合考虑了多个群体多元化的需求之后产生的结果。公共交通车辆是借助车身颜色代表各条线路的等级、服务功能及服务区域。通常情况下，公共汽车的功率与容量都比较高，除了圆筒式公共汽车站的设计使乘客在不同线路之间实现了"零"换乘之外，车辆客门的种类也有很多，不仅有普通的踏步式上下客门，还有为筒式候车亭特别设计的水平上下客门，客门外有一个能够管控的连接板，当车辆在行驶状态时，连接板便会收起来立于车辆外侧；当车辆到站时，将连接板放平与站台连接，乘客上下车如履平地，轮椅车进出没有障碍。为了能够更好地为市民提供高质量、多元化的服务，城市中各分区管理机构都被安设在公共交通枢纽站或首末站内及周边。此外，城市内还实施了步行区、绿化和其他社会革新项目。大型枢纽站内的基础设施非常完善，不仅配备了银行、商店等设施，还布设了体育设施以及保险机构等，为乘客提供了便捷的服务，降低了乘客出行的频率，提高了出行的效率。快速线上的换乘站布设得非常合理，站与站间的距离约为 2 千米，这能够帮助乘客提高换乘效率，减少出行时间。

4. 库里蒂巴一体化公共交通系统成功的经验

（1）城市规划优先，实施持之以恒。该系统得以顺利实施并且取得如此显著的效果，主要是因为结合了城市自身的发展情况与特点，从而制定了更加合理的城市规划，并推动了它的实行。1965 年的城市总体规划，将不断提高人民生活水平作为基本目标，同时确定了城市长远发展的目标。1972 年开始，用划分土地使用范围作为实施规划的手段，通过对小区划分与土地利用进行合乎实际情况的调整，以寻求与城市经济发展相适宜的交通需求，并选用一体化公共交通系统以推动城市空间形态的发展。结合城市土地利用和社区发展的实际情况，选取最为适宜的公共交通服务类型和规模，同时在市民的大力支持与配合的前提下，继续推进规划的实行，最终构建一个具有创新性、集成性、系统性的一体化公共交通网络体系。

（2）城市开发、土地利用与交通发展紧密结合。库里蒂巴城市规划最为独特的理念，就是从最初便将城市公共交通规划纳入总体规划的考量范围，并将城市建设紧密地围绕公共交通运输轴线进行，城市中很多重要的活动都会集中在快速公共交通轴线上，快速公共交通走廊沿线的城市布局非常密集，土地资源的开发利用强度很高，高层建筑、住宅区等集中分布于快速公共交通走廊两侧，其他区域大多为低层低密度住宅或公园绿地。各轴线之间只有低容积的居住区，严禁高层建筑的建设。交通规划与城市土地利用规划紧密结合，使公共交通主要轴线沿线既有出行的产生，也有出行的吸引，让公共交通可以极大地吸引市民出行，不仅使一体化公共交通系统最大限度地发挥了作用，还推动了城市的可持续发展。库里蒂巴的一体化公共交通系统的发展是以土地利用、道路系统和公共交通的发展为前提条件的。为了能够保证各小区的可达性，道路网络系统也要进行分层设立；快速公共交通系统要布设在土地使用强度高的功能区用地周围；如果公交线路比较灵活，同时输送乘客能力不够高，那么它应该布设在人口密度为中低的居住区，这样能够增加公交系统的运营效益以及服务的便捷性。

（3）科学的一体化公共交通营运管理机制。库里蒂巴公共交通管理经过立法，由政府全权委托城市公共交通总公司（URBS）负责。URBS掌握着该城市所有公共交通线路及场站资源，自行担负企业的盈利与亏损，并且担任着该市出租汽车、校车等管理工作。公共交通线路在经营时选择的是市场化运作，换而言之，URBS经过招标，向公共交通线路运营公司出让线路经营权，同时该公司对线路的服务水平、车辆购置等进行管理与维护，但不用直接担负线路的盈利与亏损。

票制系统是由一体化公共交通系统的基金会所负责的，会有专门机构进行管理，方式为市政府管控运营里程，私人公司完成运营里程，基金会发售车票。

所有公共交通运营收入属于URBS，URBS会结合各运营公司的营车里程与其所提供的服务质量的绩效考核，对运营公司给予相应的经济收益。这种方式不仅可以确保各公司都有收入，不会出现某条线路因乘客少而难以经营下去不得不倒闭的现象；而且，能够将经营效益较好的公司提取的资金重新投入公共交通中来，以推动其更好的发展。URBS每年从各家公司中提取毛收入的4%作为管理费，即使这样，各运营公司每年仍有盈利。

四、株洲市公共自行车租赁系统

株洲市是中华人民共和国成立后首批重点建设的八个工业城市之一，是中国老工业基地，也是长株潭城市群三大核心之一。株洲市不仅是"国家绿化城市""国家卫生城市""中国优秀旅游城市""国家园林城市"，还是"国家交通管理模范城市"。株洲市曾启动"电动公共交通车三年行动计划"，城区线路都已换为电动车辆，成为中国首个"电动公共交通城"。目前，株洲市被国家选为"全国低碳交通体系建设试点城市""全国城市步行和自行车交通系统示范项目试点城市"。

（一）株洲市公共自行车租赁系统的建设背景

自行车，株洲人习惯称它为"单车"，曾在株洲市居民的家庭生活中发挥过重大作用。20世纪80年代，株洲市的"湘华机械厂"也曾生产过"松鹤"牌自行车，虽知名度不高，但价钱相对便宜，只需要一百多元，成了许多株洲居民家中的交通工具。当时，自行车是人们上下班、上街最方便和省钱的交通工具，那时道路上有物理隔离的专用自行车道，商场门外停放的都是一排排的自行车，株洲火车站广场前旁边还有一个长长的自行车停车棚。

由于经济的发展，城市居民生活水平的提高，机动车越来越多。与全国许多城市一样，株洲市区的道路在短时间内全部都改造成了适宜于机动车交通，道路变宽了，自行车道没有了，步行道收窄了。大街上的小汽车、摩托车越来越多，骑自行车的人却越来越少。与此同时，交通拥堵、行车难、停车难的现象也开始困扰着株洲市民，特别是高排放、高污染而又到处乱窜的"摩的"，虽然安全隐患极大，但由于满足了居民短距离出行的需求，因此屡禁不止。作为长株潭"资源节约型、环境友好型"社会建设试验区重要一极的株洲市，要打造生态宜居城市，就需要解决好城市的"交通病"。

（二）株洲市公共自行车租赁系统的经验

1. 居民广泛参与规划建设

株洲市公共自行车租赁系统在最开始规划时，便进行了万人问卷大调查，广泛征求居民意见，确定了"全城覆盖、按需布点"的基本原则。自行车租赁点的服务范围较小，对具体点位的设置比较准确。株洲市发动广大社区工作者结合居民实际需要提供公共自行车站点的需求信息，来保证自行车租赁点是按照实际人口集中的情况布设的，从而使其最大限度地发挥效用。规划人员根据站点需求信息先制定最初的布局，随后实地走访进行调研，同社区居民加强交流，获得反馈信息，还通过各种宣传渠道公布意见箱及接待窗口，频繁召开讨论会，同各部门、社区工作者沟通想法、交流意见等，以确保规划制定的科学性与合理性。截至 2013 年，城区共拥有租赁站点 1 058 个，智能停车柱 2.6 万个，公共自行车 2 万辆，市民办卡数逾 20 万张，全国已有 100 多个城市来株洲市学习并交流公共自行车租赁系统的建设经验。

株洲市公共自行车租赁点被划分为三级，对每个一、二、三级站点的自行车车辆数要求分别为，多于 40 辆、20～40 辆、少于 20 辆。

2. 监管分离的运行机制

株洲市公共自行车系统是政府投资的，不掺杂其他资本构成，因而公益性很强。要加强对该系统的管理，禁止对车辆及锁柱张贴并发放广告，确保该系统整洁、悦目。同时，对运营公司加强监管，并完善相应的考核机制与奖惩机制，以保证该系统的维护运营与服务满足相应标准。

该系统一、二期工程总投资预算 2.5 亿元。后期运营采用市场化形式，由该系统建设中标企业广州天轴车料有限公司，与株洲市国有资产投资集团共同成立株洲健宁有限公司，系统全面地管控该系统的具体经营。健宁公司用当前已有的公共自行车系统资产作为抵押，并依照出资比例向银行融资，在株洲市建设工厂并开拓国内市场，将公共自行车租赁系统、核心控制用件、公共自行车、运管模式等整体打包输出，以产业链形式盘活带动相关行业滚动发展。政府在项目建设、规划、用地、税费等方面对企业予以全力支持，使其尽快上马，形成规模，实现"建设一个系统、引进一个企业、形成一个产业"的目标，使公共自行车租赁系统达到"以车养车"的目的。

为了推动该系统保持高质量且有效运转，株洲市开启了"分区管理、科学调度、及时维护、严格考核"的管理模式。分区管理指的是将整个城区分为三个责任区域，每个责任区设置一个调度站，下设保洁、调度、维修小组管理维护，将人员、车辆、设备均下放到责任区；科学调度指的是依托现代信息技术来构建并完善公共自行车数字系统，推行数字化管理，探寻各站点间租车、还车的规律，并在尽可能短的时间与距离开展调配，及时调整车辆分布；及时维护指的是保洁员要按时进行巡查自行车的使用状况，及时发现问题并解决问题；严格考核指的是推行内外部监督进行考评。外务监督主要是依靠广大市民，该考核结果会与公司的管理费用挂钩，保证系统管理好维护好，可以为市民提供高质量的服务。株洲市政府授权市创建办负责对运营公司所提供的服务质量与水平进行监督与考核。市创建办邀请多方主体组建公共自行车服务质量社会监督委员会，每月随机抽取 5～10 名代表对当月运营公司相关项目评分。考核内容包括市民满意度、系统正常运行情况等，市财政局结合当年的考核结果拨付下年的管理费用。

3. 智能化的管理系统

对每个公共自行车租赁点安装监控摄像头并对其进行实时监控。株洲公共自行车各部件选择使用特殊防伪技术，只有用特殊工具才可拆卸。同时，支柱选择使用双立柱车头锁，除了能够使自行车停靠稳定之外，还能够防盗、防破坏。此外，该系统还能够结合持卡人情况，开启定位追踪等，避免车辆丢失。该系统不仅能够查询损坏的车辆并及时反馈信息，还能够查询运转存在异常的停车柱。

如果一个站点所拥有的车辆数目比应有数量的 80% 多，或比 20% 少，那么该系统就会被标注为红色，并根据各站点停放率按降序的原则排序，便于站点就近对接，尽可能地进行短距离调动。换句话说，如果一个站点车辆超过一定要求时，调度者会将多余车辆取出，并将其运送至车辆较少的站点，适时调整车辆数量，保证各站点需要。关于调度与管理的问题，该系统选择将智能调度与人工调度相结合，不仅能够借助技术手段查看车辆存储情况，还能够借助人工有针对性地处理相关问题。当遭遇冰灾、台风、暴雨等恶劣天气时，公共自行车管理系统会根据气象台天气预报提早停止系统运转，停车柱不再有提示灯显示，这种情况下市民无法取车与还车，避免人们在极端恶劣天气情况下骑自行车而造成意外事故。

（三）启示

与机动车驾驶者相比，自行车骑行者可以说是城市交通中的弱势群体，因而要保证其行驶环境的安全性等。事实上，株洲市还未推行公共自行车交通时，便非常注重为骑行者营造安全、宜人的行驶环境，不仅在全部干道及关键支路铺设自行车道，还在沿江、沿湖等周边铺设了自行车专用道，从而构成了层级明晰、彼此贯通的自行车道路网络，为自行车出行创造了良好的环境。这也是株洲市整个自行车租赁系统能够成功运行两年的重要原因。

公共自行车系统是整个城市交通的重要组成部分，与其他交通方式既相互依赖与合作，又相互竞争与影响。在大量投入公共自行车之前，需要做好自行车交通的布局规划，当前已有的自行车道路网需要改造到位，设置物理隔离的专用自行车道，专用自行车路面应高于机动车道，保证自行车出行者的安全，降低自行车、机动车以及行人的相互影响，促使城市交通系统井然有序、安全可靠的发展。设置专用自行车道有困难的地段，也应完善标志标线，加强道路管理，做好安全保护与警示。交叉口、公共交通停靠站等特殊节点，需要进行特殊设计处理，保证自行车骑行的安全、连续。

株洲市自行车路网虽然形成了较为完善的主次自行车廊道，但机动车随意在自行车道上行驶、停靠的现象十分普遍。许多公共交通车停靠站点附近的自行车道被切断，自行车骑行者在公共交通停靠站点附近往往被突然行驶到前面的公共交通车阻断去路，自行车骑行者的安全受到了极大威胁。即使在一些公共交通车停靠站点处有将自行车引上人行道以绕过公共交通站台的做法，但这不仅给人行道上的行人带来极大的安全隐患，而且公共交通站点处的行人往往较为集中，自行车也难以通过。这也是许多城市难以推行公共自行车，或者自行车使用率不高，有的甚至沦为摆设的重要原因。因此，包括株洲市在内的公共自行车能够走多远，还要看自行车道路的设计和管理能否得到改善和提高，能否真正做到以人为本。

参考文献

[1] 梁益定. 建筑节能及其可持续发展研究 [M]. 北京: 北京理工大学出版社，2019.

[2] 蒋平. 环境可持续发展的协同效益研究 [M]. 上海：复旦大学出版社，2018.

[3] 高明，毛蒋兴. 城市更新与可持续发展研究 [M]. 南宁：广西科学技术出版社， 2017.

[4] 张陶新. 绿色低碳交通 [M]. 北京：中国环境出版社， 2016.

[5] 潘海啸，贾宁. 低碳城市的高品质交通：政策、体系与创新 [M]. 上海：同济大学出版社， 2011.

[6] 刘丽华，王炜，刘建荣，等. 出行者环保意识对低碳交通政策支持度的影响 [J]. 交通信息与安全，2021，39（1）:97–102.

[7] 董博，贾红梅. 京津冀区域低碳交通指标体系构建研究 [J]. 铁道运输与经济，2021，43（2）:44–49.

[8] 陈思. 低碳运输下公路转铁路货物运输的对策研究 [J]. 科技创新与应用，2021（5）:62–64.

[9] 刘国治. 低碳经济背景下公路运输经济的发展趋势 [J]. 经济管理文摘，2021（2）:181–182.

[10] 王靖添，闫琰，黄全胜，等. 中国交通运输碳减排潜力分析 [J]. 科技管理研究，2021，41（2）:200–210.

[11] 刘坚东. 银行服务绿色低碳发展探索 [J]. 中国金融，2021（2）:34–35.

[12] 胡大伟，刘成清，胡卉，等.基于低碳视角的两阶段开放式选址路径问题——燃油车与电动车对比 [J].系统工程理论与实践，2020，40（12）:3230-3242.

[13] 陈玮，赵静瑶，高磊，等.生态科技岛绿色交通发展策略与体系规划研究 [J].交通科技与经济，2020，22（6）:16-22.

[14] 刘卫国.绿色低碳理念下现代城市交通规划措施分析 [J].住宅与房地产，2020（32）:195-196.

[15] 江亿.我国可尝试直接向电气化时代转型 [J].中国石油企业，2020（10）:11-12，110.

[16] 付春.低碳经济下水路运输经济发展优势探讨 [J].经济管理文摘，2020（19）:175-176.

[17] 邹大毕，谢振东，宋秉麟，等.数字经济下公共交通虚拟化服务研究 [J].现代信息科技，2020，4（18）:144-146.

[18] 胡寰，汤慧.低碳交通引导下的益阳市道路交通规划研究 [J].居舍，2020（25）:9-10，8.

[19] 马凯.关于低碳经济下公共交通运输管理的思考 [J].科技经济导刊，2020，28（23）:183-184.

[20] 冯飞.低碳经济环境下交通运输业的发展策略探析 [J].城市建设理论研究（电子版），2020（17）:91，85.

[21] 宫翊峰.低碳经济下公路运输经济的未来发展探寻 [J].环渤海经济瞭望，2020（6）:156-157.

[22] 白玉良.低碳交通对新能源汽车发展的影响 [J].汽车实用技术，2020（9）:1-2.

[23] 简晓彬，陈伟博，赵洁.低碳视角下苏北工业发展的主导产业选择 [J].江苏师范大学学报（自然科学版），2020，38（2）:17-22.

[24] 张赫，于丁一，王睿，等.基于碳排放特征的中国省域低碳规划策略研究 [J].建筑节能，2020，48（3）:126-132.

[25] 李艳伟，贺佳，任何杰.低碳视角下多式联运经济性能实例分析——以郑明物流为例 [J].物流技术，2020，39（3）:67–73.

[26] 王树辉.低碳理念下的高速公路施工技术研究 [J].交通世界，2020（7）:6–7.

[27] 宋冲冲.基于低碳交通视角下城市新型快递配送车设计研究 [J].品牌研究，2020（3）:46–47.

[28] 吴晟炜.绿色低碳交通在城市路网规划中的运用 [J].城乡建设，2020（3）:59–62.

[29] 李春玲.试述低碳经济下交通运输的管理 [J].中外企业家，2020（4）:89.

[30] 吴绍艳.浅议公路运输低碳环保战略及措施 [J].财富时代，2020（1）:172.

[31] 陈清风.低碳视角下绿色交通发展路径与政策研究 [J].纳税，2020，14（3）:194.

[32] 韩佳晖，曹孙喆，王菲，等.发挥铁路货运低碳效应的思考 [J].铁路节能环保与安全卫生，2019，9（6）:22–25.

[33] 陈玉海.低碳经济环境下的水路运输经济发展探讨 [J].中国水运（下半月），2019，19（12）:40–41.

[34] 刘鑫.低碳经济下公共交通运输管理现状及优化措施分析 [J].交通世界，2019（35）:18–19.

[35] 凤振华，王雪成，张海颖，等.低碳视角下绿色交通发展路径与政策研究 [J].交通运输研究，2019，5（4）:37–45.

[36] 于淼，陈宇琦.公路运输物流发展策略分析 [J].营销界，2019（46）:78，81.

[37] 朱晓东，薛丹璇，高佳宁，等.绿色交通指标体系研究 [J].城市道桥与防洪，2019（10）:156–160，20–21.

[38] 肖华斌，安淇，盛硕.新数据环境下低碳生态城市碳排放评价研究——以济南市西部新城为例 [J].现代城市研究，2019（10）:65–74.

[39] 张庆礼.浅谈低碳经济下水路运输经济发展优势 [J].经济研究导刊，

2019（27）:185-186.

[40] 许幸，杨绪彪.考虑低碳排放成本的航空成本优化 [J].智能计算机与应用，2019，9（5）:270-272.

[41] 吴坚.浅议公路运输低碳环保战略及措施 [J].科技资讯，2019，17（25）:219-220.

[42] 杨志怀.关于低碳经济下水路运输经济发展优势探讨 [J].现代经济信息，2019（16）:365.

[43] 张岩.低碳经济环境下的公路运输发展策略探析 [J].科技风，2019（22）:196.

[44] 段仲渊.城市交通排放监测平台建设与应用 [J].交通与运输，2019，32（S1）:154-159.

[45] 张朦."公转铁" 转出低碳运输新格局 [N].现代物流报，2019-07-24（A02）.

[46] 刘长石，申立智，盛虎宜，等.考虑交通拥堵规避的低碳时变车辆路径问题研究 [J].控制与决策，2020，35（10）:2486-2496.

[47] 毕金鹏，吕月霞，许兆霞.低碳示范社区建设路径探索 [J].中外能源，2019，24（7）:8-13.

[48] 王立娟.物联网公共自行车租赁系统解决方案 [J].电子测试，2019（14）:118-119.

[49] 孙佚儇.公共自行车成为水城绿色交通新景致 [J].人民公交，2019（7）:64-67.

[50] 陈璐.交通碳排放与经济增长关系的研究 [J].现代经济信息，2019(13):6，23.

[51] 王冬辉.我国城市低碳交通管理实施机制现状分析 [J].节能，2019，38（6）:14-16.

[52] 姚钟华，高波，杨元一.基于低碳视角的浙江交通运输业高质量发展 [J].浙江经济，2019（11）:35-37.

[53] 王雨晗 . 低碳理念下的西安东南城角历史街区更新设计研究 [D]. 西安：西安建筑科技大学，2019.

[54] 郭晶晶 , 尚猛 , 贾纯洁 , 等 . 新零售背景下对河南省智慧物流的发展形势分析 [J]. 物流工程与管理 ,2021,43（3）:25-27.

[55] 程艳 , 尚猛 , 王茹冰 . 消费者接受定制化物流服务的影响因素研究 [J]. 现代商贸工业 ,2021,42（12）:43-44.

[56] 尚猛 , 马聪 , 常琼航 , 等 . 基于郑州国际物流园的高校物流人才专业素质培养研究 [J]. 现代商贸工业 ,2021,42（07）:23-24.

[57] 贾纯洁 , 赵居峰 , 尚猛 , 等 . 基于 AHP 的我国绿色物流发展的影响因素分析 [J]. 中国储运 ,2021（2）:93-95.

[58] 雷杰 , 孙慧景 , 尚猛 , 等 . 航空物流领域研究热点及发展趋势分析 [J]. 中国储运 ,2021（1）:120-122.

[59] 李丹瑶 , 尚猛 , 周娟娟 . 基于 AHP 的危险货物道路运输风险评估研究 [J]. 中小企业管理与科技（中旬刊）,2020（12）:168-170.

[60] 李梦秋 , 尚猛 , 雷杰 , 等 . 浅析安阳农产品物流配送的优化路径 [J]. 商展经济 ,2020（12）:65-67.

[61] 王新月 , 尚猛 , 周娟娟 , 等 . 基于因子分析法河南省农产品物流能力评价研究 [J]. 商展经济 ,2020（11）:65-67.

[62] 李清水 , 李登峰 , 吴坚 , 等 . 基于后悔—欣喜值最大一致性的多属性决策及其在区域绿色经济评价应用 [J]. 数学的实践与认识 ,2020,50（18）:45-54.

[63] 尚猛 , 曹峻玮 . 基于鲨鱼优化算法的农产品物流配送路径优化 [J]. 扬州大学学报（自然科学版）,2019,22（4）:1-5.